学术近知丛书·经济管理系列

《管理者认知视角下网络组织演化研究》
贵州财经大学引进人才科研启动项目 (2018YJ100)
教育部人文社会科学重点研究基地重大项目 (15JJD630001)

管理者认知视角下
网络组织演化研究

A Study of Evolution of Network Organization
from the Perspective of Manager Cognition

黄晓芬　著

人民出版社

目　录

表 目 录

图 目 录

导　　论

在信息技术快速发展的推动下,企业的商业模式和经营业态都发生了颠覆性的变化,很多企业在越来越短的时间间隔中"轰然倒下""兴衰更替""昙花一现"。环境动荡与速度竞争形成了"赢者通吃"的竞争现象,企业结构日益复杂化和网络化。为了缓解任务的复杂性和缓冲环境的不确定性,组织形态逐渐从科层组织、市场组织转向网络组织(林润辉、李维安,2000;彭正银,2002)。为了应对内外部环境的不确定性和商业模式变化的冲击,高层管理者的理念和认知都需作出相应调整。因此,剖析管理者认知在网络组织演化中的作用具有重要的现实意义。

一、研究背景与目标

1.研究背景

20世纪90年代以来,伴随着互联网的日益兴起,一个以"战略变革"为主题的企业运营模式重构、商业模式创新、管理变革研究热潮不断涌现,理论界和实务界都在不断进行各种尝试。推动管理变革研究热潮的背后存在两大力量:一是企业实际发展的需要,企业的经营管理者需要探索新的经营模式和战略模式,以应对不确定的市场环境;二是理论发展的需要,企业组织理论的研究者需要建立一套系统的理论框架,以整合多元和持续的竞争优势来源等组织管理理论。无论是现实需要,还是理论推动,其目的都是为了帮助企业探索有效的经营模式和战略模式,以获取持续的竞争优势。

格兰特(Grant,1996)提出,从静态角度来看,管理者认知反映了组织的战略决策者在进行战略选择和决策制定时所具备的知识结构,具有路径依赖的特征。汉布里克、梅森(Hambrick and Mason,1984)认为,从动态的角度来看,管理者认知是有限理性的高层管理者将其认知结构转化为其行为的一种信息筛选过程,组织是高层管理者的一种反应和解释。虽然学者们从管理者认知的角度,对网络组织演化作了丰富的研究,但还存在一定的不足,值得以后进行深入的探讨。第一,管理者认知对网络组织演化的作用机理以及网络组织演化的主线并不明确。第二,学者们虽然从管理者理性程度等角度解释了网络组织形成与演化的驱动因素,但这是基于静态的视角,并没有从管理者认知形成过程的动态视角探析网络组织演化的内在驱动因素,以及各驱动要素之间的互动关系,如社会关系与经济关系的互构对组织成长的推动作用。第三,现有研究分析了管理者认知对网络组织演化的作用以及网络组织演化的认知模式,但没有探析二者与组织行为模式之间协同演化的问题,即个体认知到集体认知、节点复制演化到关系重构再到结构优化重组、惯例观的组织行为到重构观的组织行为再到认知观的组织行为三者之间的协同演化的问题。第四,现有研究更多的是基于国外已成熟的理论进行的论证,而对于结合我国企业的现实背景进行的研究还比较少。

在中国经济转型与结构调整的背景下,管理者非常重视关系价值的作用(姜翰、金占明,2008)。一方面,企业重视已有的网络关系,如产业集群、战略联盟、企业集团等,以保障现有的资源与利益;另一方面,管理者又非常关注潜在的可能机会,通过不断的市场挖掘或第三方的关系传递,形成新的网络关系。企业间通过新业务、新市场、新技术等开拓与获取构建新的联结网络,提升企业价值。但企业在实际运作过程中,囿于管理者认知的有限性以及市场的高度复杂性、不稳定性,企业间的合作关系是不稳定的,节点企业的退出或者新企业的加入形成松散的网络结构,造成网络组织整体运行效率的低下与发展的不稳定。因此,通过对基于管理者认识情境下网络组织演化模式研究与应用,将为我国企业网络组织的运作过程提供可选择的风险控制方案,应对瞬变信息对企业的冲击,这对我国企业网络组织整体运行效率的提升在实践上具有很强的指导意义。

2.研究目标

基于管理认知的静态和动态视角,重点解析基于认知属性的管理者共享认知的形成过程,有效把握网络组织的演化要素与演进机理;结合本土化企业网络演化所得出的特征理论,对中国企业网络组织的良性发展和高效运作提供可资借鉴的现实指导。

二、研究内容与方法

1. 研究内容

以管理者共享认知的形成过程作为网络组织演进的导向之源,剖析管理者认知情境下企业网络组织的演化机理与过程控制机制,并结合中国企业网络嵌入行为的实践来进行研究。本书的研究架构如图 0.1 所示。

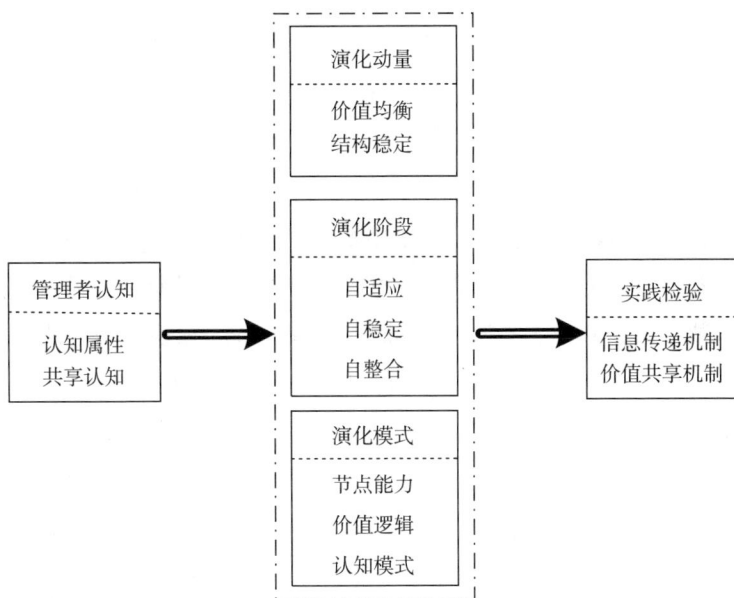

图 0.1　本书的研究架构

（1）基于管理者认知属性的共享认知的形成过程分析

组织联结的本质是各合法组织为了一致或互补的目标通过交换关系而联结到一起,异质性资源的互补与共享被认为是组织联结最重要的驱动因素。资源能否互补取决于任务的特殊性和资源本身价值实现的属性,而资源能否共享取决于联结各方的共享意愿,联结各方的意愿源于其管理者的认知和各方的信任程度。因此,组织间共享认知的形成对组织联结绩效的实现具有重要的作用。在上述逻辑过程中,既要充分考虑"向前看"与"向后看"的整合,又要考虑结点个体依托已有的知识结构形成的信息关注与解释能力、组织间的信息共享能力和网络的信息内化和整合能力。基于此,笔者通过知识结构和信息架构反映管理者认知,将静态的管理者认知与动态的管理者认知相结合,其中知识结构反映静态的管理者认知,信息架构反映动态的管理者认知的形成过程。在网络组织演化发展过程中,静态的管理者认知在环境的刺激下,随着组织任务复杂性的变化会推动静态管理者认知的发展,进而发展为新的管理者认知。同时,动态管理者认知在一个期间会处于稳定的状态,形成新的组织惯例。

(2)管理者认知与网络组织演化的关联分析

①管理者所具备的知识和技能决定了组织能力的环境适应性

囿于节点企业资源和能力的限制,管理者会作出不同的行为选择。为了应对环境的不确定性,有的管理者会选择改变现有的资源配置方式,重新确定组织战略,有的管理者会选择通过组织联结重新配置资源基础,有的选择被并购等确定新的资源配置方式。而这些资源配置方式的选择源于管理者所具备的知识和技能。在联结关系网络中,管理者所具备的知识和技能决定了组织利用和开发其他资源的能力。一方面,管理者通过设定战略规划、改变战略方向决定资源利用和开发的路径,如当企业现有的资源不足或者能力不足时,企业选择组织联结重新配置资源基础,推动现有组织能力的发展;另一方面,管理者对市场的洞察能力、对环境的解释和判断能力决定着组织资源搜索的方向和行为决策的准确性,进而影响组织能力发展与创新水平。

②管理者的认知属性

管理者认知的属性决定组织能力发展的方向:对于适应性管理者而言,倾向于选择柔性的发展战略,主动适应环境发展的需要;对于前瞻性的管理者而言,不受环境的影响,主动创造改变环境的事件,倾向于成为市场竞争规则的制定者;对于惯例性的管理者而言,倾向于被动地接受环境的变化,采用固化的组织战略;对于可塑性的管理者而言,面对市场环境的变化,能迅速调整组织战略,改变组织现有的能力和技能。

③管理者共享认知的形成驱动网络组织演化

当两个企业形成联结网络关系后,管理者认知不仅作为驱动因素,借助合作类型影响关系嵌入的方式,而且作为诱导因素,通过节点企业的价值取向和是否稳定决定网络结构的稳定性。不同类型的联结囿于管理者认知的差异化以及价值取向的不同,会使得网络组织的演化发生阶段性变化,即形成自适应、自稳定和自整合三个阶段。笔者通过双重维度对节点能力和关系嵌入进行分析:即在行为惯例的选择上,是既有的组织惯例的重复使用还是培育新的组织惯例;在嵌入的价值取向上,嵌入的双方是趋向于互惠的价值创造还是倾向于单方的价值攫取。基于此,解析管理者认知与节点能力、价值取向和网络组织演化认知模式的关系,以分析管理者认知与网络组织演化的关联性。

(2)网络组织演化的认知模式

管理者认知决定组织的环境适应力、组织资源配置的能力以及组织能力的发展方向。网络组织的演化是组织能力和价值创造逻辑演化共同作用的结果,结点能力表现为刚性能力——适应能力——整合能力,价值创造的逻辑表现为交汇点式的单方价值攫取——关系域式的单方价值攫取与互惠价值创造并存——关系整合式的互惠价值创造。基于此,将关系的塑造性与适应性、能力的惯例观和前瞻观两两组合构成四种基本的认知模式。

(3)基于管理者认知嵌入过程的控制机制分析

管理者共享认知形成的动态过程的驱动、网络组织的演化不仅是节点企业组织能力的演变,更是联结网络关系和网络结构的变动。在此演进过程中,企业网络组织不仅会引发网络关系和网络结构发生变动,而且会引发两条"结构链"的变化:一是囿于节点企业能力的差异性以及管理者的有限理性,联结各方会因强联结的资产"锁定效应"或互惠性利益不足的"搭便车"行为而改变企业之间信息传递的方式和共享的程度,从而引发联结网络中企业间资源结构链的整合方式的改变;二是在联结过程中,囿于各企业价值取向的多元化会改变企业价值分配的逻辑与方式,引发企业间价值结构链的重构,形成差异化的价值共享机制。笔者将深层次挖掘这两条"结构链"变动的内在逻辑关系,通过信息传递机制、价值共享机制对网络组织演化过程进行控制,以实现网络组织动态均衡的运作。由于过程控制涉及信息和价值选择等因素,关于信息传递机制和价值共享机制如何形成与实现,将运用问卷调研和统计分析的方法进行分析和验证。

2. 研究方法

(1)文献解析法

为了确定研究目的、研究目标和写作价值,将运用 Citespace 和 NoteExpress 文献分析工具,搜索和整理国内外有关管理者认知、能力演化、组织演化、网络组织形成与发展等相关理论和研究成果的期刊论文、专著、会议报告等文献资料,并对这些资料进行收集、整理和分析,发现现有研究存在的不足,进而整理出本书的研究视角和研究思路。

(2)问卷调研与实证检验法

通过问卷调研的方法收集数据,对问卷数据进行信度和效度检验,确定问卷数据的科学性和有效性。运用 SPSS23.0、AMOS23.0 和 STATA 14.0 统计软件,验证网络嵌入、管理者认知与价值创造逻辑的各潜变量与各观测变量之间的关系。确认管理者的工作变动次数、管理者年龄、工作年限、公司性质、管理者的教育程度、管理者的开放性与封闭性等控制变量对模型的影响。验证管理者认知的中介作用,通过实证分析对理论模型进行验证,进而验证研究假设。

第一章　管理者认知与网络组织演化研究述评

格兰诺维特（Granovetter，1985）、彭正银等（2019）都曾提出，管理者认知影响组织的行为选择。囿于管理者的有限理性，造成网络组织演化过程中结点间信息传递方式的改变，以及价值取向的多元化，引发企业间资源结构链和价值结构链的改变。企业组织决策者和管理人员通过系列关系契约和正式契约改变企业间的信息传递方式和价值选择逻辑，进而构建企业间信息交流机制和价值分配的信任机制，降低交易的不确定性。

第一节　网络组织与管理者认知相关概念

一、管理者认知与认知模式

（一）管理者认知

管理领域关于认知的研究最早可以追溯到马奇、西蒙（March and Simon，1959）和摩尔、彭罗斯（Moore and Penrose，1960）的研究。马奇、摩尔认为企业中进行管理决策的人都具有特定的认知基础，或者说是在一系列"前提"下进行决策的制定，由于人的有限理性，在进行决策选择时会受到一定的限制。摩尔、彭罗斯认为管理服务对组织能力的提升和多元发展具有一定的约束作用。赫尔法特、贝特洛夫（Helfat and Peteraf，2015）认为，由于人的有限理性，一个管理者，甚至一个团队，都不能观测到组织及其所面临的环境的每一个方面。根据国内外学者的研究，管理者认知（manager cognitions）概念的界定主要包

— 7 —

括两个方面:一是从静态的角度将"管理者认知"视为"认知结构(或认知表征)",如巴尔等(Barr et al,1992)用认知地图表示,巴顿克(Bartunek,1984)、多尔蒂(Dougherty,1992)用认知模式或认知图式表示,霍奇金森等(Hodgkinson et al,1999)用认知框架进行表示;二是从动态的角度将"管理者认知"视为"心理活动(也称为心理流程或心理操作)"。

1. 静态观的"管理者认知"

沃尔什(Walsh,1995)认为,基于静态的角度,管理者认知是指作为决策基础的管理信念和心智模式。达夫特、韦克(Daft and Weick,1984)、普拉哈拉德、贝蒂斯(Prahalad and Bettis,1986)认为,从战略选择和战略决策的角度来看,管理者认知是指组织的战略决策者在进行战略选择和决策制定时所具备和应用的知识结构。安德森(Anderson,1984)将信息元素被组织的方式称为知识结构,由知识元素和知识架构组成(Henderson and Clark,1990)。塔尔曼等(Tallman et al,2004)、姚艳虹、李扬帆(2014)等认为,知识元素是指知识本身,包括知识、技能和技术,而知识架构关注的是知识之间的关系,指知识处理、整合和组织的程序。因此,对于战略决策者来说,其知识结构是管理者在长期的经营管理实践中形成的,具有一定的稳定性,形成路径依赖的特点(Helfat and Peteraf,2015)。应对特定的组织事件或相似的组织环境,管理者会作出相似的反应和决策。

高阶理论(Hambrick and Mason,1984)和战略选择理论(Child,1972)都认为企业的战略决策是由企业的战略决策者作出的。组织的战略决策者分为三个层面:第一个层面的战略决策者是 CEO 个人(Child,1972);第二个层面的战略决策者是高管团队,是高管团队对组织认知所作出的反应(Walsh,1995;尚航标、黄培伦,2010);第三个层面是组织整体,高层管理人员是组织的反映(Hambrick and Mason,1984),管理者的认知结构也反映了整个组织层面的认知结构,体现了组织层面掌握的信息、技术和技能(Daft and Weick,1984;Prahalad and Bettis,1986)。

在长期发展的实践中,每一位管理者在可观测到的经验和统计学特征的约束下都会形成不同的认知风格(杨林、俞安平,2016)。从结构维度的角度来看,管理者认知可以划分为能力认知(ability cognitions)、意愿认知(willingness cognitions）和配置认知（arrangements cognitons）（Mitchell et al,2000）。对于网络组织而言,能力认知反映了各主体的管理者实现组织发展所必须的知识和技能形成的知识结构,影响企业行为惯例的选择（Gavetti,2005）；意愿认知反映了组织个体的管理者愿意接受联结企业信息、知识等形成的知识结构（Mitchell et al,2000）,影响企业的联结关系的质量（Granovetter,1973）；配置认知反映了管理者如何配置已有的知识结构以获取资源、关系和信息等,配置认知和能力认知影响组织个体在网络中的位置（胡宝亮、方刚,2013）。因此,伯特（Burt,1992）认为,各行为主体的管理者认知差异影响组织间关系的强度和组织在网络中的位置。

2.动态观的"管理者认知"

基于动态的角度,管理者认知是指获取、组织和处理信息的心理活动过程（Adner and Helfat,2003）。管理人员面对复杂的环境进行仔细观察,进行数据搜集,对收集到的数据进行解释并赋予一定的意义,基于收集和处理的信息采取一定的行动,形成"仔细观察（数据收集）—解释（赋予数据意义）—学习（采取行动）"组织认知路径（Daft and Weick,1984）。

汉布里克、梅森（1984）研究认为,有限理性的高层管理人员将其认知结构转化为其行为的机制是一种信息筛选过程,两位学者提出了详尽的有限理性下的战略选择与绩效实现路径。该路径为"战略情境—高层管理者取向—选择性认知（过滤过程）—组织结果（解释现实、战略选择、高管行为和组织绩效）",该路径中选择性认知的形成是由于管理者的有限理性和过去经验的限制会产生认知偏见,进而形成选择性认知（Dearborn and Simon,1958）。高层管理者取向与过滤过程体现了从静态的管理者认知到动态的管理者认知的过程（Hambrick and Mason,1984）。

静态的认知表征与动态的心理活动过程二者并不是孤立存在的。当个体执行心理活动时,他们能纠正、产生或者修改认知结构或认知表征（Helfat and Peteraf,2015）。如爱立信、莱曼（Ericsson and Lehmann,1996）通过对计算机程序员解决问题的研究发现,为了熟悉并完成任务,程序员常会快速地纠正和建设一个正确的心理模型。静态的认知结构影响组织对战略情境的识别和高管的战略取向,即管理者的战略取向依托于其现有的认知结构（Hambrick and

Mason,1984)。

网络组织作为两个或两个以上的企业联结而形成的一种特殊组织形式,在其形成和发展过程中,也在不断地追求组织经济利益的最大化。组织由理性的经济人组成,理性的经济人不是某一个人而是由一组经济人组成的一个团队。网络组织的高管团队作为组织战略的制定者和执行者,承担着对组织内外部环境关注、思考、反应和调整组织行为的义务,包括对网络组织发展机会的识别、网络组织面临的威胁与劣势的分析、组织联结后资源的配置,以及根据环境的变化调整组织目标、计划、发展方向、战略选择等。而管理者如何获取信息、对信息如何过滤、组织间信息如何传递与共享、信息如何内化为组织战略决策,这些动态的过程会受制于网络组织认知结构的影响。

基于上述观点,笔者对于管理者认知充分考虑"认知"的静态性与动态性,即作为时点的认知结构和作为时期的认知过程的本质属性,基于战略理论和高阶理论,在考虑国内外学者静动态观点的基础上,将网络组织情境下管理者认知定义为:具有一定前例经验和认知模式的管理者基于战略发展的需要,对特定的战略情境进行识别和观测,获取、解释、传递与共享、内化信息形成选择性认知的动态过程。

3. 管理者认知模式

学者们关于认知模式的概念界定基本是一致的。研究认为"认知模式"是指人们根据以往累积的经验、惯例而形成的对特定交易、事件或某一事物相对稳定的看法、解释与判断(Eden et al,1992[①];Huff,2000;武亚军,2013)。管理者认知模式是指企业的管理者依据以往行为决策累积的经验对组织间相似的交易、事件或同一事物具有相对稳定或固定的解释与判断,该解释和判断模式是根据累积的知识形成的思考问题的方式。管理者认知模式包括管理者累积的知识结构、管理者思考问题的方式以及依托该方式所作出的选择(尚航标、黄培伦,2010;武亚军,2013)。因此,管理者认知模式又被称为管理者的

---

① Eden,C.,Ackermann,F.,Cropper,S.,"The Analysis Cause Maps",*Journal of Management Studies*,1992,29(3),pp.309~324.

心智地图、因果图式、心智模式、认知图式等(Bartunek,1984;Dougherty,1992;杨迤等,2007;武亚军,2013)。对于网络组织而言,由于组织内有两个或两个以上的行为主体,每一主体的管理者都会基于本企业所处的环境、组织文化、累积的经验和惯例行为形成对本企业的判断和思考模式。随着组织间网络关系和网络结构的变化,管理者的思考模式和思考方式会产生一定的变化。

笔者所关注的"管理者认知"是组织演化的不同阶段,由于个体管理者的职业经历、教育水平、年龄等管理者特征不同,会形成不同的信息关注、获取、组织和处理能力,具体到书中的管理者主要是指企业战略制定的管理者,不同的管理者特征对信息关注、获取、组织和处理能力有不同的影响,拟从理论推导到实证分析对其逐一加以论证。

二、网络组织

(一) 网络组织的内涵与特征

对网络组织的内涵进行清晰、科学的界定,是深入系统研究网络组织演化的基础与起点,是研究结点能力、组织间关系和网络结构三者之间关系的前提。对于网络组织的概念,国内外学者从不同的角度作了不同的解释。对于网络组织的概念界定尚未形成一致的看法,从网络组织不同的概念界定中可以发现网络组织的一般特征。国内外关于网络组织内涵分析有代表性的观点总结如表 1.1 所示。

表 1.1 国内外学者关于网络组织内涵的代表性观点

研究视角	网络组织的内涵	文献来源
社会网络	是一系列个人、职位、群体或组织间社会关系的模式	Sailer,1978
价值组合	是定义成员角色和责任的共享价值系统	Achrol,1996;Miles and Snow,1986
战略联盟网络、集群	通过市场机制或社会契约来协调企业的集群或联盟网络	Jarillo,1988;Miles and Snow,1992
有机系统	基于信息的有机组织系统	李维安,2000

研究视角	网络组织的内涵	文献来源
动态组织	由孤立的交易公司共同共享资源形成的动态联结组织	Goldman et al, 1995；林润辉、李维安，2000；章健、赵晨阳，2001；王德建，2009
组织管理方式	以专业化联合的资产、共享的过程控制和目的为基本特性的一种组织管理方式	Van Alstyne, 1997；罗仲伟，2000
组织与制度安排	是资源配置和交易的一种方式，介于市场和科层之间的一种制度安排	Jones et al, 1997；Larsson, 1993；Thorelli, 1986；贾根良，1998；彭正银，2003；孙国强，2001

资料来源：根据国内外相关文献整理。

(二) 网络组织的运行特征

网络组织是企业间契约关系的形态(贾根良,1998)，旨在确定每个成员的义务与责任,是由一套规则所定义的。与网络组织的外部环境相比,这些规则约束了集体活动的领域,使集体活动一直在这些规制的约束之下(闫二旺,2006),进而形成以市场与契约双重调节的组织形式:首先,网络组织必须履行相应的契约条款,具备强制性科层组织的特点;其次,组织的生产活动依然依靠市场来完成,具备价格自动调节的属性(Jones et al,1997;闫二旺,2006)。同时,琼斯等(Jones et al,1997)在市场调节和契约(制度)调节的基础上,又将社会调节引入网络组织的治理机制,认为企业的经济行为和经济关系都嵌入一定的社会关系中,在一定程度上受到这些社会关系的影响。不同的组织结构,其内部的协调机制不同。在科层组织中,协调是依托企业领导。在市场组织中,协调是通过价格实现的。而网络型组织,协调是由团队作出的,是由契约与价格的双重作用实现的(孙国强、邱玉霞,2016)。网络组织中大量契约都是非正式契约,为了规避成员企业的机会主义行为,组织间需要高度的相互信任,信任机制保证网络组织的稳定,也超越了市场与科层治理手段(彭正银,2003)。网络组织、科层组织、市场组织其战略目的、组织边界、资产与资源、信息获取、决策轨迹、信任与稳定程度、竞合程度与协调机制等特征如表1.2所示。

表 1.2　科层组织、市场组织与网络组织运行机制比较

运行机制	科层组织	网络组织	市场组织
战略目的	提升中央行政的利益	提升合作者的利益	提供交易的场所
组织边界	明确的边界 刚性的稳定联结	弹性的、可渗透的、潜在联结 动态的强/弱联结	离散的、微妙的、孤立的、一次性交易
资产与资源	高资产专用性 难交易 资源松散	适中的资产专用性 较少的松散资源 弹性的、更多的无形资产	低资产专用性 易交易
信息获取	小环境中稳定搜索 专门的机构搜集信息	分布式信息搜集 适中的搜索	价格传递信息 非常大的价格向量
决策轨迹	高层,远距离决策	联合或协商并最大化地接近本土	即时的或自主竞争
协调成本	组织成本	组织成本与交易成本	交易成本
信任与稳定程度	高,稳定	适中到高,相对稳定	低,不稳定
竞合程度	合作为主	竞争与合作并存	激烈竞争
协调机制	控制权影响联结的形成	以专业技能与声誉为基础,有更强的共识 契约协调与价值机制	通过价格机制达成共识
信息获取	地位/规则基础 命令/遵从关系 行政协调	提升合作者的利益	提供交易的场所

资料来源:根据里卡德(Rikard,1971)与范·阿尔斯蒂恩(Van Alstyne,1997)的文献整理。

根据以上国内外学者关于网络组织概念、运行特征的界定,网络组织的内涵主要包括以下几个方面。

1. 一种组织管理方式

网络组织不同于传统的科层组织,有很强的市场适应能力,不属于实体组织的范畴,具有虚拟性、边界模糊性和边界渗透性的特点。

2. 自愿联结

网络组织是由两个或两个以上的组织或企业在自愿的基础上联合形成的组织联结网络。组织个体有一定的独立性,但更强调组织间专业化联合的资产、共享的过程控制和共同的目的,以及组织间相互合作所带来的合作价值、联合价值;同时网络组织协作者间资源、能力等存在一定的互补性,组织间资

源与能力在网络平台上流动。

3.组织存在形式的多样化

网络组织与传统组织不同,传统组织形式更多的是单一的实体形式存在,而网络组织具有多元化的组织形式,包括组织联盟、虚拟企业、集团公司、组织集群、组织簇群、外包与分包组织等形式。

4.通过市场机制协调

组织间的合作不是通过命令而是通过市场机制来协调组织间的合作关系、利益分配以及责任承担问题。当某一个体从网络组织所获得合作利益小于独立经营所获得的个体利益时,组织间的网络关系就会发生变化,组织可能会选择离开网络。或者当某一组织加入此网络可以获得独立经营更大的收益时,网络组织的社会网络关系也会发生变化,进而影响网络组织的稳定性,推动网络组织结构的变化。

5.跨边界的动态组织

网络组织是由数量众多的活性结点组成,虽然结点间存在很大的差距,但基于资产专用性、资源互补性、利益共性等目的,结点间保持暂时性稳定的网络结构整体系统。结点间通过信息共享和有效的沟通来保障整体系统的运行,由于环境变化带来的信息不对称,原结点会选择退出系统或新的结点进入系统,改变网络结构和网络关系,使网络组织处于动态的变化中。

6.具有协同增值性

构建网络组织的最终目的是通过建立网络产生规模经济效益、范围经济效应和集聚效应(沈运红,2013),获得单个企业组织独自运行无法获得的企业价值,实现"1+1>2"的经济效果,产生协同增值性。

7.边界的模糊性

网络组织各结点之间主要是通过契约、协议和信任关系而联结在一起的(沈运红,2013)。各结点的进退一般不受法律契约的强制约束,在网络内,各结点间的合作关系广泛存在,以专业化的资产、共享的过程控制和共同的集体目的为本质属性(黄泰岩、牛飞亮,1999)。为了实现共同控制和集体目的,各联结方需要柔性的组织边界。

因此,网络组织是由两个或两个以上的组织或企业在自愿的基础上,通过契约和价格协调组织间的合作关系、利益分配以及责任承担问题而形成的跨边界动态组织,该组织具有虚拟性、边界模糊性和边界渗透性的特点。

三、网络组织演化

演化在英文中翻译为"evolution",起源于拉丁文的"evolvere",演化的本意是指事物的生长、变化或发展。从生物学的角度来看,演化会因突变和重组而形成基因变异,在基因流、遗传漂变和自然选择等动因机制的推动下,演化的结果是适应、新物种形成和灭绝。从组织生态的角度来看,组织演化是指群体的选择、保留与变种,而从组织适应性的角度来看,组织演化是指个体组织的行为与绩效(Lewin and Volberda,1999),组织演化沿着不可逆的时间向着复杂、高级的组织形态演进(孙勇,1993),实现组织间的共同演化(Koza and Lewin,1999)。目前,关于网络组织演化的研究主要有三种比较有代表性的典型观点,分别是以科尔曼(Coleman,1988)为代表的复制演化模式,以伯特(1992)为代表的重构演化模式,以国内学者孙晋众、陈世权(2004)为代表的优化重组演化模式。

（一）复制演化观

复制演化模式的核心观点为,企业以利润为动力,被动地接受环境的变化,企业决策是依赖过去的经验积极寻找应对环境的替代方案,当企业将搜索的重点放在模仿而不是创新时,行业的集中度会变小,反之则会变大(Nelson and Winter,1982)。网络组织倾向于按照已存在的网络特征、链接形态、规范,去探索、搜寻符合网络特征、链接形态与规范的新合作者,进而获取资源促进网络组织的成长,即网络组织演化依赖于改变现有网络关系、不断复制已有的网络结构与特征,在重复复制的过程中促使组织不断成长(Coleman,1988)。我国学者杨桂菊(2007)从社会资本理论的角度界定了网络组织的复制演化,认为网络组织在形成并增加社会资本过程中构建特定结构的网络,依靠对网络的不断复制而成长与演进。陈学光、徐金发(2006)研究认为,网络组织初始形成时,成员间相互不了解,成员按照"前例"观察其他成员的"行动",形成对其他组织成员的"预期","预期"实现与否决定了组织是否退出网络,同时破坏"预期"的组织成员也会被驱逐出网络,形成演化观的组织惯例。

（二） 重构演化观

重构演化模式的核心思想是一个网络中最有可能为组织带来竞争优势的位置,是关系稀疏的结构洞,网络组织就是组织个体在追求自身利益的动机下,通过改变网络结构为自身发展带来新的资源,在不断地重构网络关系的过程中成长和演化(Burt,1992)。网络组织重构演化的实质是组织成员在网络利益最大化动机的驱动下,不断地复制与重构网络关系,改变网络结构,向核心网络位置及获取更多的网络资源的方向演化的过程,网络组织演化过程中,社会资本(网络位置与嵌入性资源)发挥着重要的推动作用(Bourdieu and Nice,2005;杨桂菊,2007)。

（三） 优化重组演化观

优化重组演化观是在复制演化与重构演化两种模式的基础上,网络组织经历新结点进入和原有结点显性或隐性退出的方式形成新的网络关系。通过调整现在的网络结构,使之对环境有更大的适应性,实现网络组织的自组织过程,即网络组织的演化过程是其内部拓扑结构的优化重组的过程(孙晋众、陈世权,2007)。

因此,三种观点的网络组织演化都包含了几个共性的特征:第一,网络组织成员受制于信息不对称的限制,其成员个体都是有限理性的;第二,组织成员个体掌握的资源和能力是有差异的,存在异质性;第三,依据资源互补性和资源依赖的观点,网络组织内个体间的生产活动需要依赖很多的资源才能实现,当个体无法通过自身或市场突破资源的限制时,就需要资源互补,并在一定的契约约束与协调下实现;第四,网络组织演化的驱动力是利己的,是为了获得自身利益的最大化;第五,网络组织演化的最终结果是通过改变原有的网络关系和网络结构,推动网络组织成长,形成新的网络关系和网络结构。

基于国内外学者的观点,笔者对于网络组织演化的概念界定充分考虑"演化"从低级到高级按照不可逆时间演进的本质,在科尔曼(Coleman,1988)复制演化模式和伯特(1992)重构演化模式的基础上,将其定义为:在个体追求自身利益的动机驱使下,管理者通过对环境的仔细观察调整现有的网络结构获取发展所需要的新资源,在信息 AESI 能力的作用下通过对资源的重新配置改变现有的网络关系,在网络结构和网络关系的不断重构中实现组织的成长与演化。与"复制演化模式"不同的是,笔者所界定的组织成长与演化是网络结构与网络关系的双重改变与重构;与"重构演化模式"不同的是,不仅考虑管理认知的"惯例观",还充分考虑管理者认知的"前瞻观";与"优化重组演化模式"不同的是,不仅考虑环境的适应性问题,还充分考虑信息关注、信息解释、传递与共享、内化对资源配置的作用,即要考虑环境的塑造性问题。信息与网络关系、网络结构的动态匹配推动网络组织的成长与演化。因此,笔者所界定的网络组织演化是"主体—资源—行为"通过市场机制的有机协调推动其成长与演化。

第二节 网络组织演化的认知驱动力

动态的市场环境下,刚性的组织能力不利于结点企业保持持久的竞争优势,需要借助于管理者认知打破能力刚性,管理者可以通过构建"高阶"或"动态"的惯例推动组织能力的演化。对于网络内联结企业来说,网络嵌入使得信息等资源的获取变得更加容易,强化了行为主体之间的意愿认知,有效规避可能的"搭便车"和机会主义行为。充分的信息交换有助于增强组织间的信任,保持长期的合作关系,合作关系的持久又反过来增强信息的交换与共享能力,进一步降低信息不对称,促进组织间关系传递到再传递,推动组织间关系嵌入到结构嵌入,实现网络组织的演化。

一、高阶理论视角下的认知驱动

高阶理论从本质上看是一个信息处理理论,系统地阐释了在有限理性条件下高层管理者如何采取行动的途径。汉布里克、梅森等(1984)提出了有限理性下的战略选择模型。该模型将有限理性下的战略选择划分为三个阶段:高层取向、过滤过程和组织结果。学者们从高层取向、过滤过程和组织结果三个角度分析管理者认知对网络组织演化的作用。

(一)组织情境对网络组织演化的驱动作用

组织面临越复杂且不确定的任务时,管理者认知就显得更加重要,为了规避管理者能力的"天花板"效应,管理者就需要超越现有的认知界限,挖掘信息处理惯例对企业战略行为选择的作用。不确定的组织任务致使企业面临的决策因素是非结构化的,通过复制或模仿以前的行为惯例难以应对该复杂任务,这就需要管理者对环境进行评估和判断以作出正确的行为决策(马骏等,2007),即利用管理者的诊断能力进行局部搜索,培育能力——机会的匹配能力,进而推动组织能力的成长与演化。同时,在竞争范式改变的演变的过程中,意愿认知影响组织间联结关系的质量和信息、知识共享的程度(Burt,1992)。能力认知对组织战略选择具有关键性的影响(Stuart and Abetti,1990),并决定管理者能观察到什么信息、哪些信息重要、采取什么样的行为决策等(杨林、俞安平,2016)。

(二) 过滤过程对网络组织演化的影响

第一,网络组织中结点优势的关键在于结点自身的信息优势。与传统企业不同,网络组织中由于信息过于丰富造成了个体信息关注力的缺乏(彭正银、黄晓芬,2017),网络信息呈现出多元化特征(王向民,2012)。单个企业越来越难把握多变的市场环境,越来越多的企业通过知识共享或共同研发等与其他企业建立合作网络关系,以降低日益增加的不确定性和复杂性(刘学元等,2016)。第二,在关系传递过程中,作为关系传递的"中间人"充当了信息桥梁的作用,通过信息与资源在组织间的跨越促成新的关系联结,进而形成关系嵌入(Granovetter,1985)。通过信息与资源的共享实现关系传递到关系嵌入的演化(郑方、彭正银,2017;黄晓芬、彭正银,2018)。随着关系传递的进一步深入,企业主体间的经济行为会逐步嵌入多元的网络关系中,主体间的两方关系发展为三方或三方以上的网络关系,形成组织间的结构嵌入(Uzzi,1999)。结构嵌入使得信息从组织间直接作用关系转向间接作用关系(Gulati,1999)。三方及三方以上组织间的联结可以建立更高水平的合作,进而促进组织从关系嵌入到结构嵌入的演化(郑方、彭正银,2017)。第三,通过网络关系的传递与再传递,不断地扩大企业网络,增加企业的合作关系方,进而有可能提升企业在网络中的整体位置。网络位置的提升,增加企业获取信息的机会与获取结构洞优势的可能性(钱锡红等,2010;胡保亮、方刚,2013)。处于结构洞位置的企业容易获得非冗余的信息,优先获得差异化的信息域,在信息整合上具有比较优势(Burt,1992;钱锡红等,2010;胡保亮、方刚,2013)。

(三) 组织结果对网络组织演化的作用

首先,在网络中,以核心企业为关键结点,将资源与网络组织内的其他企业传递、共享与整合(Hansen,2002;曹丽莉,2009),网络组织内企业成员间的合作、资源的整合、产品合作创新成为推动网络组织的演化推动力,即实现"企业合作—资源整合—合作创新—组织演化"(张靓、何龙飞,2011)。其次,网络情境下组织的思维逻辑、行为模式和研究范式逐渐由 SCP(结构—行为—绩效)范式转向 DIM(规则设计—系统集成—模块制造)范式(李海舰、魏恒,2007)。每个结点的行为逻辑将从"信息释放—信息整合—信息利益"转变为"信息交互—平台共享—信息的放大性补偿"(彭正银、黄晓芬,2017),结点企业信息释放反映了其配置认知在联结关系中的作用,而信息整合反映了意愿认知对信息共享的促进作用。

二、情境双元性的认知驱动

吉布森(Gibson)、伯金肖(Birkinshaw)在 2004 年首次提出了基于环境特征的"情境双元性"(contextual ambidexterity)的概念,将情境双元性定义为一种体现整个业务单元一致性和适应性行为能力。一方面,组织惯例、累积的技能和经验是组织在其较长时期的动态成长过程中形成的刚性能力认知,该刚性能力为组织资源利用式发展形成了一定的竞争优势。既有的资源与技能禀赋优势以及累积的组织惯例,可能导致管理者在探索发展路径过程中表现出过度自信,形成锁定效应(Cohen et al,1995)。组织个体间需不断地进行信息的交互与磨合,管理者对联结方的异质性资源作出更加准确的判断,缩短双方的认知差距(吴先华等,2008;汤长安、张亮,2012),形成并提升组织的意愿认知。另一方面,在联结网络中,组织间的联结是非匀质的,信息在市场竞争中的传播也是非匀质的(Burt,1992);个体管理者基于不对称的社会关系和经济关系获得并掌握不同的信息量,使得网络组织个体在网络结构中具有不同的网络位置(钱锡红等,2010;胡保亮、方刚,2013)。能力认知使其掌握独特的知识结构,包括信息、资源、技能等,配置认知使其在网络中形成优势的网络地位,并占据及优化结构洞(Burt,1992)。组织不断进行局部搜索使其适应具有结构洞优势的联结组织,以保障联结绩效的实现(Burt,1992;杨桂菊,2007)。因此,网络组织演化体现了个体在追求价值最大化的一致性目的的约束下不断适应外部环境的过程(肖冬平、顾新,2009)。

三、网络组织演化的认知基础

已有关于组织演化认知基础的研究主要有两种观点:惯例观和前瞻观。惯例观的研究者强调路径依赖和惯例的重要性,体现"向后看"的经验逻辑,认为组织发展的连续性对其在不断变化条件下的生存能力起到一种破坏性作用(Teece et al,1997)。而相关领域的经验是企业保持竞争优势的关键,以前累积的经验与能力背景是组织获取竞争优势的关键(Klepper,2002;Klepper and Simons,2000)。前瞻观的研究者则认为组织惯性和路径依赖不仅会使跨组织转移和市场转移变得很困难,而且当市场或技术变革导致原有不适应时,组织很难开发新的功能(Anderson and Tushman,1986)。基于此,学者们从演化经济学的角度提出组织能力发展的搜索模型,强调"向前看"的结果逻辑的重要性。该模型认为认知行为逻辑和组织惯例在组织层次结构中是可以共存的,管理者对其战略决策问题的认知表征从根本上推动了组织搜索,进而推动了组织能力的积累,打破传统能力发展的准自动化、惯例化与路径依赖(Gavetti,2005;Gavetti et al,2008)。学者们将"向后看"的经验逻辑与"向前看"的结果逻辑结合起来解释组织搜索现象,认为组织的演化是认知与行动、思考与经验相互作用的结果。

四、网络组织演化的认知模式

基于管理者认知的行为逻辑,学者们提出了多样化的管理者认知模式,包括用过去累积的经验处理新的类似情境问题的"类比推论"模式(Gavetti,2005,Gavetti et al,2008),认为该模式适用于理性选择与局部的增量搜索,但当组织面对新颖复杂的环境时,该模式并不是最优的。"心智试验"模式具有更大的适应性,"心智试验"模式是指通过一系列的心智活动的不断测试,为最终的行为决策找到最合适的策略(Farjoun,2008;邓少军、芮明杰,2009)。

还有广泛应用于心理学、社会学、管理学等的"认同"模式。从社会"认同"的角度来看,认同是指"一群人一致性的看法,一致性看法的形成源自个体自我的心理表征",组织"认同"是社会认同的一种特殊的形式,是指将个体作为组织认同的对象,个体的组织态度、行为与组织一致,个体归属组织群体的感觉,认同具有认知的特征(Ashforth and Mael,1989)。

我国学者提出"战略框架式思考"与"悖论整合"两种认知模式。"战略框架式思考"的认知模式包括战略意图、基本战略回路和战略驱动路径三个基本的要素;而"悖论整合"包括企业长短期目标协调、低成本与差异化竞争手段、技术研发中的利用与探索、员工/管理者和合作者的利益、领导行为(领导复杂性)、企业多元化(多元文化融合)。两种认知模式的结合,既符合一般战略的思维特性,又适应企业独特的经营环境和经营战略(武亚军,2013)。

第三节　网络组织演化的要素

一、组织能力观

组织能力是公司可持续竞争优势的来源(Collis,1994),决定着企业的兴衰。企业的组织能力是一个非常复杂的概念,国内外学者基于不同的研究目的,给出了不同的定义,目前尚无明确统一的定义(Augier and Teece,2007;Barreto,2010)。由于资源基础观是从静态角度对企业能力进行的界定,与如今网络情境下的组织环境不匹配,需要推动组织能力由惯例观向前瞻观转化,从静态组织能力向动态组织能力转化。

基于国内外学者的研究,组织能力的概念主要包括两个方面:其一是从组织能力的本质属性进行界定,分为资源基础观(Grant,1999;Wernerfelt,1984)和核心能力观(Teece,1997);其二是从静态和动态角度进行界定的,分为静态组织能力和动态组织能力,静态的组织能力主要是从能力核心要素的角度进行的界定(Wernerfelt,1984),动态组织能力强调人与资源的相互作用、资源与目标之间的转换能力(Grant,1999)。

（一）静态到动态组织能力的概念演化

静态组织能力观认为一个组织拥有比其他组织做得更好的特殊物质,就说明该组织具有一定的特殊能力,该组织能力为本企业所独有(Selznick,1957)。组织特殊的物质包括知识、技能、经验(Richardson,1972)、技术(Wernerfelt,1984;Wernerfelt and Karnani,2010)、资产、信息、企业特性(Amit and Schoemaker,1993)等,企业所掌握的这些异质性资源有助于企业提升效率、效能,制定可行的战略(Barney,1991)。动态组织能力观认为组织能力是指企业为了与不断变化的内外部环境保持一致(李彬等,2013),通过内部资源之间、人与人之间、人与资源之间的相互作用(Grant,1996),实现资源的整合与重新配置,进而获取竞争优势的能力(Teece and Pisano,1994;Zollo and Winter,2002)。动态能力的观点目前得到了越来越多的学者的认可,认为能力与资源服务有关,是以流量的形式而不是存量的形式体现在企业活动中(曾萍等,2011;董保宝等,2011;焦豪,2011)。还有学者将动态能力仅界定为知识创造、知识整合和知识的重新配合的过程与能力,在该过程中企业内部新旧知识融合、内部已有知识与外部新知识融合、企业创造新知识的能力(Verona and Ravasi,2003)。

(二) 资源基础观到核心动态能力观的演化

资源基础观是在环境静止不变的假设下提出的,忽略环境变化带来的可能结果。资源基础观认为组织能力是资源整合及优化的过程(Moingeon et al,1998),资源与目标之间的转化形成组织能力(Dutta,2005),通过资源配置实现企业的目标(张钢,2001)。资源基础观强调资源和能力是企业获取竞争优势的源泉,但并不是所有的资源都能为企业带来持久的竞争力,只有企业掌握了异质性资源、独特的资源才能为企业带来超额租金与持续利润(Barney,1995;Peteraf,1993;黄培伦等,2008),企业所掌握的异质性资源具有一定的刚性(Peteraf,1993)。核心能力观认为企业是能力的集合,核心能力是企业获取持续竞争优势的保障,是企业获取经营绩效的决定性因素(魏江,1999),企业只有掌握动态的核心能力才能保持持久的竞争优势,环境的变化促使组织已有的存量核心能力不断向流量核心能力转化(Teece,1997)。核心能力一旦形成后,在短期内会保持一定的刚性(Leonard Barton,1992),另外,还有学者认为,企业的核心能力的本质是知识(魏江,1999)。

二、交易成本观

(一) 交易成本理论

科斯(Coase,1937)将交易成本界定为"企业利用价格机制的成本"。企业利用价格机制所形成的费用包括三个部分:第一,发现相对价格的成本,该成本是最明显的成本,随着信息的增加,成本会减少,但不会消失;第二,谈判和签约的费用,技术的发展可以减低该成本,并使成本最小化,但成本并不会消失;第三,其他方面的成本,例如由于预测困难,使得企业长期契约的执行很难实现,或者企业签订长期契约可能面临很大的不确定性,在未来解决一些交易细节问题时可能产生的成本。科斯的贡献在于揭示了市场运行是有成本的,资源配置的市场方式与企业方式是可以相互替代的,但是在企业的实践中,市场与企业这两种方式不是此消彼长的关系,而是相互促进的,是共存的,并没有明显的界限(Larsson,1993)。

在科斯概念的基础上,后续相关研究对交易成本的概念提出了不同的理解。主要观点有经济制度的运行成本观:该观点的交易成本包括信息成本、排他成本、公共政策设计与执行成本(Arrow,1969)。缔约过程观:该观点交易成本包括信息成本、讨价还价的成本、决策的制定与执行成本、监控成本(Dahlman,1979)。事前事后观:该观点将交易成本划分为"事前"和"事后"两大类,"事前"成本包括协议的起草成本、谈判成本和协议的维护成本,"事后"成本包括偏离带来的讨价还价成本、管理机构的建立和管理成本、承诺实施的保证成本(Williamson 等著,段毅才等译,2002)。市场与内部成本观:该观点认为交易成本是指企业使用市场和内部发号施令所支付的所有费用,包括企业市场交易形成的市场成本、内部组织设计与运行的管理成本、政治性交易费用三大类交易成本(Frobodon 等著,姜建强等译,2012);制度成本观:交易费用扩展至"制度成本",认为交易费用是指不直接参与生产过程和运输过程的所有成本,包括制度成本、讨价还价成本、契约拟定和实施成本、监管成本(张五常,1999)。但综合众多学者的观点来看,交易成本是为了实现交易而有别于生产和交通运输所支付的所有费用,反映了企业讨价还价的成本,以及履行契约的成本。

(二) 交易成本与网络组织选择

威廉姆森(1975,1980)认为,交易费用受制于契约执行人的行为假设和交易过程的三个维度(资产专用性、交易的不确定性和交易频率)。如果资产专用性较低、交易的不确定性和交易频率都较低时,交易成本应该选择市场方式进行调节;反之,如果三者都比较高,则应选择企业方式进行调节;而介于高和低之间的交易,采用中间组织形态的方式进行调节,即网络组织的方式进行调节(Larsson,1993;Williamson,1975,1980;沈运红、王恒山,2006;杨蕙馨、冯文娜,2005),网络组织方式成为越来越多企业的选择。

1. 资产专用性

在交易的三个维度中,资产专用性是其核心要素。威廉姆森(Williamson,1991)对科层、混合与市场三种组织治理形式进行了比较分析。发现三者在激励、管理控制、适应性和契约约束方面存在明显的差异,与市场相比,混合模式的激励偏低,但是有较高的协调能力;而与科层相比,混合模式有较高的激励性。当资产具备完全通用性时,市场的资源配置能力相对于科层与混合形式是最优的;当资产专用性越来越大时,市场资源配置能力的边际效应越来越小,治理成本也会越来越高,其效应逐步由混合组织如网络组织或科层组织替代。

2. 不确定性

威廉姆森(1991)认为当组织面对更频繁的扰动时,科层、混合和市场形式的治理效率都会下降,其中混合治理模式受到的影响最大,市场与科层治理模式增加,混合治理模式减少。彭正银(2003)将交易的三个维度具化为与结果不确定性相对应的状态维、与资产专用性相对应的特征维和与交易频率相对应的规模维。特征维对治理模式的选择具有决定性作用,影响交易发生与进行的本质特征,规模维影响交易成本的分摊、交易的稳定性和可调整性,状态维反映了交易的初始状态和阶段性状态之间的划分。

3. 任务复杂性

由于网络组织相对于混合组织而言,具有开放性、边界模糊性、边界弹性和结点的灵活性等特点,决定了网络组织的治理应该是动态的,而威廉姆森的三个维度是基于静态视角,无法全面解释网络组织的动态演化过程(Park,1996;彭正银,2003)。彭正银(2003)提出"任务复杂性"作为过程维,形成交易的第四个维度,反映交易过程的动态性、连续性、开放性与协调性。

因此,根据关于网络组织概念与特征的界定,相对于个体组织而言,网络组织在资源与能力整合上更具有优势(卢福财等,2005),结点的活性与整体的协调,决定了网络组织的最终目的不是交易成本的优化,而是通过要素的整合实现网络整体价值的最大化(彭正银,2003;卢福财等,2005)。因此,对于网络组织演化的研究,不仅要分析交易成本的演化,还要考虑交易收益的演化,进而分析网络组织交易效率的变化。

三、网络关系和网络结构嵌入观

"嵌入性"理论是格兰诺维特(1985)在波兰尼(Polanyi,1944)提出的嵌入性思想的基础上发展而来的。通过对嵌入范畴的扩展,格兰诺维特(1985,1992)提出并系统阐述了"嵌入性"的概念,他将"嵌入"定义为"行为人的双边(社会)关系和整体的(社会)关系网络影响经济的行为和经济的结果",并将嵌入分为关系嵌入与结构嵌入两类。

关系嵌入是指两个主体间经济行为的互动(Granovetter,1985,1992;Uzzi,1996,1997),关系嵌入展现的是以双边关系为导向的、动态的、连续的过程(Gulati and Sytch,2007)。目前有大量的文献围绕双边关系的互动路径展开相关的研究,如海特、赫斯特里(Hite and Hesterly,2001)研究发现,新兴的公司在发展的早期阶段,公司间的网络主要是由密集、连贯的连接组成的社会嵌入式联系,该联系的基本单元是二元关系,根据成本和收益的计算,企业的二元关系扩展为更多的网络关系。从内聚力网络发展为关系稀疏的结构洞网络,形成网络嵌入。Uzzi(1997)通过对美国纽约制衣工厂的研究,认为关系嵌入是交易基于信任通过信息共享达到共同解决问题的过程。因此,关系嵌入关注的是以直接联结为纽带的二元交易关系问题,是交易双方相互理解、相互信任和相互承诺的达成程度及形成过程(Granovetter,1992;Gulati,1999;Uzzi,1997)。

结构嵌入是群体间通过第三方进行的间接联结,并形成以系统为特点的关联结构(Granovetter,1992)。结构嵌入关注的是组织间关系从二元关系走向多元关系的过程。结构嵌入使经济行为的信息从直接沟通与交流转向间接的沟通与交流(Gulati,1999),即结构嵌入可以表述为众多经济行为的行动者间交互关系的集合(Johanson and Mattsson,1987)。结构嵌入关注的是网络的整体构造对个体行为的影响(赵辉、田志龙,2014),通过联结网络中的网络位置和网络密度等进行测度(万元、李永周,2014;赵辉、田志龙,2014)。

网络关系被提及之前,业务关系一直是各国学者研究的热点问题之一,学者从不同的视角研究了基于业务层面的不同互动关系的性质(Anderson and Weitz,1989;Anderson and Narus,1990;李光明,2005),不同研究成果汇集在一起,形成"结构性"的业务关系。业务间关系具有复杂性、对称性、连续性和非正式性的特点(Hakansson and Snehota,1995)。约翰逊、马特森(Johanson and Mattsson,1987)基于产业市场,将行为主体的网络关系和互动有机联系起来,提出网络组织的关系与互动模型,称为 JM 模型。在约翰逊、马特森等人的研究基础上,孙国强(2003)提出"关系—互动—协调"三维的网络结构,将网络组织从相互导向上存在的"关系"、过程上存在的"互动"走向互动的"结果",形成"三维结构"的逻辑框架,体现"关系—交互—协同"的逻辑关系。

四、综合观

还有学者从网络组织运行机制的角度界定网络组织的构成要素,认为网络组织的构成要素包括结构、过程和目的。网络组织的结构是指组织专业化的固定资产和无形资产的联系、结合和一体化,过程是指网络组织的代理人对组织过程的共同控制,目的是指获得联合的组织效能和意愿,获取合作收益(罗仲伟,2000)。孙国强(2001)认为网络组织是由五大要素构成的,包括网络目标、网络结点、经济联结、运行机制和网络协议。其中,网络目标与罗仲伟(2000)所界定的目标是一致的。网络结点是指为网络提供关键资源和核心技术的企业或社会组织;经济联结是指依托信息沟通方式和依赖路径形成的有机联系的网络构架,经济联结方式分为契约性联结和资本性联结两类;运行机制保障网络组织的有效运作;网络协议是共同遵守的规则和约定。张丹宁、唐小华(2008)从产业网络角度,搭建了产业网络的分析架构,并提出了资源的关系稳定性和关系纽带的双重维度。

根据演化经济学的观点,网络组织形成过程中的主体应满足如下几个条件:首先,网络组织成员是有限理性的,即组织加入或退出网络组织是为了追求正的经济利益;其次,成员个体在掌握的资源和拥有的能力两个方面是具有异质性的,这是网络组织成员获得创新收益的内在原因;再次,由于规模经济与资源互补在客观上是存在的,两个成员形成网络关系后,两两成员间会存在重复"囚徒困境"的博弈;最后,在现实中,由于分工需要、信息获取、地理范围限制等原因,每个组织成员都只能与网络组织中的一个"子集"进行经济和社会交往,形成网络关系。

网络组织是企业间契约关系的形态(贾根良,1998)。网络组织旨在确定每个成员的义务与责任是由一套规则所定义的,与网络组织的外部环境相比,这些规则约束了集体活动的领域,使其一直在这些规制的约束之下(闫二旺,2006)。进而形成以市场与契约双重调节的组织形式:一方面,网络组织必须履行相应的契约条款,具备强制性科层组织的特点;另一方面,组织的生产活动依然依靠市场来完成,具备价格自动调节的属性(Jones et al,1997;闫二旺,2006)。同时,琼斯等(Jones et al,1997)在市场调节和契约(制度)调节的基础上,又将社会调节引入网络组织的治理机制,认为企业的经济行为和经济关系都嵌入一定的社会关系中,在一定程度上受到这些社会关系的影响。不同的组织结构,其内部的协调机制不同,在科层组织中,协调是依托企业的领导,在市场组织中,协调是通过价格实现的,而网络型组织,协调是由团队作出的,是契约与价格的双重作用实现的(Rikard,1971;Van Alstyne,1997)。网络组织中大量契约都是非正式契约,为了规避成员企业的机会主义行为,组织间需要高度的相互信任,信任机制保证网络组织的稳定,也超越了市场与科层治理手段(孙国强,2016)。

第四节　网络组织演化阶段与路径研究

一、网络组织演化阶段研究

关于网络组织演化阶段和演化路径研究的代表性成果有以下一些观点:霍坎森、斯内霍塔(Hakansson and Snehota,1995)从网络组织基本变量的角度界定网络组织的发展过程,认为网络组织形成经历"企业个体—企业间关系—企业网络"三个阶段,这三个阶段的变动是通过"资源收集—资源链接—资源整合"三个阶段的驱动实现的,每个阶段的实现都依托于主体、行为和资源三大要素。马达哈万等(Madhavan et al,1998)通过对全球钢铁行业的研究表明,关系网络是管理行动塑造的重要战略资源,论证了随着时间的推移,特定事件会导致行业结构加强或结构松动,进而影响行业网络,根据特定的时间,可以对行业网络进行预测,该研究突出了特定事件对网络演化的推动作用。为了降低搜索成本和机会主义风险,网络组织个体更倾向于与有着较高信任和丰富的信息交流的特定合作伙伴建立稳定的互惠关系(Powell,1990)。基于此,古拉蒂等(Gulati et al,1999)从战略联盟的视角,研究网络组织的形成与演化。通过分析论证发现,随着时间的推移,"嵌入式"关系积累在一个网络中,为网络中增加合作伙伴提供了可能(Granovetter,1985)。随着联盟网络将合作伙伴信息内部化数量的增加,依赖该网络作出未来联盟决策的组织个体数量会随之增加,进而推动组织嵌入新兴的联盟网络中。这些联盟网络进一步提升了网络的信息价值,增强对后续联盟形成的影响。因此,联盟网络的形成过程是外部相互依赖驱动下的动态过程,促进组织间的相互合作,并通过内生性的网络嵌入机制帮助网络组织个体决定与哪一个企业建立合作关系。摩尔多瓦努、鲍姆(Moldoveanu and Baum,2003)提出网络拓扑结构对网络信息的分布、共性和公司所追求的信息战略的依赖。网络拓扑、网络的信息属性和网络中的企业层之间是动态的、递进的、跨层次的关系。信息属性决定了企业的行为,进而影响网络的拓扑结构,推动组织网络的发展。其中,信息属性分为信息在公司间的分配和对于公司的子网络来说信息的共性两类,根据网络中知识分配和共同性的后果来表征企业的信息战略,信息战略是一家企业的计划选择顺序,旨在选择性地传播和过滤企业网络中的信息。

科卡(Koka,2006)等研究证实,在战略行动的驱动下,基于环境和资源可获得性程度的不同,网络组织会经历扩张、加固、搅动、萎缩四个阶段。当环境不确定性增加、环境可获得性提升时,网络组织会处于扩展状态;当环境不确定性下降、资源可获得性提升时,网络组织处于加固阶段;当环境不确定性增加、资源可获得性下降时,网络组织处于搅动阶段;当环境不确定性下降、资源可获得性降低时,网络组织处于萎缩阶段,对于网络组织的每一阶段的差异通过捆绑创作、捆绑缺失、组合规模和组织范围等来加以判断。

韦福祥(2001)指出,动态性是网络组织的重要特征,网络组织每时每刻都在发生变化,不同的驱动要素会导致网络组织变化的性质不同。从网络组织创新的共性特征上来看,网络组织的变化主要分为三个阶段:稳定期(结点之间的关系处于相对稳定的状态)—边际变化期(结点关系不变,结点的属性变化)—创新期(结点特性变化,结点关系变化,打破平衡,产生新的规则、关系和资源约束条件)。

也有学者从模块化网络组织的视角出发,认为网络组织的价值流动经历价值创造、价值转移、价值实现与价值分配四个阶段(余东华、芮明杰,2008)。网络组织可以不断地寻找价值创新的切入点,采用杠杆式的方式利用资源,而不受制于现有资源的约束(Kim and Mauborgne,1997)。网络组织竞争优势的获取过程与网络组织的发展是从竞争合作到关系竞争再到合作竞争不断循环的过程(李永周等,2009)。全利平、蒋晓阳(2011)从协同创新网络的角度,论证了网络组织协同的路径和发展阶段,确定了网络组织协同的路径。网络组织协同创新过程经历了松散的网络组织(研发工作的集散地,创新处于混沌摸索阶段)—密切合作的创新组织(整合内部资源的协作平台,资源开放式共享)—全面协同的创新组织(形成协同创新网络)三个阶段。

单子丹、高长元(2008)认为,网络组织因联结方式不同而不同,基于联结方式的差异性,将网络组织划分为四种类型:基于产权的一体化组织联结、完全基于市场的随机交易的组织联结、基于契约的组织联结、基于合作和关系契约的混合组织联结。四种联结方式在合作目的、组织边界、联结形式、联结资源、联结关系等方面有一定差异,以上差异性形成四种不同的演进方式(见表1.3)。

表1.3　企业网络组织的演进方式

联结方式	基于产权的准一体化联结	完全基于市场的随机交易联结	基于契约的联结	基于合作和关系企业的混合联结
合作目的	规避市场风险 实现企业价值最大化	实现各自的企业价值	实现合作利益最大化	最大化合作利益 知识的交换与创新 行业技术的提升与循环

联结方式	基于产权的准一体化联结	完全基于市场的随机交易联结	基于契约的联结	基于合作和关系企业的混合联结
组织边界	刚性 静态性	具体、完全细微 不明显 一次性联结或联合	柔性 可渗透潜在联结或联合	企业纵向和横向边界 逐步虚拟化联结或联合
联结关系	产权协议 层级组织协调	价格机制	组织网络协议 等	明晰契约和隐含契约
决策方式	高层 远距离	即时 完全自主	共同参与	主导企业共同协商 第三方机构 综合管理中心
联结资源	资产专用性高 不易交易 松散型资源	资产专用性低 易于交易	资产专用性适度 非松散型资源	投资资产专用性 互补性和稀缺性能力组合 非松散型资源
核心能力	较弱	较弱	较强	强
联结效果	稳定的组织关系	企业间无依赖关系 利益相关者关联度不高	实力相当企业间存在协作关系 利益相关者关联度较高	企业间依赖性和能力控制权不断变化 利益相关者管理度高 机会主义风险较小
组织形式	企业并购 企业集团 战略联盟的股权参与	独立的企业合作	战略联盟 合资经营 外包 虚拟组织等	高新技术虚拟企业 高新技术园区 高新技术产业集权等

资料来源:单子丹、高长元:《网络组织视角下的高技术虚拟企业演化机理研究》,《未来与发展》2008年第6期,第78—81页。

二、网络组织演化路径研究

肖冬平、顾新(2009)探析了网络结构自组织演化的规律,认为网络系统的演进是从无序状态到有序状态,再到动态有序状态,网络结构的优化是依靠各结点组织的复制、变异和自然选择实现的,是不断适应外界环境的过程。张琳、施建军(2011)研究认为,当外界环境发生变化时,网络组织结点、资源和活动三者之间的平衡会被打破,在开放性和自我调节的推动下,网络组织的演化与发展会经历萌芽期链式组织结构、成长期星云式组织结构和成熟期蛛网式组织结构三个阶段,网络组织演化与发展的最终目的是为了获取网络效应和协同效应所带来的更大收益。

张靓、何龙飞(2011)提出网络组织演化的 SACI-4S² 模型,该模型划分为周期和演化两个部分,SACI 指的是周期,包括萌芽阶段(Sprouting Stage)—原型阶段(Archetypal Stage)—组建阶段(Construction Stage)—创新阶段(Innovation Stage),4S 是指周期的四个阶段,第二个 S 是指演化周期,网络组织沿着这两个周期,通过"渐进式创新"和"突破式创新"两条路径演化。为了适应激烈的市场竞争的需要,任何一个网络都需要通过不断的创新和变异活动来达到持续的演化,演化的目的是要求网络内的每个成员都能得到积极的、正向的提升。但是,网络每个阶段的演化并不能保证每个成员都能适应这种变革,因此网络组织的演化一般遵循"变异—选择—复制—保留"(王涛、罗仲伟,2011)。

因此,从国内外学者的研究看,网络组织演化的实质是组织成员在网络利益最大化动机的驱动下,不断地复制、重构、优化网络关系,改变网络结构,向网络的核心位置及获取更多的网络资源方向演化的过程。基于社会资本(嵌入性网络资源和网络位置)理论的视角,提出网络组织演化机制的理论模型(杨桂菊,2007),如图 1.1 所示。

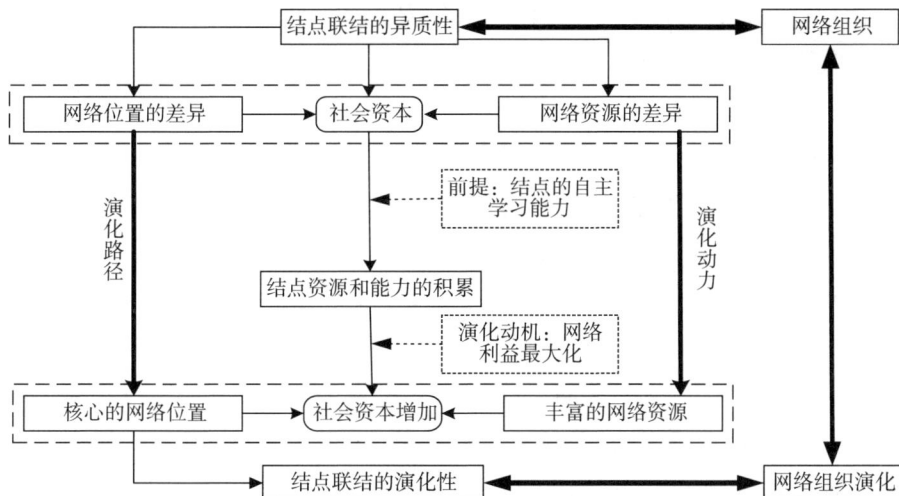

图 1.1　基于社会资本的网络组织演化机制理论模型

资料来源:杨桂菊:《基于社会资本理论的网络组织演化机制新阐释》,《软科学》2007 年第 4 期,第 5—8 页。

第五节　相关研究文献述评

通过对现有文献的剖析,找到现有研究存在的不足,为丰富网络组织演化理论与管理者认知理论等提供一个方向性的指引。

一、缺乏从整合视角对网络组织演化的深入研究

根据国内外学者们的研究,网络组织演化是以结点为主体,通过资源的获取、协调、配置和整合,改变结点间的网络关系和网络位置,形成新的核心企业或关键企业,构建新网络结构的动态过程。网络组织内的个体应该是竞合共存的,网络组织在发展和演化过程中,如果仅关注个体利益的最大化,将导致组织内网络关系的矛盾、冲突,甚至破裂(谭力文、丁靖坤,2014)。因此,网络组织各成员应追求网络整体的效应最大化,既要关注网络组织个体的异质性可能形成的范围经济,同时又要考虑同质性可能形成的规模经济;既要充分利用内部资源形成组织的关键竞争力,又要挖掘外部社会资本形成新的竞争优势或实现资源的优势互补,获得网络组织持久的竞争力。而目前学者对于网络组织演化的研究存在以下几点不足。

(一) 微观要素演变讨论较少

从目前国内外学者的研究可以发现,基于环境、要素需求、任务复杂性等的驱动,网络组织的组织边界、行为模式等都处在动态的演化中,而对于组织边界、行为模式等微观演化要素却缺乏深入的研究。就其构成要素而言,网络组织由网络主体、资源和行为三个基本的变量组成,网络主体对资源进行不同的组合和配置,选择不同的行为模式,推动网络结点、网络关系和网络结构的演变。目前学者们关于网络结点、网络关系和网络结构演变的微观要素的研究还是孤立的。因此,主体、资源和行为指的是什么? 在网络组织发展中三者是如何演变的? 三者之间存在怎样的关系? 基于三个核心要素的演变,分析网络组织演化的阶段及演化特征,这将成为第一个研究重点。

(二) 缺少从内生和动态的综合视角对网络组织演化驱动要素的研究

从国内外学者的研究可以发现:首先,外部环境是网络组织演化的重要驱

动要素,但驱动组织网络实质性变化的还是在利益最大化的驱动下结点自身能力与要素配置的改变,信息、网络关系和网络结构在组织资源配置和能力配置中发挥着重要的作用,而且信息在网络组织发展与演化过程中的作用越来越大,"信息(Information)—关系(Relationship)—结构(Structure)"三者构成了网络组织演化的重要驱动要素。其次,资源基础观强调企业内部资源异质性与资源禀赋的重要性,然而这里的资源是静态的,对于网络组织而言,该观点没有考虑网络关系和网络结构的动态变化中资源属性的变化。再次,目前学者关于信息、网络关系和网络结构的研究还是孤立的、碎片化的,并没有研究三者之间的互动关系。因此,信息、关系和结构是如何推动网络组织演化的,网络组织演化的动力机制是什么,这将是第二个研究重点。

二、缺乏对管理者认知在网络组织演化中作用的深入研究

在超竞争的网络情境下,网络组织演化面临的严峻问题就是如何突破组织惯例带来的路径依赖和资源基础观形成的能力刚性的限制,以快速适应环境动荡带来的冲击。而目前关于管理者认知对网络组织演化的作用的研究主要集中在两方面:第一,在有限理性的约束下,管理者对信息的选择、处理和利用过程对组织行为选择的影响,相关的研究是基于单个组织而言的,然而网络组织的形成、发展与演化是一个结点不断变动的开放式过程。在这个过程中,不仅涉及结点自身的信息选择、处理和利用,还涉及组织间信息的传递与共享。而且在动态的环境下,信息的关注能力对组织的发展也越来越重要。现有的研究与网络组织的形成、发展与演化问题存在一定的脱节。第二,从作为"向后看"的行为逻辑的组织惯例和"向前看"的行为逻辑的管理认知的双重视角下研究网络组织的演化,惯例观约束下的管理者认为经验和能力是组织保持竞争优势的关键,前瞻观约束下的管理者强调能力发展的搜索模型,突破路径依赖与能力刚性的约束。现有关于惯例观与前瞻观的研究,都是基于组织个体自身发展的研究,而网络组织是两个以上的个体组成的网络,这就要求网络组织中的结点,不仅要考虑自身的发展,还要考虑网络中结点间关系的发展与变化,因此,现有的研究与网络组织发展与演化的现实问题存在一定的脱节。现有研究存在的局限如图 1.2 所示。

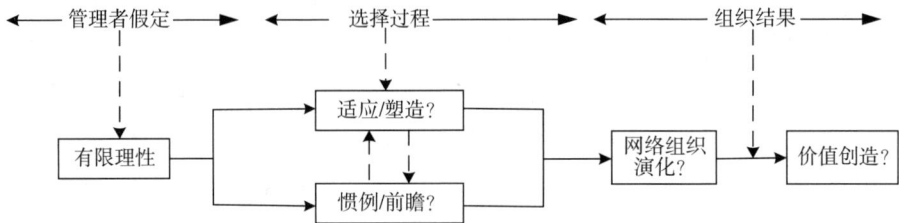

图 1.2　管理者认知对网络组织演化的作用研究局限

资料来源:根据研究需要自制。

　　基于这两点局限,从以下几点深入探析管理者认知对网络组织演化的作用:第一,在有限理性假定下,管理者认知在网络组织中的选择过程是怎样的?第二,随着网络组织的发展与演化,管理者认知与网络组织是否存在协同演化,如果存在,二者是如何进行协同演化的? 第三,网络组织演化不同阶段,管理者认知发挥什么样的作用? 形成什么样的认知模式?

三、本书研究的理论模型

　　基于管理者认知的角度,对网络组织演化展开三方面的研究:在管理者有限理性的作用下,由于任务复杂性和环境的不确定性,会推动网络组织的战略变革,作出不同的行为选择,基于此,本章从分析网络组织演化的要素(Element)、演化动因(Motivation)与阶段、演化的认知模式(Cognition mode)三个角度搭建网络组织演化的理论模型,构建认知视角下网络组织演化的 EMC 理论模型(见图 1.3)。

图 1.3　管理者认识视角下网络组织演化的理论模型

资料来源:根据研究需要自制。

第二章 管理者认知的特征与演进

自汉布里克、梅森(1984)提出高阶理论以来,理论界对管理者认知理论进行了深入的研究,探索了环境不确定性与管理者认知的关系,管理者认知对组织绩效、动态能力、能力演化的影响,以及 CEO 网络嵌入与变动对公司绩效、企业价值的影响等。纳拉亚纳等(Narayana et al,2011)根据以往的研究成果,总结归纳了管理者认知形成的前因(外部情境因素和内在特征因素)、管理者认知的构成及各组成因素之间的关系(管理者认知的认知结构和认知过程)、管理者认知的产出。管理者认知的形成原因包括环境因素、组织因素、个体因素和决策的特定因素四个部分(Rajagopalan et al,2016);管理者认识由静态要素和动态要素两个部分组成,静态要素是指管理者认知的认知结构,包括组织认定、战略框架和组织惯例,动态要素是指管理者认知的认知过程,包括战略陈述、战略实施、组织学习和战略变革;管理者认知的产出(结果)包括过程产出、战略行动和经济产出。以往关于管理者认知的前因、认知的结构和过程要素及认知结果之间关系的研究采用多重路径和方法。

基于那拉雅南等(Narayanan et al,2011)和拉贾戈帕兰等(Rajagopalan et al,2016)等的研究及文献综述、概念界定的分析,构建管理者认知的整合框架(见图 2.1)。

基于图 2.1 所构建的管理者认知整合框架,本章主要包括以下三个部分:第一,管理者的内在特征与认知特征;第二,信息经济属性的演变:工具—资源—要素;第三,管理者共享认知的形成:个体认知—共享认知。

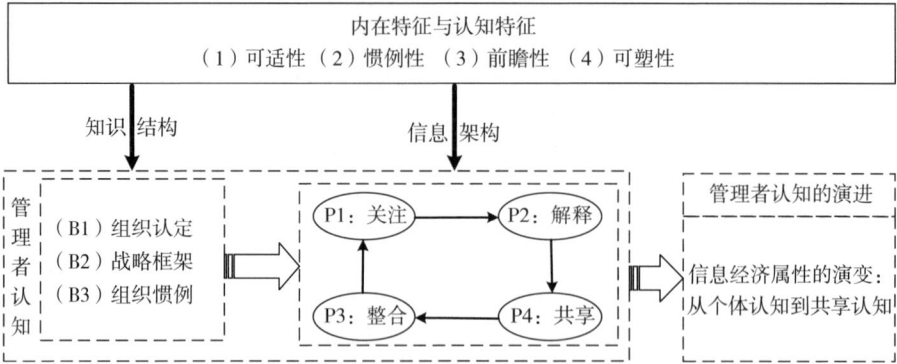

图 2.1　管理者认知的整合框架

资料来源:参考那拉雅南等(2011)和拉贾戈帕兰等(2016)文献自制。

第一节　管理者的内在特征与认知特征

不同企业高层管理者的决策过程和决策特征有很大的差异,形成差异化的管理者认知结构和认知过程。基于那拉雅南等(2011)提出的管理者认知的整合研究框架,影响管理者认知结构和认知过程的特征因素主要包括四点:第一,个体的内在特征(Narayanan et al,2011),个体的教育背景、年龄、工作变动情况、工作年限、群体异质性、高管薪酬的高低等会影响管理者的认知结构和认知过程;第二,战略决策是在特定的组织情境和任务需求下作出的,受环境不确定性和任务复杂性的影响,认知要具有一定的可适性以应对环境的不确定性和任务的复杂性;第三,组织内部情境,如内部权力结构、过去的表现、过去的战略以及组织的松紧状态等,对认知过程有重要的影响,管理者依托过去的组织内部情境所作出的行为决策会使其认知具有一定的路径依赖属性,即惯例属性,对现有组织情境作出的判断与预测使其认知具有前瞻性;第四,在具体的组织实践中,由于具体的决策因素不同,例如决策的原动力、决策的紧急程度、资源供应的程度等(Narayanan et al,2011;Rajagopalan et al,1993),这就要求管理者认知要具有一定的可塑性以应对不同的情境事件。

一、管理者的统计学特征

管理者的内在特征包括统计学特征和可观测到的经验特征,统计学特征包括管理者的年龄、工作年限、工作变动的次数、受教育的程度等,可观测到的经验特征包括开放性与封闭性、自信程度、个人声誉、人格魅力等。同时,可观测到的经验还包括高管团队的整体特征,包括团队异质性、团队冲突、团队规模、团队整体的教育程度等。高层管理者统计学特征与可观测到的经验特征对管理者选择性认知形成具有不同的影响。

（一）高管年龄

已有关于高管年龄的研究主要划分为年轻的管理者和年老的管理者两个维度,研究发现,年轻的管理者有利于推动公司的成长与创新,同时,公司的成长也导致高层管理者年轻化。年轻的管理者更容易形成新奇的、冒险的思想（Hambrick and Mason,1984）,而年老的管理者抓住新思想、学习新行为的可能性则较低（Henderson et al,2006）。但年长的管理者对评估信息的准确性方面有积极的影响（Taylor,1975）,对组织现状有更大的心理承诺（Stevens et al,1978）。

（二）高管服务时间

高管服务时间是指高管为本企业服务的时间,高管服务时间的长短会影响组织创新速度和速率。如学者研究发现:高管内部服务的年限与组织变革、产品创新、不相关多元化等具有一定的抵制,会抑制企业创新。高管在同一个组织服务的期限越长,其对于产品创新、不相关多元化、企业变革等会产生越大的消极作用。同时内部服务期限的长短和组织环境的稳定与否有一定的关系,当组织环境处于稳定状态时,高层管理者的服务期限越长,组织会形成更好的获利能力和增长能力;反之,当组织处于动荡的环境中时,高管的内部服务期限越长,组织的获利能力和增长能力会越差。亨德森等（Henderson et al,2006）以稳定的食品行业和动荡的计算机行业为样本,验证了高管服务时间对其认知和组织绩效的影响。在稳定的食品行业,高管服务时间越长,其越能形成稳定的财务绩效;在动荡的食品行业,只有在创业时绩效是比较高的,而在以后的发展期间,组织的绩效是下降的。

（三）高管来源

公司的高管是来源于组织内部还是来源于组织外部影响管理者对事件的

判断、解释和选择性认知的形成(Zhang and Rajagopalan,2010;Karaevli and Zajac,2013)。如学者研究发现:来源于外部的高层管理者由于对组织有较低的承诺,为了减少原有员工的抵抗,外来的管理者更倾向于对组织进行变革(Helmich and Brown,1972)。如果组织的管理者都是来自组织内部的,则可能会造成其面对以前的生产经营过程中没有遇到的问题时,受制于经验和惯例的约束,无法采取正确的经营决策,形成"有限的探索"(Karaevli and Zajac,2013)。

(四)高管受教育程度

高层管理者接受教育的程度会对管理者认知的形成有一定的影响(Bromiley and Rau,2016)。管理者受教育的程度一般划分为正规教育与非正规教育(Hambrick,2007;邢蕊等,2017),或者划分为大专及以下、本科、硕士和博士(连燕玲、贺小刚,2015)。汉布里克、梅森(1984)根据相关文献提出命题:高层管理者团队受正规教育的数量对创新有积极的推动作用,但与平均公司绩效没有直接的关系。教育或学校对某些特定的行业中企业的成功是非常重要的,管理者受教育的程度越高,其越能从事更加复杂的工作。另外,教育程度越高的管理者团队越能较早发现公司战略变革的机会,但在信息不对称的约束下,不易形成统一的战略决策。

(五)可观测到的经验特征

高管可观测的经验特征包括个体管理者的经验特征和高管团队的经验特征,基于以往的研究,高层管理者可观测到的经验特征如表2.1所示。

表2.1 高管可观测到的经验特征

经验特征	特征	特征表征	文献来源
个体管理者	薪酬水平	薪酬发放形式 是否自愿披露	Hambrick and Manson,1984;Hambrick,2007;刘绍娓、万大艳,2013
	路径依赖	开放性/封闭性	Peng and Luo,2000;连燕玲、贺小刚,2015
	情绪	积极情绪/消极情绪	王国红等,2017
	声誉	社会关系 社会资本 人格魅力	王福胜、王摄琰,2012;曹国华等,2017;杨鑫瑶,2016

续表

经验特征	特征	特征表征	文献来源
高管团队	情绪	积极情绪 消极情绪	王国红等,2017
	职业经历	职业异质性 海外学习经历 教育程度	杨林,2014
	认知能力	关注能力/解释能力 配置能力/行为能力	董临萍、宋渊洋,2017;Helfat and Peteraf,2015
	团队冲突	认知冲突/情绪冲突 任务冲突/关系冲突	陈建勋等,2016

资料来源:根据以往的国内外文献整理。

二、管理者认知的特征

基于关于高阶理论和管理者内在特征的分析,管理者认知的基本特征可分为可适性、前瞻性、惯例性和可塑性。

(一) 认知的可适性

在高速竞争的市场环境下,市场环境是模糊的,成功的商业模式是很难建构的,企业面临的竞争对手、供应商、互补方等都是模糊不清的,高层管理者为企业建立持续的竞争优势是非常困难的。由于环境高度的不确定性以及丰富程度的不同,造成企业维持长期的竞争优势也变得很困难。环境的动态性源于外部环境的不确定性总量,环境的不确定性表现为产业结构的变化、市场需求的不确定性、环境震荡的可能性以及环境的丰富程度。由于管理者认知的有限性限制了管理者对环境了解的完整性,超竞争的市场环境下缩短了企业的竞争优势,管理者大胆、积极地进行创新,使得行业长期处于不均衡的状态。另外,高管的理念会因行业背景的不同而有所变化,即行业背景会影响管理者认知。高层管理者将环境作为具体的、可以测量的,根据环境的要求制定企业战略,如当管理者面临不稳定、不可分析的环境时,管理者通过构建、制定合理的解释,使得其战略行动看起来是合理的。

我国学者也从理论和实践的角度论证了环境动荡性程度对管理者认知的影响。研究发现,产业速率影响高层管理者认知的形成,产业速率越高,高层管理者越倾向于将认知注意力集中于特定的环境;而产业速率较低时,管理者倾向于将注意力集中于一般的环境(曾宪聚、吴建祖,2009)。环境的不确定性负向调节管理者认知对战略的影响,同时,环境不确定性在管理者认知与企业市场导向或者创新导向之间具有一定的调节作用,当环境不确定性较高时,对创新导向具有调节作用,反之则对市场导向具有调节作用(胡远华、徐逸卿,2016)。

相对于传统的科层组织、市场组织,网络组织能更好地适应环境的需要。网络组织中层级关系和递进关系的减少可以降低信息不对称,提高信息获取和传递的效率,组织间的信任关系增强,管理者愿意保持长期的合作关系。另外,网络组织是由两个以上的企业主体组成的企业间网络,个体的异质性和自身的价值追求,也会增加环境的不确定性与任务复杂性,结点企业的管理者如何调整自身的战略以适应网络组织的发展需要,即网络情境下,结点企业的适应性与网络的异质性所带来的"双元性"问题的解决过程就反映了管理者认知的形成和验证过程。各结点内部的"嵌入式"关系体现了网络组织个体逐步适应的过程,而外部的"相互依赖"关系体现了个体一致性的追求,最终实现网络效应和各结点协同效应的最大化。基于此,网络组织的动态演化过程体现了结点企业在追求网络效应最大化目标的一致性动机约束下,管理者不断调整组织战略以适应外部环境和组织间相互适应的动态过程,由此认为,管理者认知具有一定的可适性。

(二) 认知的惯例性

根据以往的研究,认知是指个人在感知、记忆思维、判断和解决问题过程中,重复使用的、惯用的思维信念和心智模式。由于个体的信念、规则和模式不同,在对信息进行处理和加工时表现出个体差异性。管理者认知是指具有特定思维信念和心智模式的管理者基于经济决策或战略规划的需要对特定信息进行加工和处理的心智过程(Gavetti and Levinthal,2000)。该思维信念和心智模式受制于自身累积的经验、知识体系,即管理者选择性认知的形成过程受制于认知惯例的约束。

1. 信息搜寻与处理的路径依赖

管理者作为组织惯例的代理者对信息的搜寻可能是能动的选择也可能是

环境刺激下的被动反应(王永伟、马洁,2011;王永伟等,2012),组织惯例是日常流程经验的累积,重复使用行为惯例可以保存和传递组织累积的知识,维护组织的稳定,但又成为组织变革和创新的障碍来源。当组织面临的网络环境比较稳定时,管理者在进行信息搜索时表现出很强的路径锁定效应,这种锁定效应将使得管理者往往只是进行本地的局部搜索,对信息的获取和累积被局限在本地范围内。如管理者进行联结方选择是根据以往的合作经验或基于现有的闭合关系网络,选择强关系下的合作伙伴继续进行深入的合作,即在进行合作伙伴选择的过程中,经验累积起主要作用。

从组织的统计学特征角度来看,组织结构、组织规模、组织年龄对管理者认知会产生不同的影响,组织结构在一段较长的时间内是固定的,因此,组织结构越固化、组织规模越大、年龄越长,越容易形成组织惯性和路径依赖。公司先前的绩效和 CEO 的双重性会影响董事会的注意力配置,而且董事会成员不会对监控保持持续不断的关注,会出现间断。同时,组织现有的资源和战略也会影响管理者认知,影响管理者对新产品开发事件的解释。

2. 行为决策的路径依赖

经过一系列的认知过程之后,管理者形成可重复使用的思维信念和心智模式,组成管理者稳定的知识体系,管理者的知识体系一旦形成并确立,不论是环境刺激引起的被动反应还是主动适应的能动选择,管理者在进行行为决策时都会依托长期累积的知识进行判断,进而作出行为决策。通过行动不断审视其行为决策的有效性,一旦行为决策被证明是可行的,会进一步明确其现有认知模式的有效性;反之,一旦行为决策被证明是无效的,产生损失效应,则会推动管理者修改原有的判断、预测和决策的各种规则,重新进行各种新的尝试和判断,重新扩展或深化现有的知识体系,修订管理者的心智模式和思维信念。

因此,基于管理者信息获取和信息处理的路径依赖以及行为决策的路径依赖的分析可知,管理者在对环境进行判断、解释、预测和决策过程中会依托已经确立的知识体系,形成惯例性的属性。

(三) 认知的前瞻性

企业的战略管理者可划分为四种类型:防御型战略管理者(defender)、探索型战略管理者(prosepctor)、分析型战略管理者(analyzor)和反应型战略管理者(reactor),探索型战略管理者就具有前瞻性(Miles and Snow,1978)。[①] 在网络组织环境下,管理者的前瞻性表现在以下几点。

1. 配置认知的前瞻性

配置认知反映了管理者为获得企业长期发展所需的资源、关系、资产等形成的知识体系,创业者或企业家需要合理配置知识结构以实现他们的业绩,并获得有关的技能(杨林、俞安平,2016)。在联结网络中,管理者积极主动地搜索完成复杂网络任务所需要的关键性资源。通过法律契约和关系契约保障网络关系和网络结构的稳定,并保护企业的关键性技术,以防止被竞争者复制。积极主动地从网络内外部探索有用的信息以丰富现有的知识体系,进而保障战略决策的有效性和及时性。如乔布斯苹果手机的问世与不断升级换代,都反映了乔布斯配置认知的前瞻性。

2. 意愿认知的前瞻性

意愿认知反映了管理者愿意接受其他企业的知识,主动探索新的信息来扩展和丰富现有的知识体系(杨林、俞安平,2016),以及愿意将本企业的信息分享给联结方,包括机会探寻、风险确定、责任履行和价值共创等维度。一方面,管理者积极主动地在网络内外部搜寻企业发展所需的新信息,对外界环境事件进行判断,确定企业可能的发展机会或潜在的风险。同时,管理者有为自己的行为决策负责的意愿,包括经营失败承担损失的意愿。另一方面,管理者愿意将自己所获得的信息以及本企业累积的知识和技能与联结方共用,共同进行产品研发、流程设计等。

3. 能力认知的前瞻性

能力认知反映了管理者具有实现企业战略所需要的洞察能力、判断能力、解释能力、融合能力等。与能力认知相关的管理者认知可以从以下四个方面考虑:首先,洞察能力,包括对联结网络内外部环境的观察力,发现哪些环境信息是有用的,哪些环境信息应该引起重视;其次,判断能力,对联结网络内外所

①　Miles,R.E.,Snow,C.C.,*Organizational Strategy*,*Structure and Process*,New York,McGraw-Hill,1978,pp.60-71.

发生的环境事件能作出准确的判断,对事件进行特征界定,如网络内部成员的进退问题、外部突发的不可控事件等;再次,解释能力,对所获得的环境事件信息能作出准确的解释;最后,融合能力,能将所获得的信息与资源进行整合、匹配,确定正确的战略决策,进而将所得的信息等资源与联结方共用实现价值的共创。

因此,基于配置认知、意愿认知以及能力认知的分析可知,网络结点的管理者认知具有一定的前瞻性,具有前瞻性的管理者才能保证企业获得持续的竞争力,保障企业联结绩效的实现。

（四）认知的可塑性

认知的可塑性是指管理者具有面对突发事件、冲突事件和复杂事件时快速调整自己的心智模式和思维信念的弹性知识体系。在动态的环境下,网络组织的发展与演化过程中会遇到各种情境,多主体的网络组织在进行决策制定、战略制定时,要考虑遇到的特殊情境。基于情境分析以及组织的资源供应情况,作出具体的行为决策,具体包括以下方面。

1. 应对性认知

事件的紧急程度对管理者认知的影响,如果组织面临的是突发事件,如原组织的退出、新组织的加入,这就需要管理者具有较强的应变能力,能快速地确定合作的联结方、联结方式、联结的范围等。反之,如果管理者面临的是渐进性的事件,这就需要管理者有一定的事件认定与规划,恰当地处理联结关系,稳步地推进事件的发展。

2. 冲突性认知

由于网络节点联结动机的差异性,在组织合作的过程中会遇到冲突性合作事件,此时管理者要合理分配其关注力,确定好冲突事件的处理方式,避免事件之间的冲突带来的合作损失。

3. 匹配性认知

认知还要考虑任务的复杂性程度。基于任务复杂性程度,管理者要对任务进行解释判断,考量如何进行任务分配、资源如何分配、确定任务实现的方式等。因此,管理者面对复杂、多变的组织任务,其认知要具有一定的可塑性以适应组织任务的需要。因此,基于应对性认知、冲突性认知和匹配性认知的分析,管理者认知具有一定的可塑性。

第二节　信息经济属性的演变

在网络组织演化过程中,关系网络是各网络结点获取信息、资源、技能等要素的重要平台,对组织间联结绩效的实现起着至关重要的作用。信息是组织联结关系形成中不可或缺的重要资源。在创业网络中,对于创业而言,在其企业创建的过程中,信息的获取是其他资源获取的基础,可靠的信息是创业者成功创建企业的基础(Larson and Starr,1993)。① 然而,创业企业自身的信息和资源是有限的,需要借助社会关系网络获取其创业所需的必要资源和关键性资源,通过组织间的合作实现创业的目的(Hoang and Antoncic,2003)。②

企业对资源的获取是与生俱来的,对资源的获取问题也引起了越来越多学者的关注。对于网络组织而言,某一关键性资源被网络中某个结点或某几个结点所掌控,那么对于某一个体而言,要想获得该关键性资源,就要首先检索该网络结点,确定该结点有组织所需要的资源。该检索过程的实现虽然是为了获取资源,但该过程是通过检索信息实现的,包括联结方的检索、环境变动的检索。信息的检索过程反映了个体之间交流与互动的过程,即信息的交换与共享,合作绩效与创新绩效的实现体现了信息的整合与应用能力。因此,在网络组织的发展中,信息不仅是作为一个工具而存在,也是联结组织间交换与共享的重要资源,发挥着作为经济要素的重要作用(彭正银、黄晓芬,2017)。

一、信息供给的公共性与专属性

网络组织的内外部环境中充斥着大量的信息,网络中的行为主体通过对外部环境和内部情境的分析,可以获得形成愿景和使命所需要的各种信息。

---

① Larson, A., Starr, J. A., " A Network Model of Organization Formation", *Entrepreneurship Theory and Practice*, 1993, 17(2), pp.5-16.

② Hoang, H., Antoncic, B., "Network-Based Research in Entrepreneurship A Critical Review", *Journal of Business Venturing*, 2003, 18(2), pp.165-187.

信息的获取与应用过程可以划分为三个层面:第一个层面为信息的关注与解释层,第二层面为信息的传递与共享层,第三个层面为信息的整合应用层。对于信息的关注与解释层面而言,体现了组织个体获取信息的能力以及对信息的解释能力,信息传递与共享反映了网络关系双方信任的程度、双方之间的交互程度以及嵌合程度,信息整合层面反映了网络组织整体对信息的应用能力。由于信息获取途径、获取成本、信息价值实现方式等的约束,信息具有了公共性和专属性。

(一) 公共性:网络外部性形成信息的放大性补偿

组织环境是组织获取信息的空间场所,经济的飞速发展和信息技术的迅猛发展改变了市场的运行规则和管理环境,使企业的环境变得日益动荡。超竞争的市场环境强调动态环境变迁,组织与环境之间存在复杂的互动关系,这种互动关系不仅要求组织高效的内部运作,不断提高其竞争力,更迫使组织关注其外部有效性,保持与外部环境的契合。企业在与环境不断地进行信息和物质交流中保持协调一致,保证企业的生存和发展在适应和引导环境过程中达到内外均衡。数量众多的活性结点组成的网络组织基于资产专用性、资源互补性、利益共性等目的形成暂时稳定的网络结构。结点间通过信息共享保障整个系统的运行,网络组织个体间不会因为信息共享而减少其信息拥有量,也不会降低其信息效益,反而会随着网络组织个体数量的增加,在网络外部性的作用下产生乘数倍的经济效益,形成信息的"放大性的经济补偿"。

(二) 专属性:改变个体间网络关系的强弱

根据结构洞理论,在社会网络结构中,不同的关系强度对信息获取产生的影响不同,通过强关系获得的信息往往重复性很高,而弱关系相对于强关系分布范围广,它比强关系更能跨越其社会界限,是获取信息的桥梁。网络中最有可能给参与者带来竞争优势的位置处于关系稠密地带之间,任何组织要想在竞争中获得优势、保持优势和发展优势,就必须与相互关联的个人和团体建立广泛的联系(Burt,1992)。同时,网络组织个体的进入与退出影响组织结构的稳定,改变组织之间关系的强弱。网络组织个体进入越多,范围分布越广,网络组织形成的个体异质性越大,形成更大的弱关系网络,进而组织获得信息量就会越大。管理者为了获取或保持竞争优势而获取或掌握的信息,就具有了专属的性质。网络组织个体掌握的专属性信息越多,企业获取竞争优势的可能性就越大,就越有利于其实现更大的经济效益。基于信息的公共性和专属性,网络组织信息供给曲线的简化图如图 2.2 所示。

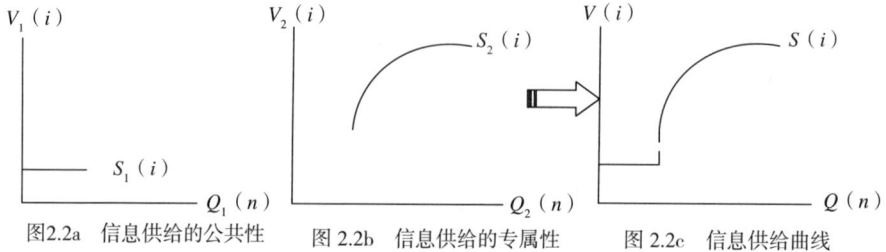

图2.2a 信息供给的公共性   图 2.2b 信息供给的专属性   图 2.2c 信息供给曲线

图 2.2 网络组织的信息供给曲线

注:其中,$Q(n)$:网络组织数量,i:信息,$V(i)$:信息价值,$S_1(i)$:公共信息,$S_2(i)$:专属信息,$S(i)$:信息供给。

二、信息的需求属性

按社会资源与社会资本理论,信息是一种能在特定条件下减少不确定性的重要资源,具备资本的价值。信息不仅可以从外界交换或者免费获得,行为主体还可以自己创造信息。信息的性质满足所提出的要素需求的性质:信息是基于经营决策的需要而形成的派生需求,依附于网络组织的正确应用才能创造价值。网络组织所获得的信息具有瞬时性,信息挖掘需要付出一定的成本,而竞争会使个体不能长期独占信息的回报,信息很快就会被别人知道。因此,根据联结目的的需要,网络组织借助一定的载体将信息传递给其他网络组织成员,形成结点企业间的信息传递与共享。当信息仅为网络组织个体关注和使用时,组织个体挖掘的有用信息越多,企业制定正确的经营决策的可能性就越大。网络组织面临的信息量越大,挖掘有用信息的成本就会越高。在联结网络内,组织间信息传递与共享的量越大,信息获取的边际成本就会越趋近于零。因此,信息要素需求的派生函数根据网络组织信息是否传递与共享,分为两个阶段,即信息处于搜索/关注阶段和信息传递/共享阶段。基于此,信息要素的派生需求函数的简化关系图如图 2.3 所示。

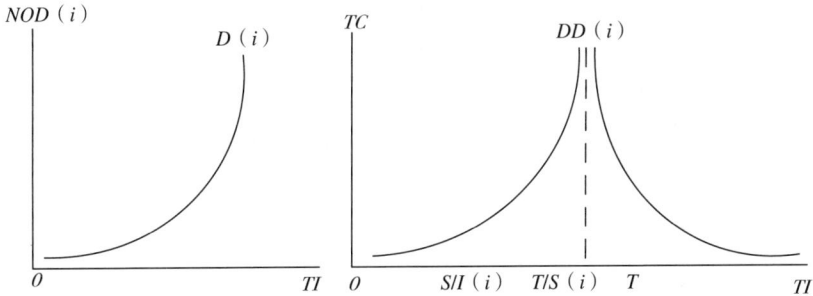

图2.3a　决策—有用信息需求曲线　　　　图2.3b　信息要素需求的派生函数

图 2.3　网络组织的信息需求曲线

注:其中,TI:全信息,$S/I(i)$:信息搜索/关注,$NOD(i)$:网络组织决策准确性,$D(i)$:决策制定的信息需求,$T/S(i)$:传递与共享量,0:决策无效/无信息/无边际成本,$DD(i)$:派生的要素信息需求。

图 2.3 反映了对不同层(信息搜索/关注层、信息传递与共享层)的信息需求曲线是由决策—有用信息需求曲线决定的,将 $D(i)$ 向外移动,$DD(i)$ 的需求曲线也会向外移动。$S/I(i)$ 从 0 到 T 变化时,市场充斥的信息量越大,企业挖掘到对组织决策有用的信息就越困难。如果决策需求曲线变得没有弹性,投入的需求曲线也变得没有弹性,同时,由于信息的"公共性",随着从"信息挖掘层"到"信息传递与信息共享"的实现,网络组织获取信息越来越容易,挖掘信息的边际成本逐渐趋近于零。

三、信息的边际协调成本与边际收益

信息缺失和信息不对称是造成纵向供应链网络及其企业间协调成本增加的重要原因。在联结网络中,某一组织对市场情境主观判断所获得的信息在联结网络内会逐级或依次传递,并在网络外部性的作用下被放大,增加企业间的协调成本。一方面,从信息的角度来看,可以将网络组织视为由不同的信息主体构成的空间结构。由于组织结点注意力、理解与解释能力的有限性,以及组织面临的环境动态性和任务复杂性,组织通过"信息分工"相互协作,此信息空间结构成为信息传递与共享的平台。信息主体(组织结点)、信息流(组织间的信息传递)与信息环境之间形成动态的相互适应的过程。信息的流向可能在不同的时间和地点形成不同的甚至相反的流向。持续的动态适应过

程形成信息生态平衡,进而部分地克服个体认知的有限理性,进而推动信息结构的演化。另一方面,联结组织间通过合理设计组织内的信息结构来协调各联结个体的行为,组织个体在自己的专业领域可以快速地形成自己信息上的比较优势,对组织环境进行充分的洞察,进而有效地利用市场中充斥的大量信息。

在联结网络中,各联结主体之间的任务存在相互依存的关系,多主体之间的相互依存关系形成相互交织的多元复杂的网络关系,信息对于协调组织间的复杂网络关系具有至关重要的作用。组织联结形成后,各联结组织可以发挥各自的专业优势选择相应的行为模式,进行专业化投资,包括技术、技能、人力等专业化资源,从而达到为联结组织累积专业化资源的目的。专业化、异质化资源的不断累积可以带来规模报酬的递增。虽然联结个体专业化、异质化资源的累积可以为网络组织带来规模报酬的递增,但该递增是在联结组织间任务协调与沟通成本为零的假设前提下形成的。完善的联结规则和契约可以减少联结个体之间的协调成本,但是由于环境的高度不确定性、任务复杂性程度的不同以及链接形态的差异性,联结组织间的协调成本会产生不同的表现形态。

边际协调成本主要是指异质性个体在组织间信息的沟通与交流形成的协调成本;边际收益包括个体组织合作带来的合作收益,也包括异质性个体合作形成的创新收益。网络组织内异质性个体的合作程度影响边际协调成本和边际收益的大小,会形成不同的均衡点,个体间的异质性程度随着联结组织数量的增加而增大,组织间的链接形态会随着组织情境的变化而演进,组织情境包括网络关系的强弱、网络位置的变动等。因此,考虑网络组织个体间协调成本的情况下,联结组织间的边界收益和边际协调成本可能会存在多种不同的情况。

(一) 固定的边际收益和固定的边际协调成本

第一种情形:网络组织的边际收益与边际成本都是固定的。该种情况说明网络组织的边际收益、边际协调成本与联结个体之间的异质性程度是无关的。主要存在两种可能性(图 2.4a 和图 2.4b),图 2.4a 反映了网络组织的边际协调成本大于边际收益,在联结初期,由于各联结方组织间了解得不够深入,可能会出现协调的边际成本大于边际收益,如果持续的边际协调成本大于边际收益,该组织联结不会维系;图 2.4b 反映了边际收益高于边际协调成本,这是每个联结组织都追求的目标。在极其稳定的合作关系网络中,如果任务是固定不变的、合作关系不受外部环境影响,企业联结网络会出现固定的边际收益和固定的边际协调成本。但是在现实的组织联结网络中,组织间联结关系的强弱、网络位置、任务复杂性程度等都是在变动的,而且都会受到外部环境的冲击;同时网络组织自身的网络结构也是不稳定的,对于一个开放的组织系统而言,会有结点的进入与退出,是无法保证绝对稳定的边际收益与边际协调成本的。固定的 *MR* 曲线和 *MC* 曲线的简化趋势图如图2.4 所示。

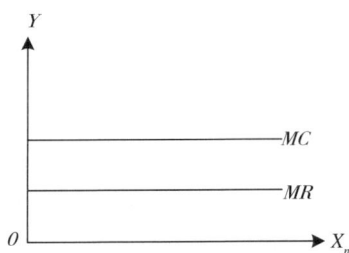

图2.4a 边际协调成本高于边际收益   图2.4b 边际收益高于边际协调成本

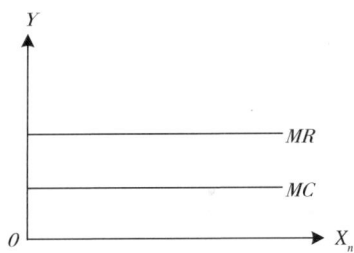

图 2.4 固定的边际收益与边际协调成本

注:*MC*:组织联结形成的边际协调成本,*MR*:组织联结形成的边际收益,X_n:联结异质性个体的合作程度,*n*:联结组织个体的数量,0-*Y*:反映了边际协调成本与边际收益从 0 到 *Y* 的变化。
资料来源:根据研究需要自制。

(二) 固定且相等的边际协调成本和边际收益

网络组织发展中可能会出现第二种极端的情况,即边际协调成本和边际收益固定相等(*MR*=*MC*),但在现实企业发展中,由于受到环境变动、任务复杂性、网络外部性、个体异质性等多方面的影响,边际协调成本与边际收益完全相等、处于均衡状态的情况是很难实现的;另外,*MC* 与 *MR* 如果持续相等也不是企业追求的目标,因为企业都是经济利益的追求者,都想获得持久的收益,在市场上具有持续的竞争力,如果一直保持下去,企业是无法获得净收益的。*MR* 曲线和 *MC* 曲线简化关系如图 2.5 所示。

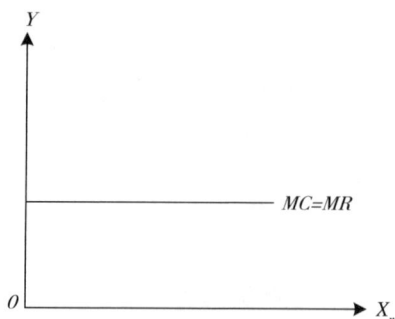

图 2.5　固定且相等的边际协调成本和边际收益

注:MC:组织联结形成的边际协调成本,MR:组织联结形成的边际收益,X_n:联结异质性个体的合作程
　度,n:联结组织个体的数量,0-Y反映了边际协调成本与边际收益从 0 到 Y 的变化。

资料来源:根据研究需要自制。

（三）　固定的边际协调成本和递增的边际收益

随着组织间合作程度的提高,边际收益（MR）逐步提升,边际协调成本（MC）维持在一个固定的水平上。MR 与 MC 相交于(X_e,Y_e),(X_e,Y_e) 为边际收益与边际协调成本的均衡点。在均衡点之前,$MR<MC$,即在联结初期,组织间联结强度较弱、沟通难度较大,任务协调与适应也较难,边际协调成本会高于边际收益,到了均衡点之后,边际收益会随着合作程度的深入继续增加,边际协调成本依然维持在固定的水平上。对该种情形,在现实的企业联结中,持续的边际收益递增是每个企业追逐的目标,但是边际协调成本随着合作的深入还依然保持不变的情况较少,如果存在,网络组织就可以通过无止境的增加异质性的结点企业,并不断地推进其合作程度以获得持续的边际收益,提升网络组织的合作绩效。企业结点数量的无限增大在现实的社会情境下是无法实现的,因为这会使得所有的企业联结在一起,形成绝对的垄断。

根据网络外部性理论可知,当网络组织能够实现不断增长的边际收益时,促成网络组织更大的市场规模,而且该规模会迅速扩大,同时信息的快速传递会加大网络外部性的正反馈和负反馈效应,网络外部性效应会使得市场具有更大的不稳定性。因此,在联结网络内,保障结点间边际协调成本的稳定不变是很难实现的。MR 与 MC 曲线的简化关系如图 2.6 所示。

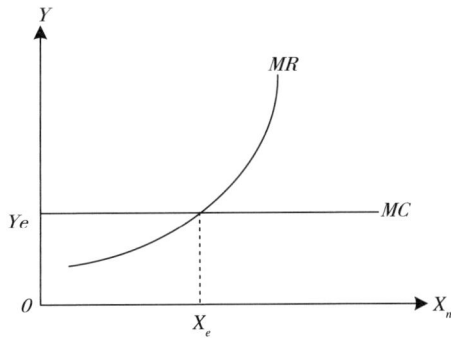

图 2.6　递增的边际收益和固定的边际协调成本

注:MC:组织联结形成的边际协调成本,MR:组织联结形成的边际收益,X_n:联结异质性个体的合作程
度,n:联结组织个体的数量,0-Y反映了边际协调成本与边际收益从 0 到 Y 的变化。
资料来源:根据研究需要自制。

(四) 递增的边际收益与边际协调成本

在网络组织发展过程中可能会出现第四种情况,随着网络组织中异质性
个体合作程度的提升,组织间的边际协调成本(MC)和边际收益(MR)都呈现
递增的状态。该种状态会表现为两种情形:其一是,在联结网络形成初期 MR
>MC,MR 收益曲线高于 MC 曲线,边际收益和边际成本在点(Xe,Ye)处形成
均衡,过了点 Xe 后,随着合作程度的深入,形成 MR <MC,MC 曲线低于 MR 曲
线,在这种情况下,联结组织间嵌合程度越高、互动程度越高,会产生越来越低
的合作收益,该合作关系不会维系,即双方之间的合作过了均衡点后合作关系
会破裂(图 2.7a);其二是,在联结网络形成初期,MR <MC,MC 曲线高于 MR,
边际收益和边界成本曲线在点(Xe,Ye)处形成均衡,过了点 Xe 后,随着嵌合
程度与互动程度的深入,边际收益逐渐高于边际成本,企业之间合作能带来越
来越高的合作利润,形成 MR>MC,MR 曲线高于 MC 曲线(图 2.7b),如图 2.7
所示。

基于图 2.7 所示,对于第一种情形(图 2.7a),合作程度过了均衡点 X_e 之
后,网络组织的净收益是呈递减的状态,为了保障组织联结任务的实现,组织
间的合作应该在均衡点 X_e 处重新调整网络关系或者终止企业之间的合作;对
于第二种情形(图 2.7b),合作程度过来均衡点 X_e 之后,网络组织的净收益呈

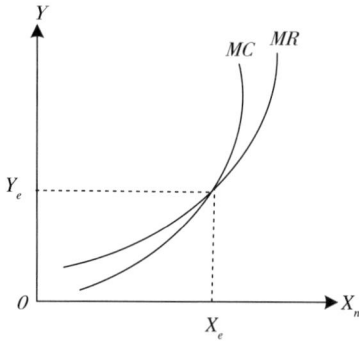

图2.7a 均衡点X_e后MC>MR   图2.7b 均衡点X_e后MR>MC

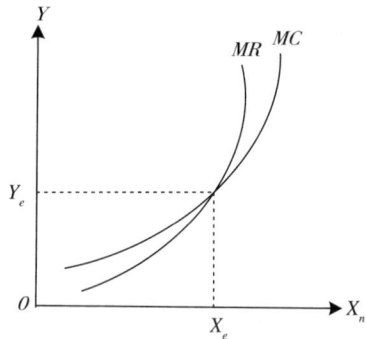

图 2.7 递增的边际协调成本和边际收益曲线

注:MC:组织联结形成的边际协调成本,MR:组织联结形成的边际收益,X_n:联结异质性个体的合作程度,n:联结组织个体的数量,0-Y反映了边际协调成本与边际收益从 0 到 Y 的变化。

资料来源:根据研究需要自制。

递增的状态,基于此,组织个体应保持目前的合作关系,并使得合作程度继续加深,获得更大的合作绩效。

(五) 递增的边际收益和递减的边际协调成本

随着组织间合作程度的提高,边际收益(MR)逐步提升,边际协调成本(MC)逐步降低,最后逐渐趋于 0。MR 和 MC 相较于(Xe, Ye),该点为边际协调成本和边际收益的均衡点。在(Xe, Ye)之前,由于组织间互动程度较低、受制于个体异质性的约束,组织个体就需要承担较高的协调成本,形成 $MR < MC$;异质性个体合作程度过了 Xe 之后,MR 继续递增,而边际协调成本过了 Xe 之后继续递减,逐渐趋于 0。显然在达到 $MR = MC$ 的均衡点之后,异质性组织之间的合作程度会继续提高网络组织的净收益,当出现该种情况时,组织之间合作程度的提升可以带来无止境的合作经济,形成无止境的合作收益和创新收益。

对联结组织而言,其最终目的就是实现企业可持续发展,获得不断增长的竞争力。基于经济学的正反馈理论可知,在边际收益递增的假设下,经济系统中能够产生一种局部反馈的自增加机制,存在多种均衡状态,系统选择哪种均衡状态是不确定性的、不唯一的,也是无法预测的。在网络外部性的作用下会出现"强者更强,弱者更弱""赢者通吃,输家出局"的马太效应。① 对于网络组织而言,由于初始形成联结网络时,组织间的沟通与协调成本较高,组织间的联结网络一旦形成,就很容易形成强势锁定效应,加上组织间的模仿效应、学习效应、适应性预期效应和合作效应,以及个体异质性形成的创新效应,就会使得网络组织个体在网络外部性和正反馈的作用下,不断适应和强化这种状态。

　　但在现实的市场环境下,网络外部性和正反馈带来不断增长的经济收益,这一企业现象的出现也会使网络组织变得非常的不稳定,使组织改变原来的行为模式和战略选择,形成新的发展方向。如组织联结使某一技能或产品、服务有了很强的市场竞争力,但在市场环境变动的作用下,这并不意味着该网络组织能够持续地发展下去,可能在网络外部性和负反馈的作用下,使得网络组织瞬间走向相反的方向。*MC* 曲线和 *MR* 曲线之间的走势及关系的简化如图2.8 所示。

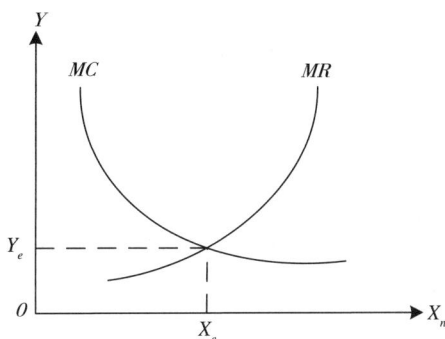

图 2.8　递增的边际收益和递减的边际协调成本

注:*MC*:组织联结形成的边际协调成本,*MR*:组织联结形成的边际收益,X_n:联结异质性个体的合作程度,*n*:联结组织个体的数量,0-*Y* 反映了边际协调成本与边际收益从 0 到 *Y* 的变化。
资料来源:根据研究需要自制。

（六）先减后增的边际协调成本和递增的边际收益

　　在联结网络形成的初期,*MC* 曲线是呈递减的状态,合作达到一定程度

---

①　张铭洪:《网络经济下的反垄断与政府管制》,《管理世界》2002 年第 6 期。

后,MC 开始转向递增的趋势,使得 MC 曲线形成"U"型。MR 曲线呈现递增的增长状态,基于此,MC 曲线和 MR 曲线相交会形成两个均衡点 (X_{1e}, Y_{1e}) 和 (X_{2e}, Y_{2e})。在均衡点 X_{1e} 之前,$MC > MR$,网络组织形成净损失,在均衡点 X_{2e} 之后,$MC > MR$,网络组织依然获得负的净收益。因此,网络组织的合作程度应该控制在 X_{1e} 到 X_{2e} 之间,在 X_{2e} 处达到最大的边际净收益,虽然在 X_{0e} 处边际成本最低,但是边际收益却不是最大的。因此,在该种情形下,网络的净收益在 X_{1e} 到 X_{2e} 之间实现,在 X_{1e} 之前和 X_{2e} 之后均为净损失(如图 2.9 所示)。

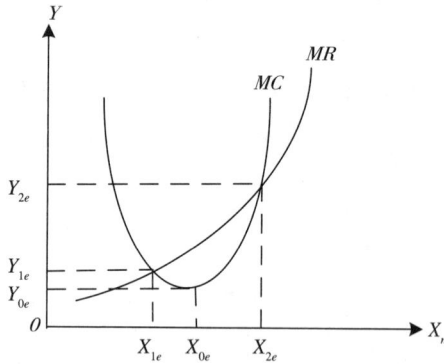

图 2.9　先减后增的边际协调成本和递增的边际收益

注:MC:组织联结形成的边际协调成本,MR:组织联结形成的边际收益,X_n:联结异质性个体的合作程度,n:联结组织个体的数量,0-Y 反映了边际协调成本与边际收益从 0 到 Y 的变化。
资料来源:根据研究需要自制。

　　根据图 2.9 的趋势图,对于网络组织而言,在其演化与成长的过程中,组织间的沟通与协调受制于网络组织的链接形态、网络关系强弱、网络位置、个体异质性等因素。在联结网络形成初期,组织间异质性较高、联结关系较弱、链接形态多以法律契约为主,各联结个体的行为决策更多依赖于原有的组织惯例,组织间沟通与协调的成本会高于收益,网络组织会形成净损失。网络组织个体间经过多次的经济博弈,形成组织间的均衡状态,到达均衡点 X_{1e} 之后,均衡状态会维持一段时间,形成组织间合作的盈利模式,最终形成组织间合作的最大收益均衡点 X_{2e}。均衡状态维持一段时间后,由于任务的变动和合作环境的变化,网络组织结点会有进退,打破原来的网络关系的均衡状态,这样组织间又会产生新的协调成本,使得组织间的边际收益小于边际成本。

(七) 先增后减的边际协调成本和递增的边际收益

在联结网络形成的初期 MC 呈递增的趋势,随着联结组织合作程度的深入,MC 呈现出递减的趋势。因此,在该情形下,网络组织的 MC 曲线呈现倒"U"型。在边际协调成本的约束下,网络组织的 MR 曲线呈递增的趋势。MC 曲线和 MR 曲线出现两个均衡点,第一个均衡点为 X_{1e},在 X_{1e} 之前,$MR>MC$;第二个均衡点为 X_{2e},在 X_{2e} 之后,$MR>MC$,在 X_{1e} 和 X_{2e} 之间,$MC>MR$。因此,先减后增的边际协调成本和递增的边际收益曲线简化关系如图 2.10 所示。

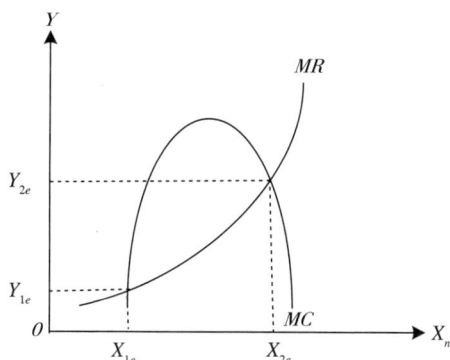

图 2.10 先增后减的边际协调成本和递增的边际收益

注:MC:组织联结形成的边际协调成本,MR:组织联结形成的边际收益,X_n:联结异质性个体的合作程度,n:联结组织个体的数量,0-Y 反映了边际协调成本与边际收益从 0 到 Y 的变化。
资料来源:根据研究需要自制。

因此,根据关于边际收益和边际协调成本的剖析,网络组织在发展过程中,都体现出了信息沟通与协调的重要性,会影响网络组织的行为决策,进而影响组织的合作绩效与创新绩效。网络组织在发展过程中,要有效利用网络外部性形成的正负反馈,挖掘组织间的模仿效应和适应性预期效应、组织个体的学习效应和异质性形成的创新效应,以保证组织间的联结关系的稳定,进而获得持久的市场竞争力。

四、信息要素：从网络关系到网络结构的价值创造

哈佛大学研究小组提出了"物质、能量和信息"资源三角理论，信息对物质和能量有依赖性，但也可以脱离物质和能量发挥作用。信息是普遍存在的，并不是所有的信息都可以成为资源，只有经过加工处理，对决策有用的数据才能成为资源。信息的沟通与共享是保证网络组织创新的基础（林润辉、李维安，2000）。

（一）信息改变网络组织的网络关系

网络组织是一群半自治的组织之间基于信任而进行的重复信息交换，并且嵌入了一种能够保障交易且削减成本的社会关系。关系是一个典型的本土化社会心理概念，在一定程度上决定了社会资源的流向，并因此影响个体的社会行为和组织行为。网络组织就是基于主体之间正式的和非正式的关系建立并发展起来的，即主体之间通过信任关系、承诺或契约建立起来相对稳定的交易关系（沈运红，2013）。信息流可以看作网络组织的血液，网络组织通过信息流及信息流驱动的人流在组织间以及组织外进行信息、物质的交换与传递，使组织间的交易关系在信息的驱动下处于动态的变化中。通过直接或间接的社会关系获取的信息是嵌入网络组织中的重要资源，而且是流动性嵌入的，个体的竞争优势不仅是实力或资源优势的竞争，同时也是关系的竞争（Granovetter，1973）。信息在网络组织内部和组织外部通过交易关系不断地交换与传递，推动网络组织运作，也推动网络组织更好地进行环境匹配、协调网络组织与环境的关系（林润辉、李维安，2000），使网络组织在超竞争环境下更好地生存和发展，获得持久竞争优势。

（二）信息结构影响网络组织结构调整

网络组织是一个由活性结点（结点具有决策能力）及结点之间的立体联结方式与信息沟通方式构成的网络结构的整体系统，结点对流经它的信息具有处理能力，处理能力决定了结点在组织中的地位。网络组织的联结方式与信息沟通方式影响甚至决定着组织成员间的活动方式。网络组织强调价值的共同创造。价值创造的逻辑从简单的产品、服务或产业逻辑转变为价值创造系统的设计与重构，这是价值创造机制的设计，也是网络社会中信息频繁互动的结果。

网络组织中信息资源的配置与其他资源不同,主要通过信息的流动、互通和共享实现配置。信息结构是分析组织问题的核心之一(Aoki,1986)①,信息结构不同,就会形成不同的人力资源管理模式,决定不同的监管水平。企业在联结网络中具有不同的网络位置,这些结点位置上的差异会导致不同的网络结构特征,进而影响企业资源与网络成员的交互作用。网络结构作为企业一种特殊的资源,其模式是独特的,且其本身具有探索竞争优势的潜力。网络组织成员拥有或获得信息的多少,影响其在组织中的地位。网络形成过程是处于动态的变化过程中的,处于非中心位置的网络组织个体会通过误导性信息或实施信息阻碍等影响中心位置的组织个体进行战略选择,进而改变网络个体在组织中的位置和地位。

(三) 信息的价值创造能力

基于信息公共性属性的分析可知,信息不会因为一人或多人使用而发生数量上的递减。信息获取的边际成本为零或者保持在较低的水平上,不具有消费的排他性,具有公共产品的属性。网络组织中充斥着大量的碎片化信息,由于信息公共产品的属性,组织成员可以低成本甚至免费使用大量的信息。互联网与移动互联的价值之一就是提供即时信息,使网络组织使用、传递和共享信息变得更加便利,提高了信息本身的价值。

信息独特的公共产品属性决定了企业在进行战略选择时,要充分利用其低边际成本或零边际成本,探索信息的经济价值,并将信息构筑在网络组织的价值链上,产生网络组织新的价格模型,使网络组织新的价格模型带来更多的潜在经济利益。信息的公共属性,也会带来"搭便车"行为。网络组织中所充斥的大量信息,其成本以无法挽回的沉没成本(初始成本较高)为主,而增量成本则较小。贝蒂斯、希特(Bettis and Hitt,1995)的研究验证了这一点,在其研究中验证了新型软件程序的研发与上市营销费用,在信息内容上"制造"(复制)一单位产品,将使单位成本随研发费用和上市营销费用分摊到更多的产品单位上而不断下降。低成本有效激励了网络组织价值链上各环节的厂商、中

---

① Aoki,M.,"Horizontalvs Vertical Information Structure of the Firm",*American Economic Review*,1986,76(5),pp.971-983.

间商或代理商等其他组织,减少政府介入,给网络组织带来更多的期望收益。

网络信息呈现多元化特征,信息容易被创造,但难以被信赖,信息容易传播,但难以控制。在网络组织中,信息在个体间流动,并经过扩散、验证、挖掘等反复的过程形成以知识为基础的信息资源。互联网与大数据的快速发展,组织个体从单纯追求个体的利益最大化向利益共享发展,寻求价值增值。基于此,网络结点的行为逻辑不再仅仅是"信息释放—信息整合—信息利益",而是转向"信息交互—信息共享—信息放大性补偿",网络信息技术不仅改变了信息的传播方式,而且还改变了信息的经济属性,依次作为"工具—资源—要素"而存在。

第三节　管理者共享认知的形成

组织联结的本质是各合法组织通过交换关系为了一致或互补的目标而联结到一起(韩炜等,2013),异质性资源的互补与共享被认为是组织联结最重要的驱动因素(Lui et al,2006)。资源能否互补取决于任务的特殊性和资源本身价值实现的属性,而资源能否共享取决于联结各方的共享意愿,组织个体的意愿源于管理者的认知和联结各方的信任程度。因此,组织间共享认知的形成对组织联结绩效的实现具有重要的作用。

第二章对管理者认知的概念进行了界定,所界定的管理者认知与"向前看"和"向后看"的理论逻辑,通过知识结构和信息架构反映管理者认知,将静态的管理者认知与动态的管理者认知相结合,其中知识结构反映静态的管理者认知,信息架构反映动态的管理者认知的形成过程。在网络组织演化发展过程中,静态的管理者认知在环境的刺激下,随着组织任务复杂性的变化会推动静态管理者认知的发展,从而发展为新的管理者认知,同时动态的管理者认知在一个时期会处于稳定的状态,形成新的组织惯例。

一、管理者认知的知识结构

基于对文献分析和管理者认知概念的界定,管理者认知的知识结构包括组织认定、战略框架和组织惯例三个方面。

（一）组织认定

在认知结构中,组织认定是一个组织个体区别于另一组织个体或其他组织的中心性和相对永久性的特征,反映了组织成员的集体理解,即说明了"作为组织我是谁的问题"。在组织联结过程中,组织认定包括以下几个方面。

1.市场的相对优势

联结个体能够明晰自己掌握的关键性资源、核心技术或技能,并且该资源、技术或技能是可识别的。基于该资源、技术和技能,企业在同质的市场竞争中,具有一定的相对优势。该相对优势为个体选择联结提供了可能的获取资源、技能或技术的前提。该认定有助于具有不同专业技能的个体之间的沟通与交流,同时,也为联结双方技术创新提供了可能的补充。

2.维持机制

对于组织个体而言,其身份是通过社会构建的,在价格机制和科层机制的作用下,通过内部资源配置、权力配置以及有效的沟通和协调机制,组织能够保持连续性发展,维持其稳定的绩效。

3.竞争优势的联动

通过组织认定,确定组织与其他组织的本质差异,即确定本组织与联结组织之间的异质性,基于准确的组织认定,管理者可以对联结组织作出准确的解释和判断,确定可行的组织联结方案。

（二）战略框架

战略框架是指形成战略决策的知识结构,管理者在外部环境刺激下,产生刺激的认知表征,并对信息环境赋予一定的形式和意义,确定认知模板,反映了管理者对环境信息的解释、定位、判断。战略框架受制于外部环境和管理者知识结构的约束,刺激行为的产生源于刺激的认知表征。组织的战略框架分为组织内某一具体业务形成的认知图、公司层面的主导逻辑、联盟层面的共享图(Narayanan et al,2011)。在战略框架的制定过程中,管理者表现出有限理性和对环境的不完全认识。在组织联结过程中,战略框架一方面要考虑对联结方资源和能力的认同,另一方面表现为组织战略框架的异质性和特质性。因此,战略框架在管理者有限理性的约束下最终形成反向观察的刺激,反映了向前的一种学习逻辑和一种前瞻性后果的逻辑,即行动——结果联系的认知地图和经验逻辑的融合。

（三）组织惯例

组织惯例是指管理者参与执行组织任务时重复使用的行为模式。组织联结过程中,管理者通过识别已有的组织惯例,有助于不同专业技能的管理者间进行沟通和交流。管理者通过共同参与组织例行程序形成组织间的联结关系,在执行例行程序和组织具体联结目标中确定联结任务的相关设置。组织惯例是组织战略框架的内部环境,是管理者行动依托的基础。

二、管理者认知的信息架构

组织间的沟通与互动体现为各组织成员的群体互动,认知可以被定义为涉及信息的获取、解释、传递与共享、使用的群体行为过程(Hinsz et al,1997)[①],因此,基于研究的需要,将信息架构确定为信息关注、信息解释、信息共享、信息内化四个阶段,即将网络组织的信息架构划分为四个阶段,分别为信息关注(Information Attention,IA)、信息解释(Information Explanation,IE)、信息共享(Information Sharing,IS)与信息内化(Information Internalization,II)。信息架构的阶段性取决于网络组织个体间的交互程度和信任程度。对于网络组织而言,一方面,组织间的层级关系的减少可以降低信息不对称,提高信息获取和传递的效率,组织间的信任关系增强,管理者愿意保持长期的合作关系(Uzzi,1997);另一方面,越来越多的管理者逐渐认识到,信息使用的有效协作是组织租金和竞争优势的主要来源。

（一）信息关注

在信息关注能力阶段,联结各方从组织内外部搜索、挖掘对组织有用和有价值的信息,识别企业新的机会,信息获取后仅限于个体所有(彭正银、黄晓芬,2017)。在动态的网络环境下,对于组织变革与更新,相对于企业的一般员工,高层管理者总能较早地从组织内外部环境中发现组织面临的机会或者潜在

---

① Hinsz,V.B.,Tindale,R.S.,Vollrath,D.A.,"The Emerging Conceptualization of Groups as Information Processors",*Psychological Bulletin*,1997,121(1),pp.43-64.

的威胁,掌握战略变革与更新的可能性与必要性。有效的信息关注是企业作出正确的行为决策的前提,可以减少信息获得时间上的延迟,保障信息的价值。

（二）信息解释

在信息解释阶段,信息解释反映了网络组织个体对其所获得信息赋予一定的含义,根据学者们的研究,对信息的解释至少包括两个部分:第一,对获得信息的组织内外部环境的现状进行解释,将所获得信息赋予一定的意义,进而确定环境的特征;第二,对组织面临的突发事件、特定事件或关键性事件的解释和说明,突发事件、特定事件或关键性事件会推动组织战略变革或革新。对信息的解释,为获得的组织信息赋予一定的经济意义,是组织作出行为决策的前提,影响甚至决定信息传递与共享内容、信息传递与共享的程度。同时信息解释的准确与否也影响甚至决定组织行为决策的准确性。因此,信息解释是在信息关注与搜索的基础上,构建一个解释外部环境特征的、有意义的信息体系(Helfat and Peteraf,2015),用该体系感知并解释环境中的刺激和变化信号。

（三）信息共享

信息共享阶段,信息共享是相互分享自己所掌握的信息,是网络组织个体协调合作关系网络的关键因素(彭正银等,2019)。对于纵向的产业链来说,生产商的实时制造流程、零售商的零库存与及时的补发货流程、消费者需求的动态把握等都需要快速的反应,而快速的反应就需要各联结个体之间能够进行信息的共享;对于横向的范围联结来说,要想充分发挥网络外部性的放大作用,就需要组织间进行有效的信息传递,通过网络外部性的正反馈实现信息"放大性补偿"。

网络组织中个体结点的管理者基于竞争、隐私等问题的考虑,不会将所有的信息都共享,而是会考虑多少信息以及什么信息可以共享。管理者掌握共享信息时要充分考虑无法分享的信息、不愿意分享的信息以及可以分享但尚未分享的信息等。信息共享可以有效降低价值链上信息传递过程中波动程度被放大的可能性,但个体间的信息共享受到信息需求的不对称、信息实时性的不对称、信息准确性的不对称等的影响。因此,组织间的信息传递与共享还要充分考虑信息不对称性对信息共享的阻碍。

（四）信息内化

信息内化是将双方所共享的深层次信息内化为组织的知识或战略,是信息具化的过程(彭正银、黄晓芬，2017)，表征了通过关注、解释和共享信息所形成的企业的战略决策，并将此战略决策纳入企业的实际运营中，形成一种新的组织惯例的能力，形成可以反复使用的知识。管理者通过关注、解释和共享所获得的信息可能与组织内部的知识存在一定分歧，这时认知结构就需要进行转换，以适应变化的市场环境(钱锡红等，2010)。因此，信息到知识的转化是一个复杂的过程，许多信息尚未转化为知识就已经在创造价值或者已经失去作用了。信息内化要考虑以下两个因素：首先，该信息能否形成企业独特的竞争优势；其次，该信息能否为企业带来持久的竞争力。信息内化的过程是网络组织将共享信息转化为组织新的、可重复利用的行为规范的过程，形成组织新的惯例，进而推进组织向更高层级演化。

信息处理过程的前两个阶段反映了网络组织个体信息获取和解释的能力，后两个阶段反映了网络组织个体间嵌合程度和互动程度的高低，互动程度与嵌合程度从低到高，信息从关注到内化为知识或战略的层级递进关系，如图2.11所示。

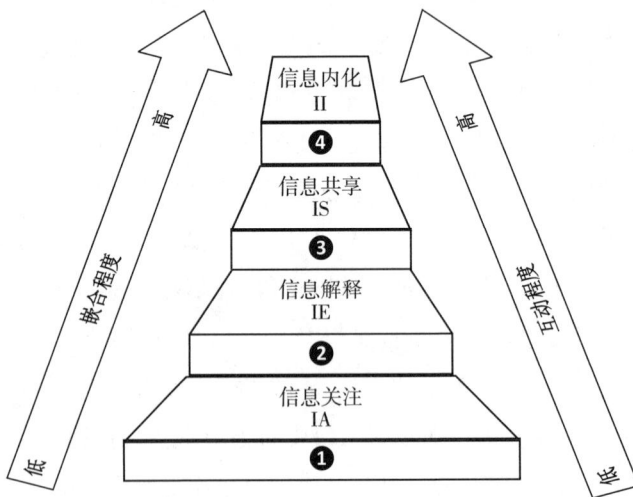

图 2.11　信息 AESI 能力的层级关系递进图

资料来源：根据研究需要自制。

三、管理者个体认知到共享认知的演进

基于前面的分析可知,管理者之所以存在认知模式,是因为当其面临动荡的市场环境和复杂的任务时,无法完全确定和评估所有的市场信息,只能通过简化的心智模式予以评估和确定,借助信息的关注、获取、解释,形成选择性认知(Hambrick and Mason,1984)。选择性认知的形成过程是假设管理者能够对环境事件进行观察,准确确定事件的性质与特征,进而基于不同的任务进行分类,基于相同、相似的事件属性,将事件进行分类,将复杂的环境信息进行分析,形成个体的选择性认知。对于组织联结而言,联结组织的行为决策是由两个或两个以上的组织个体共同作出的,共享认知存在于联结成员进行经济活动的相互关系中(Gibson,2003)。① 组织间的相互关系基于信任、资源的互补与共享程度、网络位置等会有强弱的不同,同时在组织环境和任务复杂性的作用下会产生组织个体的进入与退出。因此,这就需要确定组织间的共享认知是如何形成和发展的。

(一)共享认知的形成

在动荡的市场环境下,组织间联结形成的共享认知可以保障企业更好地对市场进行洞察,缓冲环境不确定性的冲击,缓解任务的复杂性,确保组织间的联结的持久性,保障企业的合作竞争优势的实现。共享认知反映了联结组织间共同行为的内在逻辑和共同的价值取向。共享认知不是各个个体认知的简单加总,而是个体之间在合作过程中反复的博弈、沟通和互动的结果。具体而言,共享认知是有限的联结个体为了完成彼此相互信任的共同目标而进行的定期互动,是在互动过程中形成的共同心智模式。

(二)个体认知到共享认知的演进

参考吉布森(Gibson,2001)所提出的集体认知循环模型,确定组织联结的共享认知模型,联结组织之间通过社会关系与经济关系的积累(Relationship Accumulation)、主体间的互动(Interaction)、个体适应(Adaptability)和组织间的融合(Accommodation)四个过程阶段形成 AIAA 模型。

① Gibson,C.B.,"From Knowledge Accumulation to Accommodation:Cycles of Collective Cognition in Work Groups",*Journal of Organizational Behavior*,2003,22(2),pp.121-134.

1. 累积阶段

累积阶段属于联结网络个体获取信息的阶段。管理者利用已有的组织惯例感知组织环境的变化,洞察新的信息,并对信息进行过滤。管理者将自己获取并赋予一定经济意义的信息融入群体(组织间)互动,管理者在组织间交互的过程中也可能编辑出新的信息,并将个体信息和交互信息进行存储。通过与群体的沟通与互动以及对组织联结目标的认知,个体清晰地对自己在联结网络中进行定位,并确定自己在联结网络中的作用。

管理者初始获取信息利用的是自身以前累积下来重复使用的行为惯例,即充分发挥组织能力优势,这些行为惯例在组织中形成默会的"标签"。这些标签对组织个体成员具有重大的意义,但对于其他的组织个体来说意义不大。在这些"标签"的作用下,通过与其他组织个体的互动与沟通,形成新的共用的"标签",并将这些"标签"进行存储。网络组织个体累积这些有意义的经验并发展这些经验,进而形成个体经验的累积,进而形成新的可重复使用的组织行为惯例,同时在组织经验和信息的积累过程中促使组织社会关系和经济关系的累积。

2. 主体间的互动

在联结网络关系中,各组织个体应充分利用已存储的共用"标签",个体的认知"标签"与共用的"标签"相互作用,组织间的相互依存产生了一个比个体认知"标签"更复杂的信息存储空间。即使在个体知识结构的认知特征保持不变的情况下,联结组织的管理者在交互的过程中也会形成不同的认知。组织个体从互动和沟通中获取信息的范围与程度一方面取决于联结各方相互联系的模式,即网络组织的组织结构,反映个体在网络中的位置;另一方面取决于联结方之间的互动程度和嵌合程度,即联结网络的网络关系的强弱。

首先,当联结组织面临突出的问题时,就需要确定即时的行为"标签"以及更自动化的行为惯例。各联结个体应主动分享已经发生或可能发生的事情的主观感知,并相互提醒可能存在的错误逻辑,提出支持某一行动的特定结论的论据,在该行为逻辑的形成过程中,各联结个体可能相互影响彼此的看法和判断,最终影响各组织个体的行为决策。其次,在信息互动和沟通过程中,成员在组织中的角色和位置是非常重要的,如果个体在网络中处于核心的位置,其贡献的信息和经验可能要比其他组织个体要多,而且信息也可能更加重要,网络组织的集体认知可能会偏向于高地位的组织个体。最后,与组织中某个个体组织相比,通过联结关系可以获得高于任何单个组织个体所能获得的经验和信息。

3.适应阶段

在各主体之间进行信息和经验的互动过程中,由于个体认知的差异性、情境的差异性,以及组织能力的差异性,个体间在互动的过程中就要注意任务复杂性与组织行为惯例之间的均衡问题、异质性形成的个体认知与共享认知的冲突问题、组织个体位置波动问题等。

首先,任务复杂性与组织行为惯例之间的均衡问题。通过组织的交互,信息"标签"不断增加,随着"标签"的积累,组织间任务的复杂性程度越高,组织个体依靠自身的资源与能力越难以完成,就会鼓励个体的信息积累向组织间信息的互动转变,从竞争性战略转向竞合战略。对于组织间的例行合作项目而言,有相对固定的合作例程,任务具有可预测性和可管理性,行动的基本逻辑是相同的,组织个体更多地倾向于用已有的"标签"对任务复杂性程度进行分析,减少对任务特征的分析和探索,不需要太多的时间在组织间进行交互和检查,这就鼓励个体信息的积累向融合转变,组织间的融合程度越高,合作成功的概率就越高,使得组织战略从竞争转向合作。

其次,异质性形成个体认知与共享认知的冲突问题。一方面,联结网络形成之前,虽然组织个体对联结方进行了事先的准备,但是个体累积的行为惯例嵌入了本企业自己独特的属性,这些独有的属性对于信息的互动与融合过程而言,就会形成一定的障碍,这就需要联结组织建立恰当的链接形态,各个体派出行为代表负责信息的分配、解释,对产生的分歧进行解释、说明,并指导相关的行动,从而更加有针对性地对信息进行检查,进而进行更多的互动使得组织向适应性方向演进;另一方面,当组织之间有冲突时,联结网络需要新的个体加入或者原有个体退出,进而产生额外的互动。如斯塔瑟(Stasser,1981)的研究表明,当知道群体中哪些成员具有专门的知识领域时,群体间进行互动和沟通的非共享信息的数量就会显著地增加,在沟通与互动上的所用时间就会增加,组织间的边际协调成本也会随之上升。[①]

再次,个体网络位置的波动。在网络组织中,由于个体掌握的关键性资源不同,在联结网络形成初期会形成一个相对稳定的网络结构。随着组织间信息的累积、适应、互动与融合,联结网络中结点会发生变动,有旧结点的退出、新结点的进入,以及个体掌握资源的变化,会导致网络结构的变动,改变原有的网络位置,形成新的网络结构。网络位置改变,共享认知的倾向也会发生相应的改变,联结个体就需要作出相应的调整,以适应新的共享认知,形成个体认知到共享认知的演进。

4. 融合阶段

组织个体将被定义"标签"的信息和经验整合在一起,基于整合的经验和信息,形成联结组织的行为决策和行动方式。首先,信息与经验的整合需要联结各方交互的观点,联结各方对信息和经验获取的情境、假设的设定等对本组织和对方组织是开放的,对方企业能理解本组织解释的过程,并愿意做到开放自己的信息解释方案,联结各方相互检查;其次,将整合的信息用于组织的行为决策和行动方式,处于不同联结关系的组织可能会形成不同的知识整合过程,如果企业面临的是突发事件,可能是通过应急机制形成即时的认知表征,而对于常规化的事件则通过已有的"标签"形成认知表征,常规化事件形成的表征通常可控性更高,而对于即时的认知表征可控性较差,但是具有更大的柔性,更有利于管理者在多变的市场环境下作出快速的行为决策;再次,整合度适中时,更有利于组织成员看到多元化的组织信息,有利于组织创新的实现(Gibson,2003)。

基于以上信息的 AIAA 循环模型的要素以及信息架构形成的选择认知的分析,二者之间的循环关系如图 2.12 所示。

---

① Stasser,G.,Davis,J.H.,"Group Decision Making and Social Influence:A Social Interaction Sequence Model",*Psychological Review*,1981,88(6),pp.523-551.

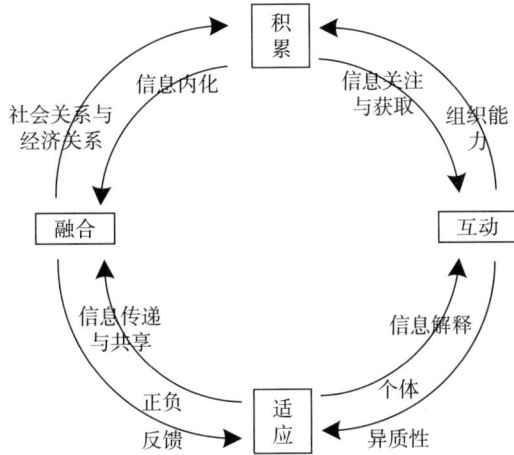

图 2.12　共享认知的循环模型

资料来源:根据研究需要,参考吉布森(2003)的文献自制。

第三章　网络组织演化的阶段性分析

网络组织从初级发展到高级,其个体的组织能力、组织间的网络关系和网络结构在环境适应和任务实现过程中不断得到提升和累积,组织能力、网络关系和网络结构需要一定的动力源提供动力。组织的运行功能与结构能否得到持久改善的关键就是要看其是否能获得持久的推动力。从本质上来看,动力源于偏差或者不均衡,这种偏差或不均衡在物理学上表现为"涨落",在网络组织复杂的系统内部,组织间信息交流与互动、网络关系的增强或减弱、网络结构的变动驱动涨落的回归、适应和放大,从而为组织的发展和演化提供源源不断的动力。本章以网络关系理论和结构洞理论等理论为解释依据,确定是什么在驱动网络组织演化以及哪些因素在演化,基于此剖析网络组织的演化阶段。由此,本章包含四部分研究内容:第一,网络组织的演化特征;第二,网络组织演化的认知驱动因素;第三,网络组织演化的要素分析;第四,网络组织演化的阶段。

第一节　网络组织的演化特征

基于非平衡统计物理学发展提出的耗散结构理论①（热力学的发展提出

---

① 耗散结构理论是指用热力学和统计物理学的方法,研究耗散结构形成的条件、机理和规律的理论,以揭示复杂系统中的自组织运动规律的一门具有强烈方法论功能的新兴学科,其理论、概念和方法不仅适用于自然现象,同时也适用于解释社会现象,该理论的核心内涵为:一个远离平衡的开放系统,通过不断地与外界交换物质和能量,在条件变化达到一定阈值时,可能从原有混沌无序状态转变为在时空上或功能上的有序结构。

的涨落耗散定理），国内外学者提出了组织演化的涨落机理，认为组织演化是一个从稳定到不稳定的状态，从远离平衡到新的稳定状态过程，该过程是不可逆的、无序的序列，由一系列的自组织步骤组成，发展的每一步骤都是在临界涨落的触发下从一个稳定状态到不稳定状态，再到下一个新的稳定状态。涨落耗散结构的简化关系图（Prigogine，1998）如图 3.1 所示。

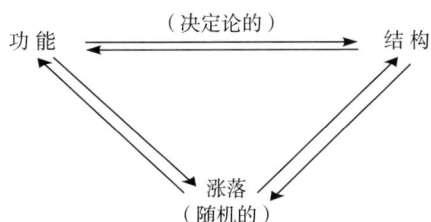

图 3.1　简化的涨落耗散结构图

资料来源：Prigogine，I.，"The Networked Society"，*Journal of World-Systems Research*，2000，6（3），pp.892-898。

基于概念界定和文献可知，在环境不确定性和任务复杂性的作用下，网络组织是一个复杂的、动态的生态系统，具有涨落耗散理论所界定的耗散结构的特点。网络组织各主体之间在运行的过程中不断地进行信息的沟通与交流，实现资源的互补与共享。通过组织个体多次的经济博弈，实现有序化、组织化的发展，形成组织内部的负熵流，在涨落机制和网络外部性的非线性作用下，降低网络组织的无序程度，使得系统的总熵减低，促使网络组织向更加有序的高级化形态演化。基于此，网络组织演化表现出以下几个特征：第一，开放性的特征；第二，潜在的远离平衡状态的特征；第三，自适应的特征；第四，非线性的特征；第五，涨落是网络组织走向有序的"动量"。

一、开放性

各结点企业之间要不断地进行信息、技能和资源的交流与交互，才能保证网络组织结构的稳定与有序的发展，维持组织持续的发展。首先，由于个体的有限理性，不能及时获得市场变动的完整信息，通过信息的交流与互动，可以有效缓解环境的不确定性，更早地作出行为决策。其次，组织是资源与能力的集合（Williamson，2005）。由于个体资源与能力的限制，来自组织外部的资源变得越来越重要,其不能保障所有的任务都能有效实现。组织联结关系形成后,通过互补性资源与技能的投入,可以有效缓解组织任务的复杂性。再次,组织联结过程中,由于任务属性的变化,在涨落机制和网络外部性的作用下,参与联结的组织个体可能会退出网络组织。新的组织个体加入,产生新的组织联结网络,形成新的网络关系和网络结构。各组织掌握的资源、技能和信息使得个体在网络组织中具有不同的网络位置。因此,组织联结一方面可以获得自己所需的信息、资源与技能,有效地缓冲组织环境的不确定性,缓解任务的复杂性;另一方面也可以有效地整合各联结组织的信息、资源和技能,推动网络组织向更好的方向发展与演化。

二、潜在的远离平衡状态属性

网络组织各参与主体之间由于组织惯例和行为规制的约束,组织间资源、技能等都有很大的异质性,资源与技能的异质性虽然有利于个体创新绩效的实现,但是不利于联结组织合作绩效的实现(包凤耐、彭正银,2015)。另外,各联结组织的管理者个体特征与可观测的经验不同,产生管理者认知差异,在进行信息互动与交流的过程中会产生很多冲突与障碍,沟通与互动的冲突不利于组织自整合的实现。囿于两方面的限制,各联结组织间的相互作用与相互影响会形成负向的约束作用,在网络外部性的作用下,呈现非线性的巨涨落现象,导致网络组织远离平衡状态。

三、自适应性

企业可被视为资源与能力的集合,来自组织外部的资源变得越来越重要。组织联结的着眼点在于探索合作伙伴之间的锁定效应,实现单一组织学习经验的对抗和融合。有着一致或互补目标的各个组织通过互惠互利关系联结到一起,各企业对未来合作收益的预期决定了联结能否持续(韩炜等,2013)。因此,对于联结组织个体而言需要不断地适应联结组织整体发展的需要。同时为了应对突发的事件,组织个体所设定的行为模式也要具有一定的弹性,使其在遇到突发状况时能自动调整组织重复使用的行为模式,为联结组织合作绩效的实现提供基础。

四、非线性

组织联结关系实现后,各联结企业专用性资产的投入与产出并不会形成简单的线性关系。同时,在超竞争的市场环境下,结点企业的知识体系和知识结构需要不断地更新才能适应环境的需要。首先,联结企业之间资源与技能的异质性为其资源与技能的互补提供了可能。同时各联结方所获得的新的资源与技能,为其创新提供了新的可能。其次,各联结个体掌握的核心能力与资源具有较大的异质性,加上管理者认知的有限理性,可能不利于联结绩效的实现,这就使得组织间资源的投入与产出的实现并不会形成简单的线性关系,而是复杂的非线性关系。再次,随着环境的变化,结点企业的知识体系和知识结构需要不断地更新以适应动态的组织环境和复杂的联结任务的需要,基于不断更新的知识体系,管理者就需要更新现有的组织战略,这也形成了投入与产出的非线性关系。

五、涨落是网络组织走向有序的"动量"

网络组织的涨落源于外部环境的变动以及企业面临任务的复杂性程度。在组织内部,首先,每个网络结点都要面对环境的不确定性,在复杂的非线性的作用下,会产生不可控的经济效果,通过网络外部性等的作用,该经济效果被不断放大,最终影响整个网络组织的作用机制;其次,由于管理者的有限理性,环境干扰所带来的任务基本面的复杂化、多个任务的多项联动关系带来的过程的复杂化以及任务目标的多种反映带来的效果评估的复杂化(彭正银,2003)。多主体参与、多价值链的交互以及环境的多变性带来的"速度陷阱"与"预见性危机"使得网络组织进行资源的整合成为必然。环境的不确定性和任务的复杂性形成复杂的网络组织系统,在系统内部,组织间嵌合程度与互动程度高低形成强弱不同的网络关系,关键性资源与能力差异形成不同的网络位置。网络关系增强或减弱、网络位置的中心化或边缘化形成不同的信息利益和控制利益,利益的不均衡驱动网络组织的回归、适应和放大,成为网络组织演化的"动量"。

第二节　网络组织演化的认知驱动因素

格兰诺维特(1973)提出组织联结所形成的强弱关系是成员间交流与互动的"信息桥"。强弱关系的形成受制于管理者可观测到的经验与统计学特征。另外,信息的共享与交换还会受制于组织原有的重复使用的行为模式和规制的约束,即受到组织惯例的影响,而组织个体的行为惯例源于组织的核心能力和关键性资源、技能,该关键性资源、技能与核心能力影响甚至决定结点在网络组织中的位置。处于网络中心位置的组织成员拥有更多的信息资源;同时,联结关系的强弱不同,也会影响到信息的获取与互动。基于信任的前提,合作关系淡化了企业边界,联结各方都可以以多接口接触外界信息。网络成员因在网络中占据中心位置和结构洞位置,拥有更多的信息来源,可以获得更多的控制收益和信息收益(钱锡红等,2010)。

网络组织的演化是在组织惯例和认知的共同驱动下实现的。组织惯例反映了组织的管理者过去累积的经验、技能等,而组织认知反映了管理者对组织环境的洞察力、对组织现有情境的识别、对组织未来的定位等。在组织行为惯例和认知的作用下,组织能力实现从低级到高级渐进式演化。网络组织最基本的单元是二元关系,二元关系形成的关系嵌入的持续互动以及联结各方的信任与承诺演化出了网络嵌入,形成关系网络嵌入的演化。网络嵌入使得信息等资源的获取变得更加容易,强化了行为主体之间的合作意愿,有效规避了可能的"搭便车"和机会主义行为。对于网络内联结企业来说,完全理性的管理者基于不可复制的资源联结与信任程度可以进行关系的再传递,而可复制资源的联结,双方博弈的结果是不信任,关系不传递,策略组合会偏离帕累托效率最优。对于有限理性的管理者,网络化成长累积的"互惠性偏好"对网络嵌入的帕累托改进效应明显,组织间关系是否再传递取决于企业间互惠性的敏感程度(韩敬稳、彭正银,2015)。组织间关系的传递到再传递再到关系的整合进一步推动组织间社会关系的扩展和经济关系的累积,获取更大的创新效益(郑方、彭正银,2017)。然而,在有限理性的约束下,组织间的关系传递受制于网络环境的不确定性与任务的复杂性带来的信息不对称,组织间的合作可以缓解任务复杂性和环境不确定性(Uzzi,1997)。因此,基于高阶理论的视角,从内部和外部两个方面对网络组织演化的驱动要素进行分析。

一、外部战略情境的驱动

战略情境包括所有的潜在环境和组织刺激(Hambrick and Mason,1984)。组织成长与发展的过程中不同要素的变动情况影响组织之间的互动成长。首先,由于战略情境的不确定性和动荡性,形成了网络组织任务基本面、任务过程以及结果评估的复杂化,而且任务复杂化演变成为企业经营的常态,在人的有限理性下就会推动网络组织的战略选择从传统的企业合作转向大规模的协作化生产,组织间联结关系的形成与发展,通过组织间信息传递与共享,组织可以更快地作出战略决策,缓解网络情境下信息"瞬时性"的冲击(彭正银、黄晓芬,2017);其次,企业高层管理者深刻洞察到互联网环境对企业成长的重要作用,管理者通过战略选择来改变组织的结构及其运行方式,推动组织的演化;最后,高层管理者将消费者纳入企业商业模式的核心环节。组织情境对网络组织演化的作用主要体现在三个方面:第一,网络组织竞争范式的演化;第二,市场需求的变动与演化;第三,信息技术的快速变革与推动。网络组织组织能力、网络关系和行为模式的演变可以有效地缓冲战略情境变化对网络组织发展带来的环境不确定性和任务复杂性。

(一)网络组织竞争范式的演变

首先,在网络组织形成的初期,企业的竞争标准更多的是强调对传统的实体企业的技术革新与管理方式的转变,强调互联网对企业变革的重要作用,互联网使企业联系更加便捷,与顾客之间的交易与互动更加直接。企业的经营管理关注的是如何降低成本、弱化风险、增加收益,传统的实体企业将竞争的焦点聚焦在产品质量、市场份额与企业规模上,认为规模经济与范围经济是不能共存的。网络组织形成后,组织竞争关注的焦点转向产品、服务和配送,强调产品质量、数字化服务与高效的配送,在该阶段强调资产专用化约束下如何实现纵向一体化和规模经济。

其次,在对传统的实体企业进行变革的基础上,网络组织的竞争范式转向规模协作与合作创新的集成竞争阶段。在该阶段,网络组织逐渐意识到个体企业的"单打独斗"越来越难获得持久的竞争优势,跨组织联结成为越来越多的企业的必然选择,如外卖 O2O 平台、金融 P2P 平台等,这些平台模式可以汇聚更多的参与者,通过资源的有序整合,提升资源的价值创造力。同时,组织将消费者扩展到企业网络中,一方面,消费者参与企业的价值创造,成为价值创造的核心要素;另一方面,网络情境下,消费者的参与为企业满足市场个性化的需求提供了可能。因此,在该阶段,由于模块化技术的作用,资产专用性下降,垂直一体化逐渐被分解,高度精确的分工与大规模的协作取代了传统的资源依赖,组织由"被组织"转向"自组织"(罗珉、王雎,2007)。

最后,网络组织竞争范式的第三个阶段是知识整合与创新阶段。知识经济的发展推动着网络组织的竞争范式的选择,随着知识经济时代的到来,知识成为网络组织成长与发展的关键,成为组织间竞争的关键性资源。企业之间的竞争优势转向知识的管理与创新,知识的汇聚、利用与创造是企业大规模协作发展的支撑。相对于传统企业合作过程中知识的获取,自该阶段组织间任务的划分被弱化、组织间关系的强弱被淡化、组织间的竞争关系被弱化,而更多关注同一平台上的互动与交融、强调知识价值的共创与协同效应的实现(罗珉、王雎,2007)。因此,在该阶段,组织的竞争优势取决于知识在组织间的配置与协同的能力,以及知识共享和价值创造的能力。

(二) 市场需求的变动与演化

市场需求是组织持续获得竞争优势的原动力,是企业实现绩效的来源与动力源泉。需求越大,组织获得收益的可能性就越大。网络组织形成后,市场需求的变化对网络组织演化作用主要表现在以下两点:第一,客户需求的改变;第二,客户身份的改变。

1. 客户需求的改变

在不断变动和动荡的市场环境下,网络组织必须持续地掌握获取绩效的来源和动力,才能保持持久的竞争力。在此情境下,一方面,客户的需求不再是简单的产品质量和数量的需求,而是个性化需求、个性化定制;另一方面,客户需求还要求全方位的服务,包括及时的物流配送、全方位的售后服务等。基于此,网络组织就不能仅仅停留在对独特资源和核心技术的依赖上,需要不断地寻求和挖掘新的竞争优势源,使得企业的商业模式从传统的满足顾客对产品质量和数量的需求转向更好满足顾客偏好、个性化的需求。同时,客户需求的个性化也意味着组织的经营模式、组织机构和经营过程将会变得更加复杂,也推动组织合作模式的变化。

2. 客户身份的改变

网络组织的环境下,强调利益相关者收益的最大化,客户是企业利益相关者中关键的组成部分。因此,很多企业将消费者扩展到企业网络中,参与企业的价值创造,成为企业价值创造的核心要素,将网络组织的合作网络根植于包括消费者在内的所有利益相关者中,强调价值创造的出发点和归属均为客户。一方面,企业根据客户的需要设计生产流程、投入相应的投资;另一方面,将客户引入企业网络中,通过企业与客户之间深入的信息沟通与交流,客户自行进行产品外观和功能设计,更好地实现产品的按需设计。因此,客户身份的改变,要求企业的生产流程、结构、经营范围也要发生相应的改变。

3. 技术的快速变革

首先,互联网的发展,尤其是移动互联的快速发展,企业的管理模式、经营模式和运营模式发生了彻底的改变,从传统的线下经营到线上线下的结合、再到线上对线上又转向线上到线下,进而产生了同类企业集聚的网络平台型企业,演化出了 C2C、O2O、B2B、B2C、B2B2C 等多种企业经营模式。其次,信息技术的快速发展,推动了国家宏观经济的发展,同时也改变甚至决定了企业竞争模式和盈利模式,如 3D 打印大大缩短了产品的生产周期,提高了生产效率,降低了成本。物流公司的小黄人机器人替代了传统的人工物流,节约了时间,提升了效率,更好地满足了客户需求的时效性,快递业快递岛替代人工配送,节约了人力成本,满足客户不同时间的送货需求等。这些都推动着网络组织运营模式和竞争模式的改变。再次,技术的快速变革,也给企业发展带来了更大的不确定性,一些新兴技术的出现在给企业带来新的机遇的同时,也带来了不可预见的风险,因为这些新兴技术的出现重新定义了企业的经营范围,重塑了企业价值链。

二、内部累积的行为惯例与信息架构的驱动

（一）内部累积的行为惯例

传统的经济理论认为人是经济的、理性的,认为人在其所处的环境中能够掌握完全的信息,但是人的理性是基于严格的假设基础上的,如稳定的系统或组织、充分的技能等。随着经济学的发展,理论界和实务界对人是理性的观点不断地提出质疑。西蒙提出的有限理性选择的行为模型一直是研究管理者认知与组织能力的基础,该模型验证了管理者在一定的时间和空间范围内能够获取和处理的信息是有限的。由于管理者知识和能力的限制,他们只能根据自己的有限理性作出具体的行为决策。而组织能力是由管理者的高度默会、重复的惯例以及其他重复操作的模式所构成。组织借助于对历史经验教训的学习、试错、局部搜索等方式对已作出的选择进行正向或负向的深化,如果最终的行为结果是正向的、积极的,则组织可以继续选择原来的行为。反之,如果行为结果是负向的、消极的,则组织就应考虑放弃或避免原来所选择的行为,选择其他的行为决策。组织通过知识的动态演化,不断积累经验并推动能力的渐进式演化。不断累积的组织经验、重复的操作模式和惯例形成管理者可重复使用的知识体系和默会的知识结构。

（二）信息递进式互动的驱动作用

管理者认知的信息关注与处理过程对网络关系的演化在网络关系的不同层级上存在不同的影响,包括信息关注与解释能力对二元关系演化的推动作用、信息传递质量与配置效率对关系域或多元关系演化的推动作用、信息共享能力对网络关系整合的推动作用。

1. 信息关注与解释能力的驱动

网络组织中结点优势的关键在于结点自身的信息优势,与传统企业不同,网络组织中由于信息过于丰富造成了个体信息关注力的缺乏。对于二元组织间关系来说,信息关注及解释能力在二元关系发展中扮演着重要的作用。管理者以往累积的经验与现有的知识结构影响甚至决定组织对内外部环境的洞察能力与对获得的信息的解释能力,信息的解释能力会指引结点企业的行为选择,包括选择与谁联结、合作的方式、合作的范围等。组织合作后,随着合作经验的累积,组织结点的管理者表现出来的心智表征会逐渐地推动组织间关

系的发展,提升合作关系的质量,推动结点间二元关系的发展。因此,结点企业对信息的搜索与获取的能力影响组织个体在网络组织中的位置,同时也是企业保持竞争优势的关键,结点企业的信息获取和关注能力推动网络组织形成不同的战略选择。

2. 信息传递质量与配置效率的驱动

关系是一个典型的本土社会心理概念,在一定程度上决定了社会资源的流向,并因此影响个体的社会行为和组织行为,具有传递性或转移性。在组织内部,如果个体可以用自己的关系使组织受益,那么他就能够因此得到晋升或者奖励,而企业之间的关系为双方分享资源提供了机会。

随着二元关系的发展与关系质量的提升,组织间的关系会基于某一合作事件或某一合作资源的需求进行传递,形成三方或多方的多元网络关系或关系域。对于多元网络关系或关系域而言,管理者将赋予一定经济意义的信息在组织间进行传递,信息传递的范围与程度将会形成网络关系演化的不同路径。在有限理性的约束下,管理者能够关注到的事件或信息等资源是有限的,联结双方的管理者必须合理地配置其所赋予意义的信息以更好地作出行为决策,信息配置的效率影响组织间资源的互补程度、组织间的信任程度、交易成本的高低以及合作的黏度。信息配置效率的提升会推动管理者关注力的变化,进而导致网络组织内的关系域或多元关系从某一关系域转向其他关系领域或将原有的关系扩展,组织间关系的扩展既包括社会关系的扩展,也包括经济关系的不断累积,经济关系与社会关系的共同作用改变网络关系的演化路径。网络关系的发展体现了组织间资源的互补程度、组织间的信任程度、交易成本的高低、组织间合作的黏度。

3. 信息共享能力的驱动

关系域的改变或者多元关系扩展推动网络关系进行再次传递形成关系的整合,产生整合关系网络。对于整合关系网络而言,管理者信息的整合能力可能会影响到整合关系网络随着合作关系维系时间的变化而变化。由于网络中各结点企业掌握的资源、能力不同,其在网络中会处于不同的位置。组织间信息的传递与沟通将更多依赖于处于核心位置的结点企业,核心位置的结点企业作为关系桥梁或关系纽带,具有将各联结方信息聚合的能力。当组织面临重大的环境震荡或者新的复杂任务时,组织就需要调整现有的战略体系,改变现有的商业模式,确定新的行为模式,新的行为模式会推动组织选择新的关系域或改变现有的关系网络。行为惯例驱动下的网络关系渐进式演化过程很可能不再适应网络组织转型的要求。而处于核心位置的结点企业的管理者对信息的整合能力在关系整合中发挥关键性的作用,在很大程度上决定了网络组织能否适应新的环境或者能否完成复杂的组织任务,实现组织战略目标,促使企业转型成功。

从信息流通的角度来看,网络结构被定义为位置或结点之间信息联结形式(秦英,2009),网络组织是一群半自治的组织之间基于信任而进行的重复信息交换,并且嵌入了一种能够保障交易且削减成本的社会关系。由于商业全球化、竞争激烈以及不稳定性,市场和科层作为组织生产的模式会暴露出无效率,取而代之的是一种能够平衡市场流动性和传统等级制度预见性的网络组织形式。随着信息化环境的变迁,企业网络呈现出由企业内部网络到企业外部网络,由供应链到商业生态系统,由个人主导的关系型企业网络到市场交易网络,由生产网络到服务网络的发展趋势。交易平台、支付平台和物流平台的整合提升了信息释放和解释效率,缩短或重构了"传递价值"的商业逻辑,产生了新的租金获得方式——信息联结红利(罗珉、李亮宇,2015)。

组织能力的演化受到行为主体对外部世界、面对环境所采取的行动以及行动产生的结果之间的因果关系等认知的影响。认知本身具有路径依赖的特点,具有不同企业环境的组织会形成不同的企业认知,形成差异化的组织能力。能力演化的本质与基础是知识在组织内不断地循环演化,组织不断地从外部搜寻新的知识,新知识通过变异、选择、复制和保留形成企业知识集,对原有不适应或不适合的知识进行替代,形成新的知识结构,推动组织能力的演化(董俊武,2004;王涛等,2010)。

因此,组织惯例体现了"向后看"(backward-looking)的行为逻辑,信息的递进式互动体现了"向前看"(forward-looking)的行为逻辑(Gavetti,2005)。组织惯例驱动下的组织能力演化逻辑是一种"即时性"的评估机制,需要备选方案在极端的情况下,只有一种策略的备选方案;而对于前瞻观的能力演化逻辑来说,管理者根据自己具备的知识、技能等形成对环境的认知,进而作出评估(邓少军、芮明杰,2009)。组织惯例与信息递进式互动驱动下的组织能力演化各有其优势和劣势,惯例驱动下的组织能力演化有利于组织保持当期竞争优势的稳定性。通过经验反复和不断地试错等活动帮助企业搜寻更加适合自身条件的能力演化路径,进而保持企业的核心竞争力,提升企业的创新绩效,但不利于企业合作绩效的实现,尤其是在动态的市场环境下,单纯依靠组织惯例很难保持企业持久的竞争力,仅仅适用于稳定的市场环境。而对于信息递进式互动下的组织能力演化,具有更好的学习和变化的能力,可以使组织看得更远,获得更多的行为选择路径。对于环境的变化能较早地作出反应,快速地对企业战略和行为决策进行调整,有利于企业获得持久的竞争力,进一步增强组织的环境适应力,但其在推动组织能力演化的过程中,可能会使得组织先前的经验"丢失",降低企业当期的核心竞争力。

因此,对于网络组织的结点企业来说,既要充分利用组织累积的经验与技能,同时又要保持持续的学习和创造能力,提升管理者认知的作用,这样才能既保证网络结点个体的创新绩效的实现,又保证联结网络合作绩效的实现。只有把惯例驱动与认知驱动有效地结合起来,才能更好地解释网络结点组织能力的演化逻辑,充分探析网络组织演化的内在机理。

三、高层取向的驱动作用

学者研究发现,高层管理者选择性认知的形成过程受到其心理因素和可观测到的经验的影响(Hambrick and Mason,1984)。高层取向对网络组织演化的驱动作用表现在两个方面:一方面是 CEO 个体对组织战略变革的驱动作用,另一方面是高层管理者团队对网络组织演化的驱动作用。个体的驱动作用表现在个体特征的作用机理上,包括 CEO 的开放度、自信度、信誉、人格魅力等;高层管理者团队的驱动作用表现在团队异质性、组成特征和领导冲突等方面。高层管理者的价值取向影响甚至决定组织能力与外部情境能否融合以及融合的程度。

（一）CEO 个体特征的驱动作用

开放性的 CEO,倾向于挑战企业惯例,转变现有的行为模式,选择差异性的战略行为,推动组织战略变革,愿意解决组织内外部突然性的事件或复杂的事件。而封闭性的 CEO 喜欢安全、稳定的企业经营行为,倾向于重复已有的行为惯例,执行企业日常的、重复的事项或事件(连燕玲、贺小刚,2015)。过度自信的管理者倾向于选择企业并购行为,容易过度投资,有利于公司实施多元化的投资战略与创新的实现。CEO 嵌入网络内外部,在个人决策非理性和人力资本网络结构性的作用下,个人社会资本引起企业社会价值变动(王福胜、王摄琰,2012)。CEO 的人格魅力和工作经历也会影响企业决策和经营的方向(Hambrick and Mason,1984)。

(二) 高层管理者团队的驱动作用

首先,高层管理者团队的一致性会影响管理者的战略选择。高管团队年龄、性别和职业经历影响其战略选择。高管认知能力的异质性产生动态管理能力的异质性。在变化的条件下,该异质性会产生不同的组织绩效,对信息关注、获取和重新配置都有一定的约束作用。

其次,高层管理者团队的组成特征会形成不同的战略选择。如高管团队规模与行为整合负相关,教育程度越高的管理者团队越能较早发现公司战略变革的机会。但由于目标和信息不对称,不易形成统一的战略决策。在我国的经济背景下,高管团队垂直对差异在国有企业的影响效应大于非国有。企业所有制性质不同,企业家认知对战略变革前瞻性的影响不同(杨林、俞安平,2016)。

最后,团队的领导冲突会形成不同的战略选择。在我国经济转型特殊时期,团队冲突在家长式领导行为与高管团队战略决策效果之间具有中介作用。企业是否民营的性质对 CEO 的网络嵌入行为产生不同的影响(姚振华、孙海法,2010;王福胜、王摄琰,2012)。另外,有学者通过对我国国有企业和民营企业的高层管理者团队的研究发现,对国有企业而言,管理者的创造型和学习型认知风格正向影响组织惯例更新,组织结构越偏向于有机式,计划型认知风格负向影响组织惯例更新(付永刚、谷静茹,2017)。对于中小民营企业的高层管理者团队而言,中小型民营企业高层管理者的认知风格与企业战略导向显著相关,基于社会责任的视角,管理者道德认知是影响企业生态创新的重要因素,但在完全竞争的市场该影响是失灵的(胡远华、徐逸卿,2016)。

第三节 网络组织演化的要素分析

网络组织是由结点、网络关系和网络结构组成。对于网络组织而言,网络组织中的个体构成了整个网络的活性结点,各个结点组织能力不同,会使其在网络中处于不同的位置,组织能力会随着网络关系的交互程度和嵌合程度的不同而变化。组织间的关系是二元关系,关系持久度、互惠性、合作范围和资源嵌入反映了网络组织的关系质量。社会关系的扩展和经济关系的积累会推动网络关系质量的提升,实现网络关系传递到再传递。网络结构是网络组织各参与主体的结构位置,以及在结点能力和网络关系作用下结点位置的变化模式与轨迹,组织功能和结构的变化实现"主体交互到关系嵌入再到结构嵌入"的演化。

一、结点能力的演化

能力演化源于蒂斯等(Teece et al,1997)学者所提出的动态能力理论,动态能力是指为了应对快速变化的环境,企业整合、构建和重新配置内部和外部能力的能力。对于网络组织来说,二元关系是最基本的业务单元,在形成二元关系之前就已存在一定的行为能力。组织结点的动态能力可以引申为企业为了应对联结组织内外部环境的变化,保持、适应、整合或重构网络内外部胜任能力的能力,即组织动态能力。能力保持是二元关系形成之前已有的行为能力,可将其称为企业的"零阶能力"。适应能力是指组织联结关系形成后,组织结点为适应网络组织整体发展调整组织自身的能力,可称其为企业的"一阶能力"。整合能力是指联结组织根据环境的变化,将其所掌握的技术、人力、信息等资源进行整合,重新搭建新的组织能力的能力,可将其称为"高阶能力"。

首先,网络组织的组织能力由零阶能力、适应能力(一阶能力)和整合或重构新能力的能力(高阶能力)组成。其演化是零阶能力到一阶能力再到高阶能力的过程,高阶能力又会形成结点新的零阶能力,进而形成不断循环上升的过程(Winter,2003)。管理者认知在能力演化过程中的作用表现为有意识与有目的的惯例搜寻、惯例应用、惯例培育与创新。

其次,网络组织的竞争优势来源于两个方面:一是网络组织结点个体累积的经验与技能,即个体的组织能力;二是网络组织个体的适应能力以及通过社会关系的互补与经济管理的累积形成的整合或重构能力。因此,网络组织演化过程中既要充分利用个体的异质性资源,同时又要合理配置组织间关系互动所形成的互补性资源和共享性资源,实现网络组织个体资源与组织间关系资源的有效配置;既体现网络组织个体对最大化价值的诉求,又体现网络组织整体的协同效益的诉求。基于以上分析,结点能力的演化要素及要素间关系如图3.2所示。

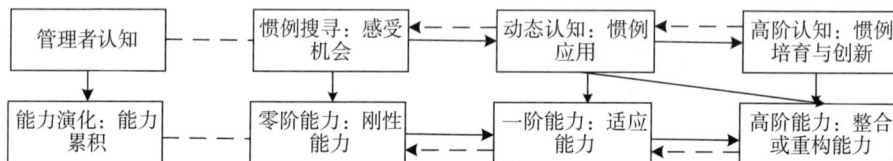

图 3.2　网络组织结点能力的演化要素及要素间关系

注:——▶表示首次演化;◄— —表示二次循环演化。

资料来源:根据研究需要自制。

二、网络关系的演化

组织间网络关系是组织成员的社会关系和经济关系嵌入组织的交易活动中的交易关系。组织间网络关系的发展与演化体现了网络关系是多个层次的,包括结点之间的二元关系、特定的业务事项形成或关系域、整合网络组织形成的整合关系。网络关系的形成与发展源于结点的信息获取与解释能力、组织间信息的传递质量与配置效率、整合网络信息的共享能力。

因此,可将组织间的网络关系演化的要素分为三个层级:二元关系、多元关系或关系域、关系整合。笔者将网络关系的发展划分为三个阶段:第一阶段为网络关系的初始化阶段,表现为组织间关系的第一个层级,即二元关系的形成与发展;第二阶段为网络关系的扩展阶段,表现为组织间关系的第二个层级,即多元社会关系与经济关系共存形成的关系扩展或关系域;第三个阶段为网络关系的优化阶段,表现为组织间关系的第三个层级,即社会关系与经济关系的融合形成的网络关系的整合。基于对驱动因素分析可知,网络组织间关系的形成与发展受制于管理者认知的形成过程,管理者认知的动态形成过程包括信息关注、信息解释、信息传递与共享、信息内化。

格兰诺维特(1973,1985,1992)等学者将网络关系的维度分为关系久度、关系质量(互惠性)、合作范围以及资源嵌入。四重维度的作用越强,越能推动社会关系的扩展以及经济关系的累积,提升多重经济嵌入行为的协同效应,推动组织间经济关系的演化。因此,各演化阶段的演化要素及演化特征如表3.1 所示。

表 3.1　网络关系的演化要素及特征

演化要素/演化阶段	二元关系	关系扩展/关系域	关系整合
关系久度	资源的互补程度 任务的持续时间	事件完成进度 任务持续时间	经济关系与社会关系的融合度
关系质量(互惠性)	信任度低	信任度适中	信任度高
合作范围	范围较窄	范围适中	范围较宽
嵌入资源	异质性高	一致性高	异质性与一致性共存
联结方式	偶发式关系嵌入	片段式的关系嵌入	系统的结构嵌入

资料来源:根据研究需要,作者整理。

基于表 3.1 所示,网络关系的演化要素及要素间关系如图 3.3 所示。

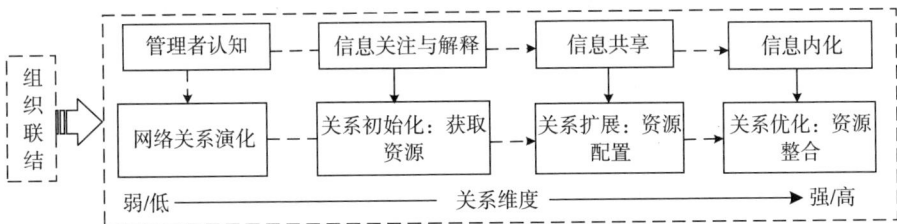

图 3.3　网络关系的演化要素及要素间关系

资料来源:根据研究需要整理。

三、网络结构的演化

完整的网络结构是由行动者、关系、联结等要素组成,作为企业一种特殊的资源,其模式是独特的,且其本身具有探索竞争优势的潜力。网络结构发挥竞争优势的潜力受制于两方面的约束:链接形态和结构形态。

（一） 链接形态

链接形态是制度化的规则和管理适当的网络行为规范(Gulati,1998)。这些规则和行为通过法律契约或关系契约进行表示,联结各方在任务的驱动下,组织联结后的资源配置、权利分配、价值分配等都要遵循一定的规则和行为规范。随着关系质量的提升、合作时间的延长、合作范围的增大,联结各方会越来越多地选择通过信任、诚信和互惠关系进行约束,放弃法律、合同等条文的约束。

（二） 网络结构的形态

网络结构的行动者即联结网络的结点企业,包括联结方,同时还包括消费者或者第三方,关系就是结点企业之间的连接,通过合作时间、合作质量、合作强度等来反映,联结是基于行动者之间的特定关系。关系的整合形成网络结构,反映组织间联结的模式。企业间的关系嵌入关系传递可能会产生结构嵌入(Uzzi,1999)。郑方等(2017)通过案例分析的方式验证了网络结构的演化是关系嵌入到关系传递、再到关系再传递、再到关系整合的结果,网络结构演化的实现是社会关系和经济关系互构的结果。联结主体间的信息共享和理性程度等影响关系嵌入再到结构嵌入的演化,关系整合的结果表现为正向协同和反向协同。

网络组织的发展过程中,呈现出三种典型的网络结构。一是以企业并购为代表的联结双方为主导型网络结构,即联结双方处于网络结构核心位置。各方由于掌握的资源不同,具有相对优势资源的企业可能处于更高的网络位置。二是以小米公司等为代表的反向定制模式,即以消费者为主导型,消费者处于网络结构的核心位置,组织的网络结构围绕消费者展开。三是众筹、网络平台模式的出现,引发了以第三方提供商为主导型的网络结构,第三方处于网络结构的核心位置,网络结构围绕第三方提供商展开。基于此,网络结构的结构形态、各演化要素及要素间的简化关系如图 3.4 和图 3.5 所示。

通过对文献的梳理和演化要素的分析可知,网络组织是主体、资源和行为共同作用的结果,主体包括价值链主体和产业生态主体,资源具化为关系稳定

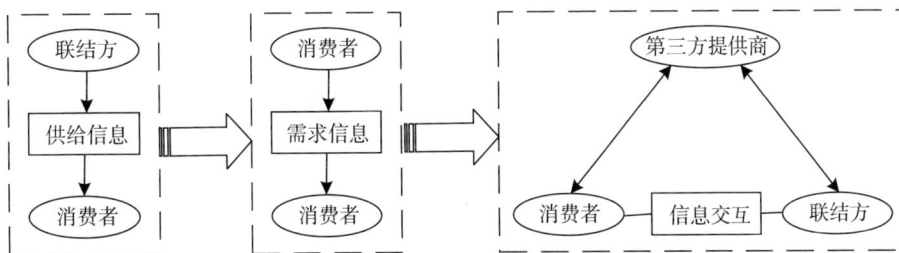

图 3.4　网络结构的结构形态

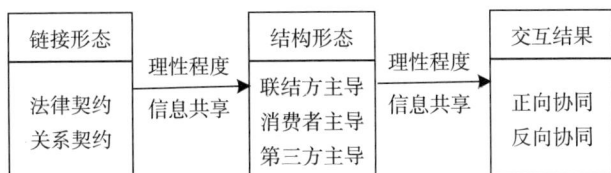

图 3.5　网络结构的演化要素及要素间关系

资料来源:根据研究需要自制。

性和关系纽带的双重维度,行为具化为合作与竞争。网络主体关系构建与行为选择受制于管理者的理性程度与联结方之间信息的共享程度。主体之间社会关系的扩展与经济关系的积累共同推动网络组织从关系传递到关系再传递、再到关系整合,实现网络结构嵌入与演化。

第四节　网络组织演化的阶段

网络组织是组织个体、网络关系和网络结构在组织经济活动中的嵌入,主体、资源和活动构成网络组织的基本要素。主体是指经济活动的行动者,资源主要指有形和无形资源,活动主要是指在管理者认知的作用下,为了获取一定的资源而进行的一系列的经济活动。在这个过程中,参与到联结网络中的组织个体获得并有效地利用资源,结点间关系和组织个体的网络位置影响甚至决定获取资源的数量和质量,管理者认知的知识结构和信息架构推动网络组织的演变。

一、网络组织演化的"动量"

（一）环境不确定性与任务复杂性

每个网络结点都要面对环境的不确定性,在复杂的非线性的作用下,会产生不可控的经济效果,通过网络外部性等的作用,该经济效果被不断放大,最终影响整个网络组织的作用机制。同时,由于管理者的有限理性,环境干扰所带来任务基本面的复杂化、多个任务的多项联动关系带来的过程复杂化以及任务目标的多种反映带来的效果评估复杂化(彭正银,2003),多主体参与、多价值链的交互以及环境的多变性带来的"速度陷阱"与"预见性危机"使得网络组织进行资源的整合成为必然。因此,环境的干扰与组织面临的任务复杂性造成网络组织内部的涨落,是组织演化的"动量"之一,外部环境的变化是指现有的网络结构不能适应环境的需要,如消费者需求的变化、制度环境的变化等,内部"动量"是指网络成员的资源互补性减弱、资源捆绑的禀赋优势下降、联结组织间的利益冲突等。

（二）关系传递的推动作用

1.任务复杂性推动关系传递

管理者在有限理性的约束下,无法独立完成所有的复杂任务,组织发出任务需求后,通过对环境的洞察,选择合适的联结伙伴,形成组织的二元关系,随着组织环境和任务属性的变化,企业间的二元关系也会随之发展。由于经济活动和交易活动的复杂性和频繁性,形成复杂多样的任务,推动企业的网络关系的发展和成长,从单一属性的二元关系成长为多元、多维的复杂网络关系,最终演化为稳定且有利润的组织间交互关系(Larson and Starr,1993)。

2.关系传递驱动网络的形成

对于组织间关系而言,关系具有传递性或转移性。关系传递意味着作为"中间人"的第三方能够将与一方的关系传递给另一方,引发后两者之间建立关联。Uzzi(1997)就曾提及作为"中间人"的第三方通过关系传递使另两方建立关联。从经济行为的角度来看,经由关系传递形成网络嵌入的现象显得相当普遍,企业借助"中间人"的第三方关系传递而与网络组织中的一家企业建立经济联结,形成双边关系而嵌入网络组织中以获取发展所需要的资源。组织主体利用联结关系获得组织发展所需的资源和技能,通过组织间关系的发展还可以扩展企业现有的社会关系,实现经济关系的累积,从而减少市场交易中可能存在的无效率的风险,提高网络组织的运作效率,促进网络组织的成长。

(三) 信息传递形成不同的联结动机

信息传递(information transfer)可以促使网络联结的形成,基于信任机制的信息共享和共同解决问题可以促进双边和三方的网络嵌入关系。同时,信任与关系资本有利于企业间信息等资源共享路径的构建,促进组织间的相互学习和自我提升,降低企业的投机行为,防止关键专业技术溢出,增强企业在彼此合作中得到的学习效果。首先,由于三方或多方关系的不对称以及关系强度的差异,会使得关系传递的过程趋于复杂化,形成多元、复杂的强弱关系网络。其次,由于三方或多方存在信任的不对等、关系资产的异质性,会使联结各方因关系传递所形成的价值预期不同,这就会导致关系中的联结各方合作的动机不同,需要三方相互磨合、共同调整、相互适应,在动机链上达到耦合。

(四) 结构洞的力量

结构洞反映了组织与组织之间的非重复关系,非重复的组织间关系强调组织间没有直接的联系。非重复的组织间关系可以保障信息的多样性,结构洞关注的是组织间的因果关系,强调结构洞的信息利益的产生和对利益的控制。控制利益比信息利益显得更重要。联结网络中的组织个体有机会获取信息,就获得了将联结方组织优势利用起来的可能性,如果企业占据了有利的结构洞位置,组织就处于一个拥有发展机会的位置上。因此,联结网络中的组织,都希望通过信息获取或改变相关关系实现其网络组织中位置的改变,网络位置的变动推动网络组织的起落。

因此,无论是环境的不确定性和任务的复杂性带来的多样性的路径选择,还是关系传递形成的关系质量的提升、信息传递促使的组织联结动机的差异性、抑或网络位置形成的信息利益与控制利益的需求,稳定的网络结构和收益的均衡是推动网络组织在不同的关系强度、关系质量和关系久度下持续的追求,也是网络组织在不同阶段实现稳定的持续"动量"。基于此,从结点能力、网络关系和网络结构演化要素的角度,基于网络组织涨落的"动量",将网络组织演化划分为三个阶段:自稳定阶段、自适应阶段和自整合阶段。

在稳定的市场环境下,组织进行决策制定的因果关系要素是明确的,面临的组织任务可以通过重复的组织惯例实现,而在不确定的市场环境下,企业面临的决策因素是非结构化的,这就需要管理者对环境进行评估和判断以作出正确的行为决策。囿于管理者的有限理性和任务的复杂性,同时又限于资源和能力的约束,组织需要借助外力完成组织任务,实现与单一组织学习经验的对抗和融合。因此,组织联结成为不确定市场环境下越来越多的企业选择,组织间的联结关系在不同的情境下,表现出不同的特征和稳定状态。

二、网络组织演化的自稳定阶段

(一) 阶段性特征

联结组织形成简单的二元关系,该二元关系仅限于某一任务的需要,属于偶发式的组织联结。由于联结的实现是基于特定任务进行的联结,组织之间的二元关系是一对一交互的关系。关系对称性较强,双方具有趋于平等的网络位置。为了完成联结任务,双方之间会进行能力的整合,通过最大限度进行能力的整合以丰富和完善现有的组织惯例。对于组织价值实现而言,双方是基于任务的点式联结,属于基于组织惯例的刚性联结。

(二) 自稳定的影响因素

偶发式的组织联结中二元关系稳定的实现受制于三个因素:首先,联结双方最初的知识储备、组织能力与资源储备取决于个体以前的行为惯例累积的经验与技能以及个体掌握的关键性资源,这些累积的经验与技能、关键性资源存在很大的异质性;其次,异质性资源、技能与经验的有效利用取决于联结个体信息的关注与解释能力,个体从复杂的环境中洞察有用的信息并对洞察到的信息赋予一定的经济意义的过程受制于管理者特征和可观测到的统计经验,如管理者的知识结构、学历结构、工作变动情况、年龄等(Hambrick,2007; Hambrick and Mason,1984),个体对环境的洞察能力及对获得信息的解释能力决定了其能作出什么样的行为决策,以及行为决策的正确性与有效性;最后,可识别的异质性资源、经验与技能交互过程中会存在信息的碰撞与冲突,影响二元关系的稳定性,组织间需要多次的交互磨合来应对碰撞与冲突以使二元关系回落到平衡状态。

（三）　自稳定的回归过程

在该阶段,联结组织为了完成复杂的组织任务,组织通过个体的已有的经验、技能、组织惯例,即组织的零阶能力识别并确定任务完成的可能途径,以缓冲环境的不确定性的冲击和缓解任务的复杂性压力。在现阶段中,组织个体需要完成的首要工作就是对现有的二元联结关系进行初始化,为其实现组织联结任务做好充足的准备。

该阶段组织惯例的微涨落回归过程可以描述为:首先,联结组织个体需要充分认识现有的组织能力,并最大限度地挖掘和整合现有的知识结构,明晰异质性个体的管理者认知水平和能力水平上存在的差异性;其次,管理者依据组织已有的组织惯例和知识结构进行判断、评估和识别,采用多途径和策略识别并确定联结组织可利用的关键性资源;再次,对不同的组织个体而言,组织个体在资源、经验和技能上具有较大的异质性,管理者对联结方的识别、判断与联结方的实际情况就会产生一定的误差,管理者需要依托现有的组织惯例和知识结构进行局部搜索,通过多途径获得足够的信息降低该误差;最后,通过基于任务的组织能力最大限度的整合以及机制的灵活匹配,形成现有组织惯例的阶段性稳定。

因此,在本阶段,网络组织的演化表现为组织惯例的自稳定过程,基于任务属性的约束,通过能力的整合实现网络组织的微涨落回归,形成资源的利用式发展。

三、网络组织演化的自适应阶段

组织域①强调结构化的网络关系特征,注重规则与关系之间的依赖性、模式与资源之间的依赖性。因此,借助组织域的概念,引申出"关系域"的概念,随着组织间关系的发展与深入,二元关系演化为"关系域"。笔者将关系域界

---

①　组织域由不同的组织群落及其相关的支撑机构与约束机构构成,参见 DiMaggio,Paul, J.,"The Iron Cage Revisited: Institutional Isomorphism and Collective Rationality in Organizational Fields", *American Sociological Review*,1983,48(2),pp.147-160。

定为:为了实现共同的联结目标,各联结组织在正式的或非正式的链接形态约束下形成的局域关系网络。随着经济关系的累积和社会关系的拓展,组织任务复杂性增加,组织惯例对资源利用式发展的阻碍作用逐渐暴露出来,组织累积的、可重复使用的行为惯例成为组织实现创新的有效途径的假设和逻辑将不再适用,网络组织的平衡会被打破,失去惯例回落下的稳定状态。基于此,偶发式的组织联结会发展为片段式的网络关系(郑方、彭正银,2017),从二元的对称关系发展为多元的非结构化的"关系域"。

(一)阶段性特征

本阶段的网络组织演化特征表现在以下几个方面:首先,二元关系形成后,在任务实现的过程中,通过个体间信息的交互与磨合,管理者对联结方的异质性资源作出更加准确的判断,缩短双方的认知差距(汤长安、张亮,2012)。通过信息的交互可以获取和存储更多信息,拓展自己的信息储备,信息储备的扩展为组织个体提供了更多路径选择的可能,形成路径选择多样性的特征。其次,基于任务要求与合作目标的需要,组织间通过多次的沟通与互动,某一方、或双方、抑或第三方发挥"桥梁"的作用,扩展其社会关系,将二元关系进行传递,形成三方或者多方的社会关系。各个体基于二元关系进行的沟通与互动的程度不同,形成强弱不同的网络关系。最后,在联结网络中,组织间的联结是非匀质的,信息在市场竞争中的传播也是非匀质的,个体基于不对称的社会关系和经济关系获得并掌握不同的信息量,使得网络组织个体在网络结构中具有不同的网络位置。

(二)自适应的影响因素

1. 组织刚性能力形成的竞争优势

组织惯例、累积的技能和经验是组织在其较长时期的动态成长过程中形成的刚性能力,该刚性能力在微涨落阶段为组织资源利用式发展形成了一定的竞争优势,为联结网络带来独特的资源禀赋,但该资源禀赋不能为企业带来永久性的竞争优势。随着环境、任务的变化,边际效益会降低,产生资源贬值,独特的资源禀赋形成的竞争优势逐渐消失,初始的稳定状态失衡。

2. 个体间的交互推动新关系域的形成

组织个体间的频繁交互,相互之间的信任度提升,组织间关系增强,联结组织间资源与能力的互补优势达到最优的状态。然而随着市场环境的变化，组织面临的消费需求形成的任务属性也会随之变化。现有的资源与能力无法满足任务属性的需要，也会相对地削弱资源禀赋的优势。该限制就需要联结组织根据市场需求继续进行关系搜索，创建新的关系领域，形成新的网络结构，或者扩展现有的关系领域。网络节点企业需充分挖掘现有关系的潜在优势，形成网络组织发展与成长的新"动量"。

3. 组织惯例的碰撞与磨合产生新的机会

个体组织惯例的不断碰撞与磨合形成新的可编辑的信息会给企业带来新的成长机会或新的问题。在组织二元关系的发展过程中，组织个体间在交互的过程中可能会产生新的机会，也可能会产生新的障碍或问题。二元关系在交互过程中会给企业带来新的机会，同时该机会在应用的过程中又会产生更多新的机会，但同时也可能会带来新的问题。因此，在网络组织经济关系累积和社会关系扩展的过程中，搜索导致网络组织发展路径发生变化的关键性因素是非常困难的，也是非常关键的。

（三）自适应的稳定过程

当资源禀赋优势不再发生作用时，组织的自稳定状态失衡，网络组织就要面临新的选择，其自适应过程可以表述如下。

1. 管理者要明确组织自稳定状态失衡的"动量"

网络组织是一个开放、复杂的动态系统，其成长与演化是内外部情境变化共同作用的结果，内部的资源禀赋、关系质量和网络结构的稳定性是其进化的内在条件，如吉利与沃尔沃并购的成功，随着双方合作的不断深入，在原有资源禀赋的基础上，不断有新的创新，获得了越来越多的专利，网络关系越来越稳定，合作时间也越来越长；外部环境不确定性是促使其成长与演化的外在条件，同时一些外在的关键性事件可能对企业成长发挥着关键性的作用，包括消费者需求的变革、突发的环境事件等。组织间关系的创新与变革是促使网络组织成长与演化的必然，环境的变化形成网络组织变革的推力，网络组织要按照环境的需要形成新的稳定状态。在网络组织与环境相互作用的过程中，网络组织要不断地搜索、试错和自我评估其所选择的行为模式，同时，组织所选择的行为模式也要接受环境的检验。

2. 机会的识别与认定

对于内外部环境的变化,网络组织要从其中发现新的机会,机会的识别与认定依赖于组织累积的经验和技能。处于关系网络中的组织个体需要从变动的环境中搜索相关的信息。一方面,网络组织可以利用自稳定阶段累积的、可重复使用的行为惯例进行搜索,找到适合的机会,以期在变化的环境中找到适合组织需要的发展路径,较强的机会识别能力可以促使网络组织成员形成新的思想。组织间将获得的新思想进行交流和互动,当组织成员所形成的认知表征相似或接近时,就可以快速形成新的合作行为决策,形成更加紧密的合作关系,提升组织间的合作质量。反之,当组织成员形成的认知表征具有很大的差异性时,可以导致联结关系断裂,导致组织退出关系网络。另一方面,较强的机会识别能力有助于组织快速通过社会关系的扩展探索出新的合作成员,即基于关系传递形成新的联结关系,扩展现有的关系网络。

3. 路径选择

基于网络组织识别出的发展机会,基于组织机会识别能力与任务的复杂性程度网络组织会形成不同的路径选择,机会识别能力源于组织累积的惯例与技能,任务复杂性程度源于环境变化的冲击。

路径1:现有的联结资源和累积的能力可以应对环境的变化。在惯例观的认知驱动下,扩大现有组织间的合作范围或者深化组织间合作程度。如吉利与沃尔沃的并购案,然而既有的资源与技能禀赋优势以及累积的组织惯例可能导致管理者在探索发展路径过程中会表现出过度自信。

路径2:现有的联结资源和能力可以自如地应对环境的变化。当网络组织及早地预测到环境的变化,即网络组织的管理者具有较强的前瞻性认知,能对联结任务属性和外部环境的变化作出及时的反应,并且网络组织累积的组织能力与经验匹配该变化的需求,则该组织就能作出即时性的战略决策,同时该组织还能有力地推动市场的变革,基于该市场需求,成为市场规则的制定者。

路径3:现有的个体资源和能力无法应对环境的变化,需要搜索新的合作伙伴形成联结网络。当网络组织累积的能力基础与变化的环境不匹配时,而且组织联结的现有能力也无法应对该变化的需要,此时联结双方可以依托现有的联结能力和关系网络建构新的合作业务来保障各自的利益。

路径4:现有的联结资源和累积的能力通过重新配置可以应对环境的变化。企业之间的资源与能力的异质性程度、规模效应与成本分担、获取新的关键性能力与资源共享等是企业联结的动机。联结关系使得异质性的个体基于互补性的资源捆绑在一起,该捆绑一方面产生了集中化的优势,使得联结各方的利益趋于一致化,另一方面还保留了组织的资源禀赋,具有差异化的特征,为联结各方提供了资源禀赋优势。当组织联结受到内部或外部冲击时,集中化与差异化的捆绑优势被打破,现有的能力无法应对该冲击所带来的变化。如果没有形成前瞻性认知,只能被动接受环境的变化,重新配置各自的资产和能力,探寻资产和能力潜在的可能优势,这就打破了原有的组织联结的平衡关系,使得整个网络组织产生了震动和混乱。

基于以上路径的分析可知,在网络组织的混合涨落阶段,累积的经验和能力推动网络组织形成多样化的可选路径,每条路径可能不是事先预测到的,但组织对该路径是可以控制的,基于某一或某些关键性的资源或技能形成的联结网络,当环境变化时,原捆绑关系形成的关系平衡被打破,原次要的资源或技能可能通过关系的累积与技能的累积被挖掘出来,并通过网络外部性的作用将其放大,如果网络外部性的积极反馈快速发生并被广泛地扩散,组织间关系的锁定效应就会发生。因此,在混合涨落阶段,网络组织的阶段性稳定依赖于核心企业,在本阶段核心企业的链接基本饱和,组织间能力与技能相互适应于核心企业的过程,通过能力的相互适应实现组织间的阶段性平衡。

四、网络组织演化的自整合阶段

随着组织间冲突的不断解决和技术探索的不断深入,网络组织超临界的不确定性逐步降低,但内外部环境不断地在变化,突发性事件的间断性发生,网络组织必须要进一步巩固累积的经济关系和扩展的社会关系(胡国栋、罗章保,2017)。[①] 另外,组织各节点企业还要保住并巩固已有的市场地位,提升

---

① 胡国栋、罗章保:《中国本土网络组织的关系治理机制——基于自组织的视角》,《中南财经政法大学学报》2017年第4期。

组织持续竞争的能力。在初始阶段,各组织个体已累积的经验、技能和资源为组织联结形成了初步的资源禀赋优势。到了自适应阶段,由于环境的不确定性和突发事件的出现,初始的资源禀赋形成的平衡状态被打破,通过构建新的组织联结关系、拓展合作关系网络、重新配置联结资源或深化现有的联结关系等路径实现组织的自适应的稳定状态。在组织自稳定和自适应过程中,资源与技能的捆绑优势会发生转移或更替,形成新的资源禀赋。为了更好地了解网络组织的成长与变化,还需深入剖析组织间的相互依赖的逻辑关系。

(一) 阶段性特征

自整合强化阶段属于网络组织发展的高级阶段,该阶段的组织特征表现在以下两个方面:首先,在该阶段众多结点企业聚集而成蛛网式的网络结构,企业间基于网络中的核心企业形成错综复杂的直接、间接关系。相对前两个阶段,网络组织处于一种饱和状态,如果有某一结点退出该网络关系,会导致整个网络处于一种"坍塌"状态,将网络组织引入无序和混乱。反之,如果有新的结点想加入该网络,就必须要取代其中一个结点在该关系网络中的位置,使得网络组织继续保持原有的平衡状态。因此,本阶段的网络组织的规模边界是稳定的,结点数目是固定的。其次,网络组织的成长与发展依资源的整合程度以及信息共享与内化能力,组织间的依赖、整合与交互构成网络组织的交易成本,组织间交易的均衡源于网络内部交易与网络组织对外市场交易的均衡。

(二) 自整合形成的基础

随着环境的变化,产业基础由"被组织"向"自组织"转变,企业管理者逐渐认识到企业个体的相关多元化或不相关多元化给企业带来的价值是有限的。越来越多的企业选择通过资源整合实现价值的创造,打破企业原有的组织边界,改变产业原有的职能。跨界整合是对专业化的一次冲击与反叛,让原本不相干的领域或元素相互融合、相互渗透、获得连接。在开放式创新的背景下,跨界整合已成为赢取竞争优势的显性路径。如今,互联网的发展为企业提供了多样化的竞争手段,多样化的竞争可以为企业提供更多的创造和获取价值的机会,同时也会激发新的、多样化的消费需求,进而改变现有企业的市场地位。"泛互联网"情境下,组织所面临的供需环境都发生了颠覆性变化。

1. 竞争手段与竞争规则的变化

从实体经济的工业制造到互联网下的 3D 打印等智能制造,从实体经济下生产与消费的分离到互联网情境下零距离互动产生的 DIY 制造、个性制造等,从生产者更多关注质量、销售量转向实时的、全方位的数字化服务,都反映了环境的快速动态变化,企业必须要整合麦格拉斯(Magrath,2013)的"瞬时优势"。任何单个的优势在互联网环境下都不能保证企业持久的竞争力,整合带来了从单一企业"单打独斗"到外卖 O2O 平台、金融 P2P 平台等平台竞争,平台模式可以汇聚更多的参与者,追求瞬时优势的有序整合(Grant,1996)。组织形式的变化不仅使无形资源如劳动力、技术、服务等的流动不受时空的限制,而且有形资源如原材料、商品等流动也不再受时间和空间的限制。企业内外部的竞争环境迫使企业的组织战略、组织关系、商业模式与竞争方式进行一系列的变革。如一些虚拟小企业虽然规模很小,却表现出强有力的竞争力,而一些传统的大型实体企业效益却日益下滑,无法实现其战略目标。企业的战略选择不再是个体独立的经济行为,而是通过各种合作关系实现共赢行为。

2. 消费模式的变化

物联网的快速发展,消费方式及消费者的价值取向都发生了较大的变化。消费者从原来单纯个体购买到商品共享,产生了滴滴顺风车、漂流书架、家庭旅馆等新型的消费品,这些新型消费品的出现会导致产品的闲置时间延长,带来更多的冗余资源。消费者从原来单纯的个体购买到限定条件下的免费,包括"三房市场"、免费加收费("版本划分"模式)、搭售(礼品市场)等免费模式。消费者所需要的商品与服务,不再单纯是商品使用价值,还会关注商品的后续服务。"互联网+"是实体经济与虚拟经济的跨界融合,核心是超越现有组织边界与现有的知识基础,从组织外部获取知识的一种典型行为。与外部整合可以培育组织的"二阶能力"(构建一阶能力的能力),利用冗余资源来解决企业实际绩效低于期望绩效的经营管理问题。

3. 要素的流动性嵌入

网络情境下,整个社会都是围绕资本、信息、技术、组织间互动等的流动而重塑。流动不仅是社会组织的一个要素,"流动空间"已成为一种新的空间逻辑。跨界整合企业关系的多元化和去中心化使得个体可以突破传统的组织边界,组织控制力和个体的自主性影响着要素的流动,各要素的差异性与互补性影响业务流程的稳定性,整合企业内外的价值网络与组织结构影响业务流程创造价值的不同维度,资源与流程的相互兼容是供给者与消费者价值实现的保证,随着要素的流动性潜入,二者不断调整,实现动态的均衡。

（三）整合的稳定过程

企业的整合与聚集是为了便于获取信息,网络组织的整合最终是通过联盟组合实现的。自整合稳定的过程如下。

1. 确定更加具有吸引力的组织

联盟组合是以一个焦点企业为核心的自我中心网络组织(詹坤等,2017),是企业获取高创新能力和持续竞争优势的重要途径。组织整合过程中结点企业的选择要考虑其所掌握的资源是否是组织需要的,以及其在联结网络中的位置、所处的环境与本组织的环境的相似度等因素。在该选择过程中,经过不断地筛选,确定联盟中更加具有吸引力的组织。如对于半导体公司而言,其公司所拥有的专利被引用的次数越多,与该公司形成组织联结的可能性就越大。

2. 潜在的整合伙伴之间的共有特性

潜在联结伙伴之间的共有特性包括:二者在以前是否有过合作关系(Gulati,1995),先前的合作可以提供联结组织相关的信息,即二元关系有助于组织联结的形成,二元关系越强,越有助于联结网络的稳定性,更容易获得协同效应。联结组织个体在网络中的位置,如果组织联结后,提升了联结组织在产业中的位置,则该联盟是更加有效的。联结组织在产业网络中的组织地位越趋于中心,其越能及时地获得环境信息,降低信息失真的成本,提升组织间的合作绩效,同时也更有利于组织成长。一方面,所选择的合作伙伴与本组织之间相互依赖的程度,相互依赖的程度越高,越有助于联盟的稳定性(Gulati et al,1999);另一方面,所选择的合作伙伴与本组织之间拥有的共同的联结关系,双方拥有的共同的联结伙伴越多,其联结越能提升其在产业网络中的地位,其可获得组织信息就会越多,越有助于协同绩效的实现。因此,对于组织整合来说,要考虑联结组织间的关系属性、关系强度、网络位置以及相互依赖的情况。

3.联结组织之间的差异

组织之间的异质性可以表现在两个方面:一方面,如果组织间在技术上存在异质性,该差异对组织联结创新绩效的实现有促进作用,但所发挥的促进作用是有限的。如果差异过大,可能会导致组织间相互不理解而致使联盟失败。对于其他资源而言,如果资源异质性较大,虽然可以发挥资源的互补作用,但囿于管理者的有限理性和组织能力的限制,如果该差异性的资源无法与企业现有的资源能力融合,也不能带来相应的合作绩效。另一方面,如果组织间在技术上重叠度较高,该组织联结虽然可以产生规模经济的作用,但却很难进行创新,进而很难为企业带来持久的竞争优势,最终可能成为竞争对手。

4.组织间的冲突

对于整合网络而言,相对于网络组织演化的前两个阶段而言,组织处于饱和状态。如果联结组织间产生冲突,首先,组织要通过资源的重新配置与链接形态的调整,尽快使联结关系处于稳定状态;其次,如果无法通过资源的重新配置与链接形态的调整维持整合网络的稳定,就需要进行局部搜索,选择合适的网络结点,终止冲突的网络结点。组织整合在组织创新和组织成长两个方面对创新绩效都产生了一定的影响。当组织面临高度的不确定性和高任务复杂性时,组织整合可以为其带来巨大的利益。首先,通过网络位置、网络关系和组织间共性识别与确定,以及有效地解决联结组织间的冲突,使网络组织处于稳定的状态,为组织带来持续的合作与创新绩效。其次,网络组织稳定状态的实现,为组织累积了新的可重复使用的行为惯例,确定了新的管理者认知模式。再次,在外部环境的推动下,在不同结点的冲突与融合的过程中,管理者能力、组织间关系、网络位置和信息交互等内部各要素以非线性方式促成网络组织的可持续发展,形成放大性的经济补偿。

基于阶段性特征和稳定过程的分析,确定网络组织的演化阶段模型如图3.6所示。

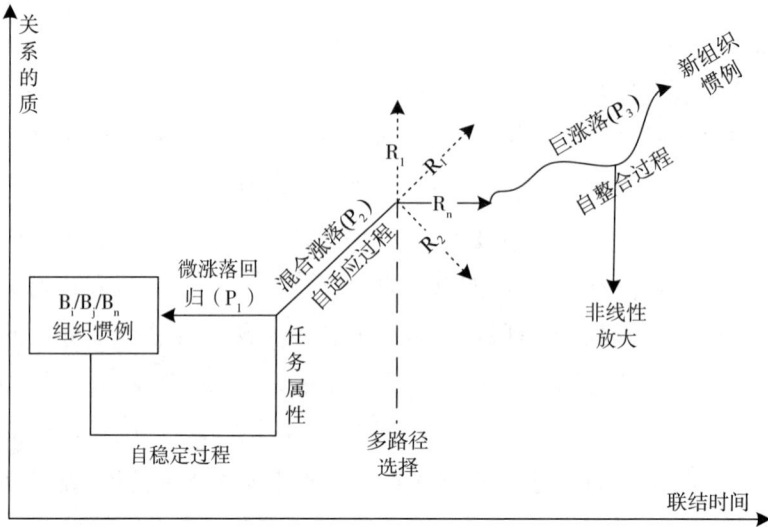

图 3.6 网络组织演化阶段

注:B_i/B_j/B_n表示组织结点,R_1/R_2/R_i/R_n表示多条路径,P_1/P_2/P_3表示网络组织演化的阶段。
资料来源:根据研究需要自制。

第四章　网络组织演化的认知模式

基于对网络组织演化的驱动因素、演化要素和演化阶段的分析,网络组织是由主体、资源和行为三个要素组成,其演化过程反映了三个要素之间的动态关系。"主体"形成的行为模式和管理风格受制于其长期累积下来的知识体系的影响,主体在联结网络中体现为"结点—关系—结构",分别对应"网络结点—网络关系—网络结构"。基于资源获取、配置和整合能力的不同会形成不同的价值取向,进而选择不同的组织行为。网络组织演化形成三条主线:网络组织"结点"的"组织动态能力发展与演化"、网络组织之间的链接关系形成的"价值创造逻辑的选择"、企业网络各主体的行为表现为"认知模式"的选择(见图4.1)。

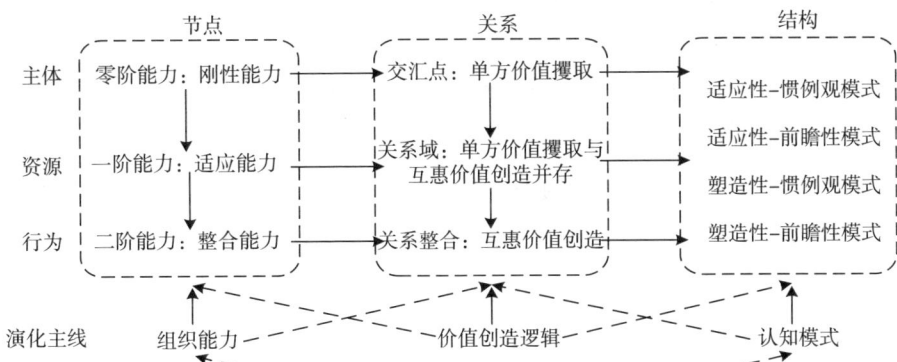

图 4.1　网络组织各变量之间的演化关系图

资料来源:根据研究需要自制。

第一节　结点能力的发展与演化

管理者认知对组织环境适应力、利用和开发新资源的能力以及组织发展方向具有决定性作用。结点能力的演化表现为零阶能力到一阶能力再到高阶能力的演化过程。

一、管理者认知与能力演化的关系

企业的行为惯例和选择逻辑来源于管理者认知,并由管理者认知支配,管理者认知是促进能力形成与发展的主要因素。

（一）管理者认知决定组织能力的环境适应力

在企业的发展实践中,处于相同市场环境中,掌握着相同的资源和能力,最终却形成了差异化的经营绩效,这就源于管理者选择了不同的经营战略,或者对市场中潜在的机会和威胁识别能力不同形成了企业不同的发展路径。在相同的市场环境下,组织由于资源和能力的限制,管理者会作出不同的行为选择:有的会选择改变现有的资源配置方式,重新确定组织战略;有的会选择通过组织联结重新配置资源基础;有的会选择被并购等确定新的资源配置方式。

（二）管理者认知决定组织利用和开发新资源的能力

管理者所具备的知识和技能决定了组织利用和开发其他资源的能力。一方面管理者通过设定战略规划、改变战略方向决定资源利用和开发的路径。如当企业现有的资源不足或者能力不足时,企业选择组织联结重新配置资源基础,推动现有组织能力的发展。另一方面,管理者对市场的洞察能力、对环境的解释和判断能力决定着组织资源搜索的方向和行为决策的准确性。

（三）管理者认知决定组织能力的发展方向

对于适应性管理者而言,倾向于选择柔性的发展战略,主动适应环境发展的需要。对于前瞻性的管理者而言,不受环境的影响,主动创造改变环境的事件,倾向于成为市场竞争规则的制定者。对于惯例性的管理者而言,倾向于被动地接受环境的变化,采用固化的组织战略。对于可塑性的管理者而言,其面对市场环境的变化,能迅速调整组织战略,改变组织现有的能力和技能。

二、结点能力的发展与演化阶段

（一）零阶能力

零阶能力是指组织个体在形成联结网络的初始阶段已经掌握的、可靠的、可重复使用的行为惯例,行为惯例的重复使用可以产生累积效应。如组织关键性的核心技术、掌握某种特殊的资源等,该累积效应在一段时间内可以为组织的行为选择带来一定的绩效。然而,对于网络结点企业来说,行为惯例的重复使用会形成能力刚性。动态的市场环境下,刚性的组织能力不利于结点企业保持持久的竞争优势。一段时间后,企业的持续竞争优势会下降,为了保持或重新获取竞争优势,企业会选择与其他企业联结。

组织联结关系形成后,各网络结点在不考虑其他因素的情况下,联结组织的个体零阶能力总和为所有个体零阶能力的简单相加,零阶能力的演化曲线整体向上平行移动。能力建立与发展阶段是在联结之前就已经实现的。因此,在图中用虚线加以表示,而对于成熟阶段的能力曲线依然用实线进行表示。在不考虑任务复杂性等影响因素的情况下,联结网络的零阶能力为各结点零阶能力之和(如图 4.2)。

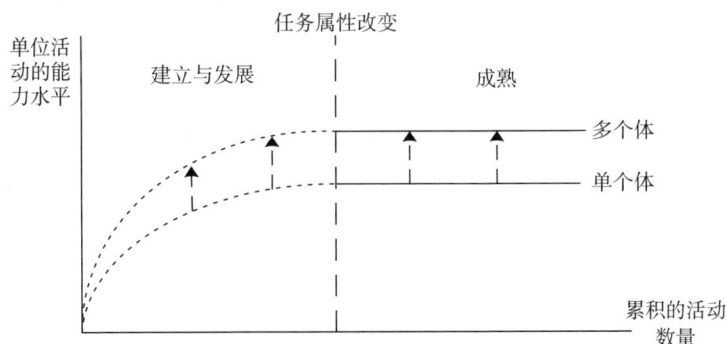

图 4.2　网络组织结点零阶能力的演化

资料来源:参考赫尔法特、贝特洛夫(2003)的研究成果自制。

（二）一阶能力

组织个体通过对环境的洞察,根据本企业已有的行为能力,选择联结企业,形成二元关系。联结关系形成后,个体之间存在一定的异质性,组织需要将本企业的组织能力与网络组织发展相适应。组织能力本身也应具有适应、变化和学习的过程,具有适应变化的潜力。对于企业所掌握关键能力而言,可以同时支持一系列产品或多种产品,但能力生命周期与产品生命周期不同,二者不存在一一对应的关系。能力生命周期在某一时空范围内会超越产品甚至企业的生命周期,当联结网络形成后,联结方会带来新的社会资本和外部关系,形成差异化的认知与经济关系,执行活动的任务性质、任务实现的路径与结果发生变化,企业需具备调整认知、不断学习以适应变化了的任务需要。

基于任务属性的变化,组织个体需要借助管理者认知打破能力刚性,缩短认知与环境之间的差距,减少认知偏差,获得更多的行为惯例选择,即管理者通过构建"动态"的适应能力推动组织能力的演化以适应联结任务的需要。企业适应能力表现在以下几个方面:首先,对于个体组织而言,为了获得新的竞争优势或者为了保持持续的竞争优势,组织现有的能力不能直接适用于联结后的企业,需要不断地进行学习和探索以获得整合企业的能力或改变现有的能力以适应新的任务需要;其次,两个平等的个体组织,为了实现优势互补或者强强联合会选择组织联结,联结后的企业任务实现的路径增加,行为惯例需要相互适应,以获取更高的合作绩效;最后,处于不平等位置的企业之间的联结,处于弱势地位的联结企业需要按照优势地位企业的行为惯例不断地学习并探索组织惯例,以适应联结任务需要,将联结资源更好地在组织间进行配置,提升企业的竞争力。基于此,一阶能力阶段是零阶能力的不断学习和累积,假设联结网络中的组织个体能力为 OC_i 和 OC_j,网络组织结点适应能力演化阶段模型如图4.3所示。

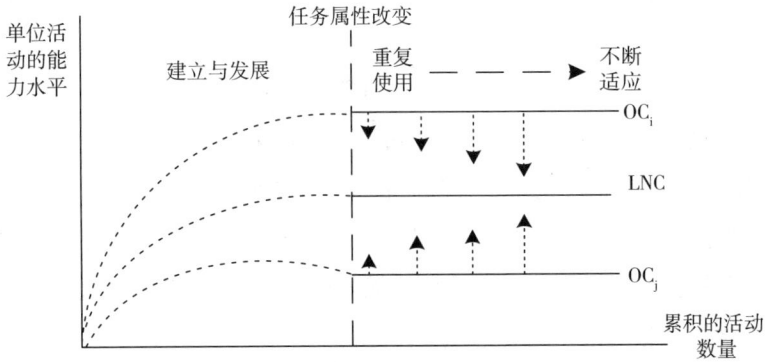

图 4.3　网络组织结点一阶能力的演化

注:LNC:联结网络组织能力,OC$_i$:结点 i 的组织能力,OC$_j$:结点 j 的组织能力;"-----▶"表示逐步适应的
　过程。
资料来源:参考赫尔法特、贝特洛夫(2003)的研究成果自制。

(三) 高阶能力

在二元关系的基础上,组织通过社会关系的扩展和经济关系的不断累积,实现关系传递到关系整合。在整合的关系网络中,多元、复杂的参与主体能对环境作出更加及时、有效、敏锐的洞察,缩短认知与环境之间的差距,将组织间资源进行更有效的整合。组织联结的效率来自资源的协同配置带来的协同效应,而组织之间的协同效应产生的前提是结点所掌握的资源的有效整合。

1. 纵向组织联结

针对纵向供应链条上的组织之间的联结,该联结组织的关联产品会形成高度互补性的经济活动,这就需要高度的资源整合以保障经济活动的实现。资源的整合通过密切的合作、有效的制度安排或者具有位置优势结点的活动安排加以实现。位置优势与制度安排要求结点企业不断更新组织能力才能予以保持。

2. 横向组织联结

对通过技术合作实现的横向组织联结而言,在联结合作的初期可能是一方向另一方提供技术。随着合作的深入才会产生平等的技术共享或技能交换,技术作为企业一种关键性资源,很难通过价格机制或者市场份额进行转移配置,因为技术的合作不是简单的信息传递,还涉及经验与技能的传递,确定交易成本的经济可行性。经验、技能的传递与升级取决于结点企业能力的发展。

囿于惯例的刚性约束,无论是横向组织联结还是纵向组织联结,一旦联结网络关系形成后,为获得网络中的位置优势,结点企业会打破原有的组织惯例。环境的不确定性和任务复杂性限制,要求结点企业不断搜寻新的组织惯例以满足经济活动对资源的需求。组织间能力整合的方案要确定技术等资源合作的范围与合作的层次、确定资源让渡权的报酬分配方案,尤其是创新能力的资源整合。因此,网络组织结点高阶能力的演化阶段模型如图4.4所示。

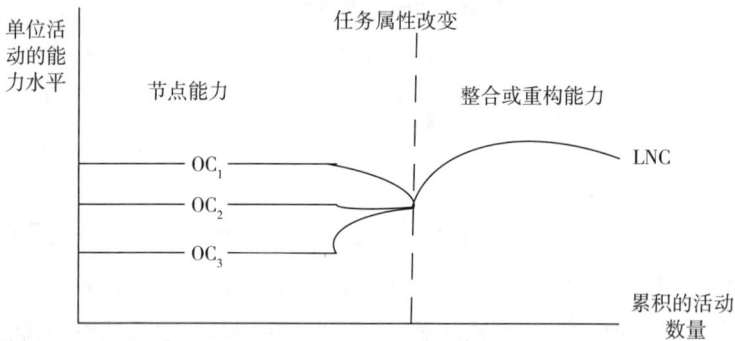

图 4.4　网络组织结点高阶能力的演化

资料来源:参考赫尔法特、贝特洛夫(2003)的研究成果自制。

结点能力从零阶能力到一阶能力再到高阶能力的演化过程,体现了组织基于原有的知识结构获取资源和配置资源的过程,原有的知识结构属于组织惯例,组织能力的演化就具有了惯例观的性质。另外,组织根据环境变化不断获取新的信息,培育和重构新的知识体系,新的知识体系的形成过程属于动态的管理者认知的形成过程,具有前瞻性的性质。因此,结点能力的演化属性划分为惯例观和前瞻观。

第二节　价值创造逻辑的选择

基于前文对网络组织演化阶段的分析可知,企业的竞争环境和经营环境在不断地变化。企业之间的竞争模式从单一企业间的竞争转向企业集群之间的竞争,个体企业在市场中的竞争优势越来越难保持。基于此,价值实现过程从单个企业转向企业网络,价值增值活动不再局限于企业内部,而是跨越了企业边界。通过价值链的整合获得并保持竞争优势,价值链从内部转向外部,形成动态价值实现过程,该动态过程体现了交汇点到关系域到关系整合的过程。

在联结网络中,网络组织价值的实现依赖于个体的专用性资产和社会资本带来的锁定效应,而锁定效应的大小取决于组织间关系的交互程度和资源相互依赖的程度。因此,网络关系成为企业网络形成和运行的微观基础。在二元关系中,信息的频繁互动产生价值创造机制,各联结组织在相互磨合和相互适应的过程中,嵌入各方对价值的期望会形成三种不同的行为选择:基于单方自利行为的既存价值攫取、基于互惠性行为的新价值创造、单方的价值攫取与互惠性行为的新价值创造,或者形成组织间的私有租金、共有租金和网络租金(宗文等,2017)①,这三种价值选择行为形成联结企业的关系价值。因此,可将网络组织价值创造的逻辑划分为三个演化阶段:交汇点组织联结形成的价值攫取、关系域组织联结形成的价值攫取与互惠性行为的新价值创造的并存、价值整合组织联结形成的互惠性行为的新价值创造。

一、交汇点:单方价值攫取

在信息的获取过程中,联结双方需要根据任务要求和链接形态的要求进行任务的配置,在本阶段,由于组织个体更多地依赖于原有组织惯例,各自的发展表现出明显的路径依赖特征,二元关系在本阶段的发展受制于路径依赖,但是基于某一资源需求或任务需要会产生一定的信息或知识等资源的重叠,这些共同的知识和信息对于联结双方的合作是非常重要的,可将这些共同的信息与知识定义为"交汇点"。因此,二元关系的发展表现为组织间的交汇点模式,如外包模式的出现;中小型创业企业往往会通过"中间人"的介绍而与

① 宗文、林源源、金玉健:《网络组织的租金创造与租金分配研究》,《江苏社会科学》2017年第4期。

投资银行、信托公司建立联系;技术创新型企业往往会通过第三方与其他企业开展技术合作以弥补自身某项技术的不足。因此,交汇点式的组织联结更多的是偶发式的组织联结,价值实现的过程是组织利用累积的组织惯例通过路径依赖单方攫取价值的过程。

在交汇点式的联结关系中,组织基于私利性的任务需求选择与某一企业进行合作,形成偶发式的组织联结。组织个体关注的是如何在企业间关系安排中获得更大的收益份额。

（一）联结方式:偶发式组织联结

偶发式的组织联结形成组织间的弱关系,在该关系中,关系成员仅仅是基于某一任务的专用性资产投入,资产投入水平不高,且联结双方之间情感承诺较低甚至不具有情感承诺,而且在该弱关系中,联结组织不具备相应的抑制机会主义行为可能发生的行为规制。

（二）价值攫取的基础:控制权力与资源锁定

1. 控制权力

该联结关系中,掌握某一关键资源、技术的一方在联结网络中会处于更加有利的地位,该有利的网络位置赋予其在网络中一定的控制权力,该控制权力为其价值攫取提供了可能性,更有利于其自利行为的实施。

2. 资源锁定

合作双方在合作中投入一定的专用性人力、物力等资源,专用性资源容易形成"锁定"效应。该锁定效应具有"双元性":一方面,专用性投资相对于其他的投资来说,具有专用性、难以模仿性,能为企业带来一定的比较优势;另一方面,专用性投资的"锁定"效应一旦形成,就要承担较高的交易成本和管理成本来维系该"锁定"关系,该资源一旦锁定在某一关系中,合作方中的一方就有可能利用该"锁定"效应攫取专用性投资收益。因此,在该联结关系中,组织间的弱关系与网络位置的不均等为其价值攫取提供了实施的可能性。

基于此,组织个体基于交汇点式形成的组织联结关系的简化图(假设组织个体为 i 和 j)如图 4.5 所示。

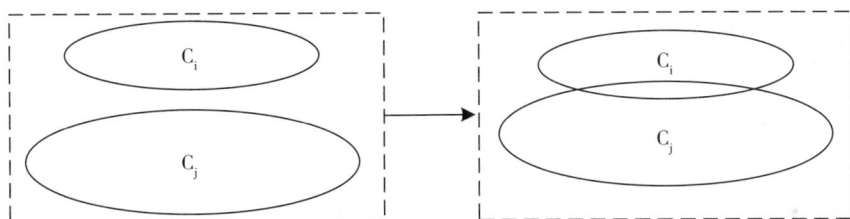

图4.5 二元关系的组织间交汇点与个体组织惯例模式

注:C_i:个体 i 的技能与经验总和,C_j:个体 j 的技能与经验总和,C_i 和 C_j 的交集上的交汇点表示路径依赖基础上的有限合作。

资料来源:根据研究需要自制。

二、关系域:单方价值攫取与互惠价值取向并存

在交汇点式组织联结的基础上,各联结方的关系质量提升,通过沟通与互动推动组织个体社会关系扩展与经济关系的累积,实现组织间关系的传递到再传递。基于一定的共性认知,双方会扩大合作范围。在网络关系的扩展期,通过社会关系与经济关系的多次磨合与博弈,形成逐渐稳定的社会关系与经济关系域。

关系域是二元组织联结通过关系传递实现的一定任务范围内的关系组合。在该联结网络内,既有原有的组织联结关系,也有通过关系传递建立的新的组织联结。一方面,对于原有的组织联结关系而言,偶发式的组织联结验证了可重复使用的组织惯例。联结关系的成功又会进一步增强组织惯例的适用性,推动组织间关系的增强,组织间形成共同遵守并认可的链接形态。组织间的情感关系增强,信任度提高,协同的协调性和一致性提高,这就有助于降低联结关系中的交易成本,形成联结成员间的联合价值。而对于新的组织联结关系而言,双方信任度较低,组织间的协调性较差,一致性程度偏低。与交汇点式的组织联结相似,存在潜在的机会主义行为,形成单方的价值攫取。另一方面,组织间形成关系域可以视为一个"小团体"。在该团体内,具有关系传递功能的一方可能在联结网络中具有较高的网络位置,其掌握着一定的信息和资源优势,也会造成其单方价值攫取的可能。另外,小团体成员间在联结的关系域内基于原有的联结关系形成的强关系,也可以使各联结成员具有行为的协同性。

因此,对于关系域而言,组织间的联结关系价值表现为单方价值攫取与联合价值共存的价值创造逻辑。以网络组织中的 3 个组织个体为例,扩展阶段

片段式关系域的信息共享简化关系如图4.6所示。

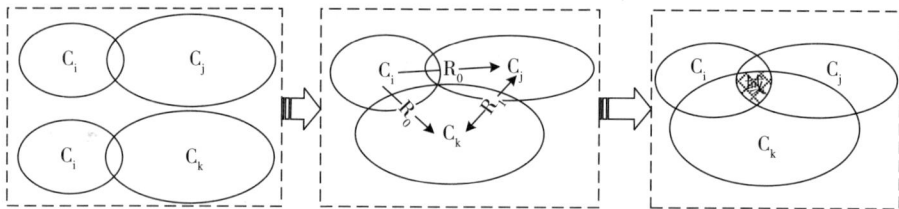

图 4.6　扩展期片段式关系域的信息共享

注：C_i：个体 i 的经验和技能总和，C_j：个体 j 的经验和技能总和，C_k：个体 k 的技能和经验总和，R_0：二元
　　关系，R_1：个体 j 与个体 k 通过个体 i 实现关系依次传递。

资料来源：根据研究需要自制。

三、关系整合：互惠价值创造

在优化期，以关系质量为纽带整合嵌入多重经济行为，实现多重网络关系嵌入相互促进的螺旋式提升，将片段式的关系嵌入整合为系统的结构嵌入，形成多维跨界整合的价值星系创新路径。

（一）互惠价值创造的实现

1. 价值创造的基础：关系的整体嵌入

在整体整合方案形成之前，各组织经历了惯例搜寻、惯例维持、惯例适应等一系列的动态过程。随着关系域的进一步扩展，合作广度与深度的加深，关系整合产生于一系列过程的反复，通过社会关系的扩展和经济关系的累积实现关系整体嵌入。在融合经济行为的激发下，会产生新的行为认知，该认知超越组织个体认知，不是个体认知的简单相加。如企业跨界并购行为的产生，既要保留并购企业原有的资源、技术优势，同时也要在并购实现后，整合企业会形成新的战略规划。该战略规划超越并购企业和被并购企业的认知，形成新的认知，如新产品的研发、开拓新的市场等。

2. 价值创造的动力：一致性与异质性的博弈

由于管理者的有限理性，多主体参与、多价值链的交互以及网络关系的复杂性形成更加复杂的任务，各联结组织都有多条任务实现的选择路径。关系的整体嵌入一方面既要保留个体的异质性特征，实现创新绩效；另一方面也要适应网络组织整体发展的需要，实现合作绩效。异质性与一致性的融合通过社会关系和交易关系的不断博弈得以实现,网络关系从片段式的关系域发展为整合式的结构嵌入。

（二）互惠价值创造的特点

1. 获取更高的价值

在整合关系网络中,存在一个关键性的结点企业,其处于网络结构中的核心位置,具有信息和资源优势。其他结点企业通过该核心企业与其他企业形成直接或间接关系,该直接或间接关系可能是直接关系传递形成的,也可能是跳跃式的关系传递形成的。具有核心地位的结点企业将资源进行充分的整合,整合的资源可以形成高于单个个体资源的加总的价值。

2. 关系的高度依赖性

整合网络相对于交汇点和关系域是一个处于饱和状态的网络,联结主体任务和目标的实现需要依赖对方企业。组织间具有较强的依赖性,而关系价值的实现依赖于组织的整体嵌入,依靠组织个体是无法实现的,即关系价值的实现依赖于组织间的交互程度和嵌合程度。同时,高依赖性进一步增强了组织间的关系强度,提升组织间的联合价值。

3. 平衡状态的波动

当联结网络处于饱和状态时,某一结点的退出或新结点的加入都需要对现有的组织结构作出较大的调整,打破现有的平衡状态,这都需要企业承担较高的交易成本。因此,这也驱动整合网络中的结点企业趋于获取联合的价值。

（三）关系整合的模式

1. 横向关系整合的模式

网络组织成员通过资源的水平型占用实现结点能力的整合,多结点企业的专用性资产进行横向的联合以完成复杂的组织任务（Jones et al,1997;彭正银,2003）。组织通过不断地交流与学习实现信息、知识的共有,促使关键性资源跨越企业边界,嵌入企业间重复使用的行为惯例和程序,并在交流与学习过程中取得发展。共有信息与知识投入越多,企业所获得关系租金越高。

在联结网络中,结点企业具有平等的市场地位,但由于各结点企业掌握的关键性资源不同,在联结网络中会形成不同的网络位置。结点企业通过信息共享实现异质性资源的有效整合与合理配置,结点企业掌握的异质性资源与能力形成"1+1>2"的超额整合收益,该整合收益源于关系整合形成的关系租金(罗珉、徐宏玲,2007)。关系租金建立在长期的信任和承诺的基础上,组织间合作意愿维系在关系租金的基础上,只要关系租金存在,网络组织就会处于稳定状态。基于关系租金,组织间会形成一定程度的任务依赖与模式锁定,该模式很难被竞争对手模仿。由于组织间的资源与能力的异质性,以及结点企业联结动机的差异性,组织间原有的竞争关系依然存在。当关系租金逐渐减少甚至消失时,组织间整合关系会逐渐走向破裂,打破网络组织的稳定状态。

基于组织间关系是直接的面对面关系还是通过中间方形成的间接关系,组织间的横向联结关系可能形成如下三种整合模式。

(1)模式Ⅰ:直接的二元关系

组织间二元关系的横向自我协调是指组织间不存在"桥"企业,都是直接的二元联系,也不存在共同联系的第三方。二元关系方具有一致的市场地位和网络位置,如飞利浦公司与松下公司之间基于产品形成的企业整合关系、好孩子玩具与库克斯之间的联结关系等,以上企业间的联结关系都是基于产品的联结。假设联结网络中有 C_1、C_2、C_i、C_j 和 C_n 5 个结点企业,C_1、C_2、C_i、C_j 和 C_n 之间是一对一的面对面的直接关系,则结点企业间形成的联结关系如图 4.7 所示。

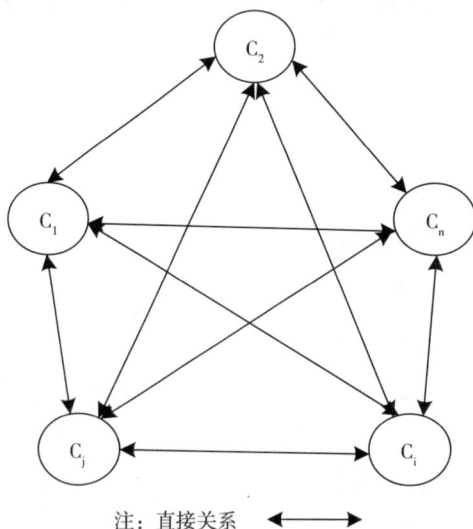

注:直接关系 ←——→

图 4.7　组织间的横向整合模式Ⅰ

资料来源:根据研究需要自制。

（2）模式Ⅱ：基于核心企业的间接二元关系

基于核心企业的二元关系整合是指组织间存在一个企业，通过该核心企业形成组织间资源的配置与整合，组织间不存在面对面的直接关系，对于核心企业来说，在联结网络中处于金字塔的顶尖，具有核心的网络位置，各联结方与核心企业进行信息共享，双方通过契约关系进行约束，核心企业具有信息利益和控制优势，其他联结企业具有平等或相似的市场地位，形成合作伙伴关系，如中国财经出版传媒集团下的出版社、杂志社的联盟就属于基于传媒集团的二元关系整合。假设联结网络中有 C、C_1、C_2、C_i、C_j 和 C_n 6 个结点企业，企业 C 为核心企业。通过企业 C 实现 C_1、C_2、C_i、C_j 和 C_n 5 个企业之间信息等资源的共享与相互依赖。企业 C 与 C_1、C_2、C_i、C_j、C_n 之间是通过契约进行约束，C_1、C_2、C_i、C_j、C_n 之间是合伙伙伴关系或者竞争关系，即企业间竞合关系是并存的。结点企业间形成的联结关系如图 4.8 所示。

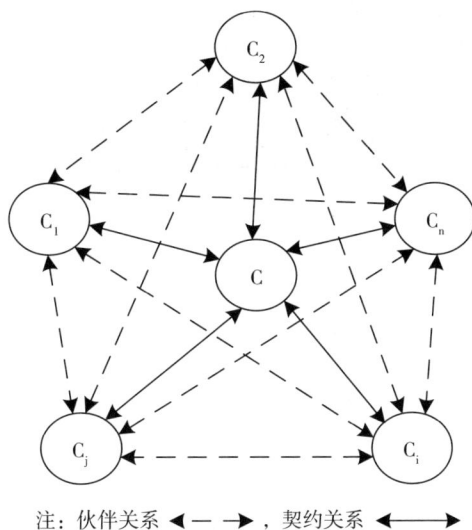

注：伙伴关系 ◄－　－►，契约关系 ◄－－－－►

图 4.8　组织间的横向整合模式 Ⅱ

资料来源：根据研究需要自制。

（3）模式Ⅲ:基于第三方的横向关系整合

基于第三方的二元关系整合与基于核心企业的关系整合类似,不同的是第三方虽然掌握着信息利益,但不掌握控制利益。对于嵌入平台的组织而言,其有自主的经营决策权,与平台形成的是伙伴关系而非契约式的雇佣关系。如现在越来越多的平台企业的出现,对于京东、阿里巴巴等公司来说,其平台所具有的各联结组织就是基于京东和阿里巴巴实现的横向关系整合。假设联结网络中有 C、C_1、C_2、C_i、C_j 和 C_n 6个结点企业,企业 C 为第三方企业,C 与 C_1、C_2、C_i、C_j、C_n 5个结点间形成合作伙伴关系,C_1、C_2、C_i、C_j 和 C_n 之间是竞合关系并存的(见图4.9)。

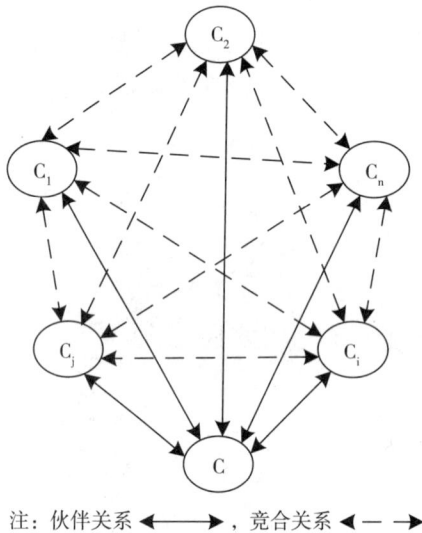

注:伙伴关系 ◀——▶ ,竞合关系 ◀ — ▶

图4.9　组织间的横向整合模式Ⅲ

资料来源:根据研究需要自制。

2.纵向的关系整合模式

纵向的关系整合指的是网络组织成员通过资源的有序依赖进行垂直型占用,并通过产出的方式顺序地提供产品或服务(彭正银,2003),组织成员间通过纵向的协调与调整节约组织间的交易成本,通过"信任""承诺"等社会资本形成成员间非正式的约束与控制,最大限度地节约交易成本。组织间知识与信息的互补所形成的利润大于各单个结点企业利用自身的资源与技术所获得利润的加总,知识与资源的互补关系决定了帕累托改进的边界。对于企业网络而言,纵向的关系整合主要表现为供应链整合网络。

(1)模式 I:直接纵向关系整合

直接纵向关系整合是指各联结组织间基于资源有序依赖、依托产品或服务的依次提供而形成的纵向关系整合。假设联结网络中存在 C_1、C_2、C_i、C_j 和 C_n 5 个具有平等市场地位的结点企业,C_1、C_2、C_i、C_j 和 C_n 5 个结点企业间的关系包括顺序的依次循环的联结关系和跳跃式的关系联结,其联结关系如图4.10 所示。

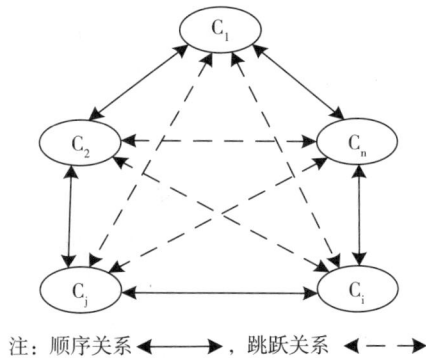

注:顺序关系 ←——→ ,跳跃关系 ◄— →

图 4.10 纵向关系整合模式 I

资料来源:根据研究需要自制。

(2)模式 II:基于核心企业的纵向关系整合

基于核心企业的纵向关系整合是指组织间通过某一核心企业形成的资源顺序依赖的纵向联结关系,核心企业具有资源协调和配置的作用。如海尔集团"一流三网"的物流模式是基于以订单信息流为中心形成的全球采购网、计算机网和全球客户资源网纵向一体化的物流整合。假设联结网络中存在 C、C_1、C_2、C_i、C_j 和 C_n 6 个结点企业,其中 C 为核心企业,C、C_1、C_2、C_i、C_j 和 C_n 6 个结点企业间其联结关系如图 4.11 所示。

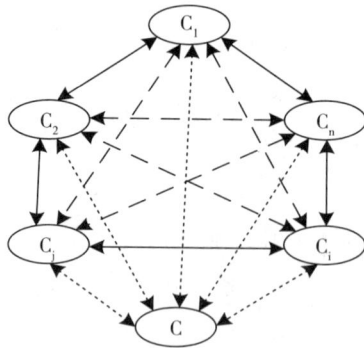

注：顺序关系 ◄────► ，跳跃关系 ◄─ ─► ，协调关系 ◄┄┄┄►

图 4.11　纵向关系整合模式 II

资料来源：根据研究需要自制。

3.混合的关系整合模式

混合关系整合指的是组织间的联结关系既存在横向的资源占用,也存在顺序的纵向资源依赖,如组织间的跨界整合、企业并购等模式。

(1)企业并购模式

两个或两个以上的企业进行合并,存续某一企业(路径 1)或新建一新的企业(路径 2)。路径 1:C_3 作为整合方(并购方),C_2 作为被整合方(被并购方),"域 1"的部分反映了 C_1 和 C_2、C_1 和 C_3 之间合作的"综合","域 1">"域",整合后的企业 C_3 存续。路径 2:C_2 和 C_3 的关系"域 1"扩展为新的公司 C_4,C_2 和 C_3 不存在,原来的"域"演化为"域 2"。以关系扩展阶段的 3 个独立个体作为假设基础,企业并购简化整合图如图 4.12 所示。

基于图 4.12 的三主体关系网络,将其扩展到多主体的网络关系,假设 C_1、C_2、C_3、C_4、C_i、C_j、C_{n-1}、C_n 均为具有相同经营领域的企业,对于选择 1 而言,C_2 和 C_3 合并,存续 C_3,C_2 不存在,网络间关系转化为 C_1 与 C_3 之间的关系;C_4 和 C_i 合并,C_i 存续,C_4 不存在,网络间的关系转化为 C_3 和 C_i 之间的关系;依次类推,C_j 和 C_{n-1} 合并,C_j 存续,C_{n-1} 不存在,网络间关系转化为 C_n 和 C_j 之间的关系,因此,网络关系由原来的"$C_1 - C_2 - C_3 - C_4 - C_i - C_j - C_{n-1} - C_n$"转化为"$C_1 - C_3 - C_i - C_j - C_n$"间的整合关系网络,整合后的关系网络,组织间关系连接线用粗线表示,反映组织的合作范围的合并或转移,如 C_2 合并到 C_3,C_1 与 C_3 的合作关

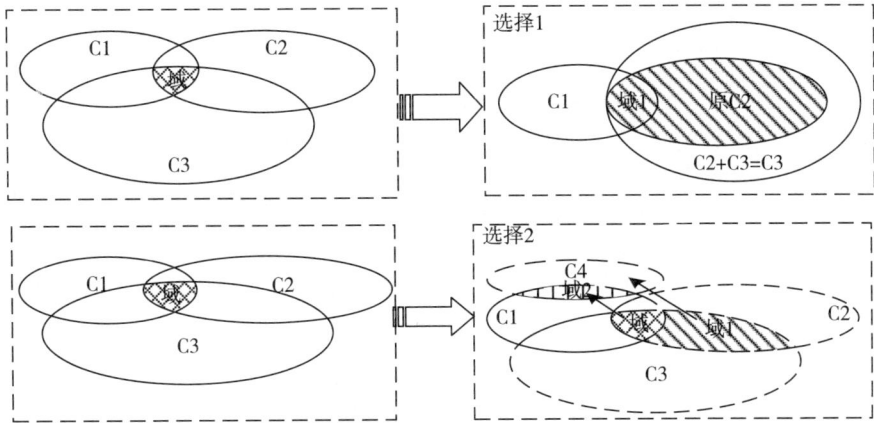

图 4.12　3 个主体的关系整合:企业并购

资料来源:基于研究需要自制。

系增强,其他连接线也是如此;对于选择 2 而言,C_2 和 C_3 合并,成立新设企业 C_5,C_2 和 C_3 不再存在,C_1 和 C_5 形成新的联结关系,C_i 和 C_j 合并,形成新设企业 C_k,C_{n-1} 与 C_k 形成新的联结关系,因此,这个网络关系由原来的"C_1-C_2-C_3-C_4-C_i-C_j-C_{n-1}-C_n"转化为"C_1-C_3-C_i-C_j-C_n"间的整合关系网络(见图4.13)。

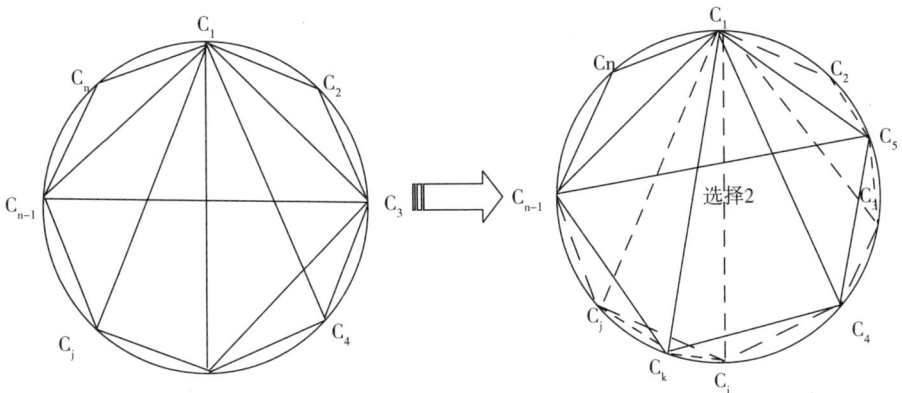

图 4.13　N 个主体的多元关系整合:企业并购

注:——表示关系演化后实际意义的联结,- - -表示关系演化后无实际意义的联结。

资料来源:根据研究需要自制。

（2）渐进式新扩关系域

基于经济关系的累积和社会关系的扩展，企业间信任程度增强，各方逐渐信任，联结各方的合作范围扩大，在原有的关系域的基础上，演化出新扩展的关系域，超越原有的关系域，如，注重新产品开发与推广的企业常借助第三方的销售关系进入新市场。初始阶段组织个体 C_1 和组织个体 C_2 形成合作关系"域"，通过关系"域"与组织个体 C_3 合作，形成关系"域1"，形成"新扩关系域"，初始的"域"由三个组织个体形成的合作关系"域1"与"域2"组成（见图4.14）。

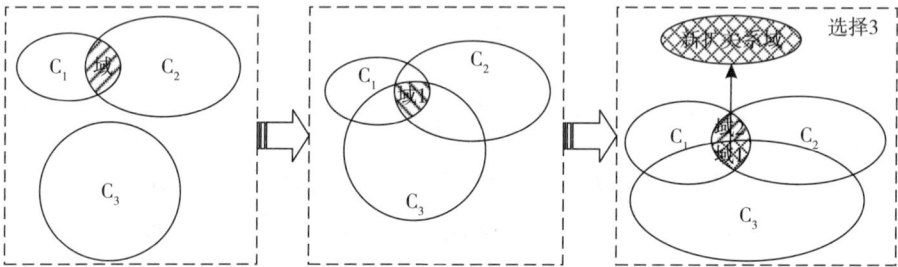

图4.14　基于互惠价值取向的新扩关系域

资料来源：根据研究需要自制。

基于图4.14所反映的三个主体的网络关系图，现将其扩展到N个主体间的网络整合关系，从图4.15所反映的网络关系可以看出，组织间网络关系从" $C_1-C_2-C_3-C_4-C_i-C_j-C_{n-1}-C_n$ "转化为" $C_1-C_2-C_5-C_3-C_4-C_i-C_k-C_j-C_{n-1}-C_n$ "，企业的关系域明显扩大，关系更加复杂，如 C_1 由原来的n-1组联结关系增加到n+1组联结关系（见图4.15）。

除了以上两种依次的关系传递，在企业现实的发展中，还存在跳跃式的关系传递形成的关系整合。网络组织中存在多元化的组织个体，随着网络关系的发展，个体间关系会呈现出强弱不等的关系强度，同时关系质量也各不相同。因此，组织间关系从交汇点式组织联结到关系域式联结再到多元的关系整合。无论是哪一种阶段的演化，组织间关系具有两重属性：适应性和重塑性。组织间联结关系和链接形态确认后，基于不同的价值取向，组织间相互适应最终形成关系的整合。关系具有了适应性，或者由于组织间冲突无法解决，

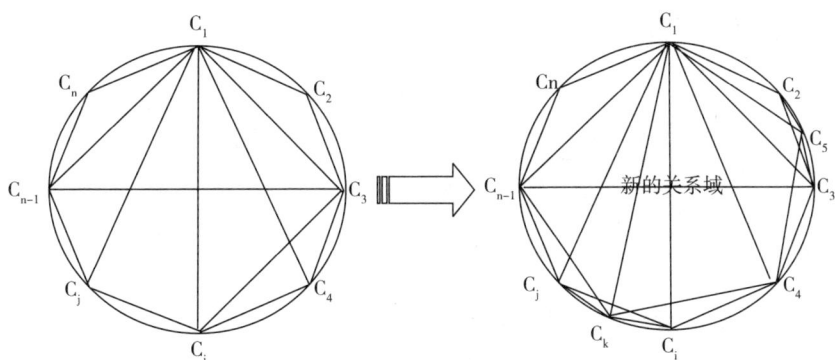

图 4.15　N 个主体基于互惠价值取向的新扩关系域

资料来源:根据研究需要自制。

关系走向破裂,打破现有的网络结构,使得组织失去结构的平衡,结点企业重新选择新的组织联结,具有了关系的重塑性。

第三节　网络组织演化的基本认知模式

从关于组织演化的驱动因素及网络组织结点能力和价值创造逻辑的演化分析可知,管理者认知决定组织能力的环境适应力、组织资源配置的能力以及组织能力的发展方向。从本质上看,网络组织的演化是组织能力和价值创造逻辑演化共同作用的结果,结点能力表现为刚性能力——适应能力——整合能力,价值创造的逻辑表现为交汇点式单方的价值攫取——关系域式单方价值攫取与互惠价值创造并存——关系整合式的互惠价值创造。因此,从结点能力和组织间关系出发,对认知模式选择进行解析,在组织间关系层面,管理者会选择塑造性(shaping)和适应性(adapting)关系模式,在结点能力层面,管理者可能会选择惯例观(routine)和前瞻观(prospectivity)的能力模式。基于此,将关系的塑造性与适应性、能力的惯例观和前瞻观两两组合构成四种基本的认知模式(见表 4.1)。

表 4.1 网络组织演化的四种基本认知模式

		结点能力	
		惯例观	前瞻观
组织间关系	适应性	模式 I:适应性—惯例观	模式 II:适应性—前瞻观
	塑造性	模式 III:塑造性—惯例观	模式 IV:塑造性—前瞻观

资料来源:根据研究需要自制。

一、模式 I:适应性—惯例观认知

适应性—惯例观认知是被动的认知模式,管理者依托现有的知识结构和技能主动调整自己的心智模式和思维信念以选择适应环境发展需要的行为模式,在网络关系形成初期,管理者主要选择该类认知模式。

（一）多次联结的网络组织

对于多次联结的组织关系而言,组织间高度信任,互惠程度较高,联结网络的有效性取决于该联结关系能否为企业提供应对复杂任务所需的资源与信息。合作双方在合作中投入较多专用性资产,较高的专用性资产投入容易形成"锁定"效应,该锁定效应会限制柔性认知的作用,并且会产生较高的沉没成本(杨林、俞安平,2016)。处在该关系网络中的管理者会选择相互适应的组织战略以获得较高的联结绩效。

（二）强关系下的闭合网络

对于以强关系为主的闭合网络组织而言,强关系能够使联结组织的管理者更好地理解和利用新学的知识。在高度不确定的环境下,通过频繁的信息互动为组织带来稳定的信息流,企业家也易于相互适应形成共同解决问题的联结模式。另外,强关系下,组织间更易于传递高质量的信息与隐性知识,增强组织间的信任,组织间的合力反过来又可以进一步提升管理者的环境适应能力。隐性知识与高质量的信息传递带来知识溢出效率,增进组织间的合作黏性,但过高的溢出效率会加剧组织间收益分配的不均,影响联结质量。因此,对于稳定的闭合网络而言,组织间的高凝聚力是其复杂任务实现的保障,灵活的链接形态保障利益和资源分配效率,凝聚力和链接形态的共同作用推动该网络组织渐进式的成长与演化。

二、模式Ⅱ:适应性—前瞻观认知

适应性—前瞻观的管理者认知是指管理者主动调整自己的思维信念和心智模式不断适应现有的联结网络关系,进而通过强的组织联结关系培育和发展新的组织能力,确定新的资源配置方式,该认知模式下的联结网络是弱关系与高阶能力并存的模式。

(一) 弱关系开放性网络

对弱关系的开放式网络而言,弱关系在不同的群体中扮演着信息"桥"的角色,管理者可以接触不同群体多样化的信息,组织间互动频率较低,较少受到关系网络的约束和限制。管理者在关系网络中具有更大的自主性,易于脱离大家认可的常规知识依赖的束缚,具有更强的适应性和能动性。如新创企业,创业者现有的能力认知尚未形成可以模仿和参照的认知模式,创业者利用现有的能力认知选择即兴的组织战略以适应环境的需要。即兴战略使组织更加了解其所处的环境,并且使组织微调或剧烈改变其所处环境的心智模式,为组织开启新的学习领域。同时,弱关系网络可以多路径地丰富管理者的知识结构,环境的逐渐适应推动组织创建新的多元网络关系,推动组织的渐进式成长与演化。

(二) 突变式网络组织演化

组织惯性和路径依赖不仅会使跨组织转移和市场转移变得很困难。当市场、技术变革或竞争范式导致原有不适应时,组织很难开发新的功能。认知行为逻辑和组织惯例在组织层次结构中是可以共存的,管理者对其战略决策问题的认知表征从根本上推动了组织搜索,进而推动了组织能力的积累,打破传统的能力发展的准自动化、惯例化与路径依赖。网络组织经历新结点进入和原有结点显性或隐性退出的方式形成新的网络关系,通过调整现网络结构,使之对环境有更大的适应性,实现网络组织的自组织过程,即网络组织的演化过程是其内部拓扑结构优化重组的过程。因此,对于适应性—前瞻观的网络组织演化而言,是新结点的进入、旧结点的退出,或者现有网络结构的重新调整,属于突变式的网络组织演化。

三、模式Ⅲ:塑造性—惯例观认知

塑造性—惯例观的认知模式是指管理者突破现有的思维信念和心智模

式,形成新的组织联结关系以维护现有的组织能力的稳定,在该模式下,组织间的联结网络是强弱并存的网络关系与低阶的组织能力组合的模式。

塑造性—惯例观强调路径依赖和惯例的重要性,体现"向后看"的经验逻辑,认为公司发展的连续性对其在不断变化条件下的生存能力起到一种破坏性作用,以前累积的经验与能力背景是组织获取竞争优势的关键。由于理性选择与局部的增量搜索,惯例观的行为选择并不适应复杂的组织情境。在任务复杂性约束下,管理者倾向于按照已存在的网络特征、链接形态、规范探索搜寻新的合作者,进而获取资源,促进网络组织的成长。网络组织演化依赖于改变现有网络关系、不断复制已有的网络结构,在重复复制的过程中促使组织不断成长。因此,组织惯例推动下的网络组织成长与演变是基于稳定环境下的行为规则的重复,属于渐进式的演变与发展。

四、模式Ⅳ:塑造性—前瞻观认知

塑造性—前瞻观认知是最为主动性的认知模式,强调组织个体的主动性与预测性,其意图在于驱动组织搜索新的资源与能力,并主动探索企业可能潜在的机会,规避企业可能存在的潜在风险,以期预测和引导外部环境的发展趋势。如联想集团董事长兼CEO杨元庆通过对市场的调研选择与高通合作研发5G、乔布斯选择苹果与微软的联盟等都说明了企业家的塑造性认知对其公司的成长与演化的重要作用(杨林、俞安平,2016)。

(一) 闭合网络:渐进式演变

当组织处于一个闭合网络中,成员可以在该网络中形成高度一致的集合体,通过合力提高对环境预测和引导力度(杨林、俞安平,2016)。高网络位置的结点企业在闭合网络中拥有多信息获取的渠道,可以获得更多的冗余信息,快速地把握外部环境的变化。然而,在高度不确定性的市场环境下,企业家对环境变化的方向和组织行动措施形成的效应是很难把握和预测的。这就要求管理者提高对环境变化的感知和相适应的能力,但囿于个体管理者认知的有限性,就需要发挥团队整体能力认知的独特优势。结点企业利用该能力认知选择适合的新组织战略,推动组织的成长与演变。因此,在闭合式的网络中,基于塑造性认知,组织倾向于通过资源与能力的重新配置与整合实现组织的成长与演化。在该情境下,组织内个体数量相对稳定,相互之间互动较多,组织间的变化与发展多是渐进式的。

（二）　开放式网络:突变式演变

如果组织处在一个开放式的网络中,组织间既有直接关系,也有间接关系,掌握结构洞优势的结点企业获得更多的非冗余信息与资源。在该网络中,节点企业间通过配置认知将获得的信息在组织间进行交互和传递。网络存续过程中,会吸引新的组织加入该开放式网络,改变或重构现有的网络关系,使组织向核心网络位置和丰富资源的方向演化。结点企业通过与环境的不断适应,促使网络的自适应、自成长。当组织面对突发环境事件时,在非线性放大的作用下,会使网络出现巨涨落,形成正向转型或者逆向衰退,推动网络的突变(赫连志巍、邢建军,2017)。

因此,塑造性—前瞻观认知源于组织拥有丰富的能力认知,在网络中具有优势的网络地位,通过对环境主动的洞察与预测,基于意愿认知与配置认知实现信息传递与共享,改变现有的网络关系和网络结构,推动网络组织渐进式成长与演变。当面临突发事件时,会推动组织巨涨落,呈现突变式演化。

在网络组织实际发展过程中,应将"向后看"的经验逻辑与"向前看"的结果逻辑结合起来解释组织,组织的演化是认知与行动、思考与经验相互作用的结果(邓少军、芮明杰,2009)。演化过程既要依赖已有的知识结构,又要不断搜索新的知识。同时,演化过程中既要体现环境的适应性,又要有一定的塑造性来保障组织创新绩效的实现。

第五章　管理者认知在网络组织
演化中的作用检验

　　基于对网络组织演化驱动因素、演化特征、演化要素和演化阶段的分析可知,在管理者的知识结构和信息架构驱动下,网络组织演化表现为结点能力、网络关系和网络结构的演化,管理者认知的价值创造表现为单方的价值攫取、单方价值攫取与互惠价值创造并存、互惠价值创造三种形式。基于此,本章采用问卷调研的方法,通过实证分析论证管理者认知在网络组织演化中的中介作用,进而检验三种价值创造形式对企业创新绩效的影响。

第一节　模型构建

　　从社会资本理论的角度来看,社会资本根源于社会网络,嵌入一种社会结构和社会关系中,行动者可以有目的地在其"特定行动"中汲取或动员现实的或潜在的资源(高闯、关鑫,2008)。组织与其他组织间的连带关系形成外部社会资本(Adler and Kwon,2002),组织间社会资本分为以社会互动关系为核心的结构维度的社会资本和以共享意愿为核心的认知维度的社会资本(Tsai et al,1998)。从结构与关系维度来看,信任关系源于社会交互(Gulati,1995),随着时间的推移,两个行动者相互影响,对对方的信任也会增加,基于信任和诚信的强交互形成行动者间的强关系(Nelson,1989)。从关系与认知维度来看,两个结点企业基于信任关系,为了实现目标和价值而联结在一起。信任关系根植于个体价值与组织价值的兼容性,基于行动者间共同的兴趣与相互理解,他们会形成新的共享意愿,组织成员共享认知意愿,形成参与者间资源的贡献与交换。网络嵌入是资源交换、合作与价值创造的基础,嵌入组织的互动关系与共享意愿通过信任与诚信促进或约束行动者的资源交换与合作的程度,资源动员的有效利用有利于行动者进行产品创新(Tsai and Ghoshal,1998)。基于此,社会资本与价值创造的分析模型为"网络嵌入—结构维度和认知维度的社会资本—关系维度的社会资本—资源交换与联结—价值创造"。

从管理者认知相关理论的角度来看,组织绩效的实现依托于管理者对战略情境的洞察和解释所形成的选择性认知,而选择性认知的形成受制于管理者的心理因素、统计学特征、过去的经验、组织惯例等特征,认知的形成过程从本质上看是信息处理过程。信息处理过程包括信息洞察、获取、解释与内化应用,有限理性下的信息处理能力最终决定组织结果的实现程度(Hambrick et al,1984)。基于此,组织绩效的实现过程模型为"组织情境—高层管理者特征—信息处理过程(选择性认知)—组织绩效"。在网络组织中,涉及多组织的管理者,面临的组织情境不是单一的组织个体,而是相互嵌入的合作网络,信息的处理过程不仅是组织个体信息的获取、处理和应用,还涉及组织间信息的传递与共享。

因此,基于社会资本与价值创造模型和高阶理论模型,构建网络嵌入、管理者认知与创新绩效之间形成"认知特征—相互嵌入的组织合作网络—结构维度和关系维度—知识结构和信息 AESI 能力—价值创造:创新绩效"的研究框架,如图 5.1 所示。

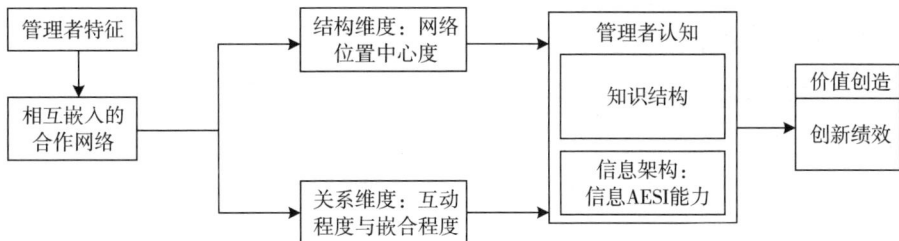

图 5.1　实证研究框架

资料来源:根据研究需要自制。

第二节　研究假设

一、网络嵌入与创新绩效

网络中各结点的互动作用对组织创新绩效有着积极的促进作用。如果一个网络组织的结构能够使所有的成员组织从中获益,这样的网络组织结构组织成员就能接受,而且也有动力进一步扩展合作范围或者增加合作的深度。根据前文构建的概念模型,笔者选择网络结构和网络关系衡量网络嵌入与创新绩效的关系,网络位置考量网络组织成员的网络结构,以及组织间接触时间、互惠性、合作范围和投入资源测度组织间的关系强度进行测度。

(一)　网络位置与创新绩效

网络位置反映了网络结点在网络中的身份和地位,是行动者之间建立关系的结果。不同的网络位置代表了不同的获得新知识的机会,而新的知识是企业进行创新活动的关键因素(钱锡红等,2010)。因此,网络位置是企业在网络组织中获取创新绩效的关键性因素,对创新绩效的获得有明显的影响(Tsai,2001)。衡量网络位置的指标与变量很多,本书选用网络位置中心度作为测度指标(钱锡红等,2010;任胜钢、舒睿,2014)。网络位置中心度反映了联结组织在网络中作为"沟通枢纽"的程度以及对信息等资源获取和掌控的程度。

1. 网络位置与关键性资源

网络位置中心度越高的企业越容易获得联结企业的关键性资源和技能,形成不同的资源配置方式。基于社会资本理论,社会网络位置呈现为金字塔的层级形状,处在金字塔塔尖位置的人数是最少的,在网络结构中视野最开阔,最容易获得有价值的资源(任胜钢、舒睿,2014),获得控制其他企业竞争优势的可能性也会越大(Burt,1992)。同时,网络位置越高,其能够获得组织间的联结关系就越多,就越有利于其选择更有创新潜力的企业进行深入的组织合作(钱锡红等,2010)。不同的联结动机影响甚至决定企业业务合作的范围和资源配置方式,进而形成多元化的联结创新方式,获得差异化的竞争优势

(宋晶等,2014)。如胡保亮等(2013)的研究认为,在全球制造网络中,网络中心度越高的企业,其拥有的关系越多,对创新绩效的提升作用越大。

2. 网络位置与信息利益和控制利益

网络位置中心度越高的企业越容易获得信息利益和控制利益。在企业创新过程中,新信息对于应对产品研发与设计、生产过程中遇到的问题是至关重要的,尤其是组织面临突发的环境事件时,新的信息就显得更加重要了。中心度高的企业更容易获取并控制与创新有关的新信息。网络位置中心度越高,其富含结构洞的网络位置就越有助于与其他组织进行信息的交流与互动,更好地了解企业可获得的发展机会,促进组织间信息的融合,获取信息利益和控制利益(Burt,1992)。通过组织间信息的整合与内化开发出新的知识,实现组织创新。

3. 网络位置与资源获取渠道

网络位置中心度越高的企业,在网络中越容易形成不重复的网络关系、多样化的信息等资源获取的渠道。在网络组织中,如果组织个体作为其他企业间联系的"桥梁",该网络位置将会给组织带来更大的信息利益和信息控制利益(Burt,1992;Uzzi,1997)。该位置是行动者可以利用并获利的"好位置",学者们将该网络位置称为"结构洞"。具有结构洞位置的企业拥有异质性的网络关系,为其获得差异化的信息提供了渠道,具有优先获取信息的位置优势,为企业创新提供了可能性。另外,具有结构洞网络位置的企业,基于其优先获取信息的优势,能更早地对内外部环境事件进行关注与解释,在网络中具有较早识别、判断机会和威胁的优势,这也为企业创新提供了可能性。

综合上述三方面的分析,提出如下假设:

H1:网络位置中心度越高,组织越能获得较高的创新绩效。

(二) 关系强度与创新绩效

1. 成员间的接触时间

关系强度中的接触时间是合作关系方之间接触的时间和接触的频率。在合作网络中,合作方之间的接触时间对创新绩效的作用表现在以下三个方面:第一,双方接触时间越长、接触频率越高,双方之间交流的机会就越多,就可以获得对方更多的知识和信息,增加知识和信息的物理流量,同时,接触时间越长、频率越高,双方之间合作的默契度就会越高,就越容易达成共识,进而提升合作战略决策的反应效率。第二,在信息获取与传递、共享的过程中,如果双方接触时间和接触频率越高,越能降低双方的防卫心理,增强彼此的信任,增强信息共享的程度,降低彼此出现机会主义行为的可能性,进而降低风险和不确定性,提升战略反应速度。第三,在合作创新网络中,关系方在长时间、高频率的接触过程中,增强彼此的信任程度,一方愿意根据对方企业的需要将自己的关系资源进行分享,实现关系的传递,拓展信息获取的渠道,多企业信息的交叉有利于创新战略的制定,进而实现创新绩效。

2. 互惠性

关系强度中的互惠性是指双方在合作的过程中是否真诚地为对方考虑。在合作网络中,合作方之间的互惠性对战略有效性的作用表现在以下两个方面:第一,互惠程度越高,合作企业间合作共赢关系就越稳定,彼此间信任的程度就会提高,高信任下,双方之间合作与联系必然更加紧密,增强信息共享的机会,提升合作的效率。第二,互惠程度越高,各方在进行决策制定时都避免作出有损对方利益的决策,并且在制定决策时会为对方利益考虑,减少决策失误,提高战略决策的效率,保障创新绩效的实现。

3. 合作交流范围

关系强度中的合作交流范围是指在合作创新网络中合作伙伴间进行的正式的和非正式的交流范围,正式的合作是指依托制度、行为规范或契约等约束的合作行为,而非正式的合作范围是指合作各方通过信任、承诺等约束的合作行为。合作范围对战略有效性的影响体现在以下两个方面:首先,从合作深度上来看,在创新合作网络中,双方的合作范围越涉及企业技术层面,越容易获得对方企业的核心技术,进而越容易实现创新绩效。其次,从合作的广度来看,创新合作网络中合作的项目涉及市场、技术、管理等多方面,其范围越广,获得对方企业的信息越多,就越容易实现信息的全面共享,进而快速作出战略决策。

4. 投入资源

关系作为一种资源,搭建了资源缺失者与资源拥有者之间的桥梁,并能有效地消除合作关系方之间信息与资源流动的差距。关系强度中的投入资源是指与联结组织间合作与交流时投入的人、财、物等资源。关系强度对创新绩效的作用表现在两个方面:首先,在合作关系网络中,各方投入的关键性资源越多,就越能发觉对本企业有用的信息,进而快速作出战略决策。其次,合作各方所投入资源的专用性容易形成"锁定效应",该锁定效应在为企业带来一定的比较优势的同时,也为其攫取专用性投资收益提供了便利。虽然在专用性投资方面,会存在机会主义行为,但合作双方为了保持合作关系的长久性与稳定性,以及获得比较优势,更愿意在特定项目上进行合作,形成专用性投资,进而从此专项投资中获得创新绩效。

基于以上四方面的分析,提出如下假设:

H2:组织间网络关系强度与创新绩效正相关。

二、网络嵌入与管理者认知

基于前文关于管理者认知特征的分析,选择知识结构和信息 AESI 能力作为管理者可观测到的经验特征进行测度。

(一) 网络嵌入与知识结构

囿于管理者的有限理性和组织能力的限制,单一组织无法准确把握市场变动的所有信息,也无法及时获得企业成长与发展所需要的关键性知识和资源。相对于单一组织个体而言,网络嵌入为联结组织提供了多样化的信息、技术等资源(宋晶等,2014)。网络位置作为企业身份和地位的表征,影响企业家的战略导向和战略框架的制定,作出不同的战略决策,进而影响知识结构的集中性与多元性,即组织惯例的稳定性。另外,关系强度不同,组织间信任度不同,进而影响组织间知识搜索和创造过程的稳定性。

1. 网络位置与知识结构

网络位置是行动者之间建立关系的结果,反映主体获得资源的可接近性(钱锡红等,2010;任胜钢、舒睿,2014),处于优势网络地位的企业更容易形成合作关系和获得关键性资源。网络位置与知识结构的关系表现在以下几个方面。

首先,网络位置中心度越高越有利于联结组织进行知识的转移,缩短组织间的认知距离,增强知识结构的多样化。网络位置影响组织获取知识的方式(吴福象等,2013)。处于网络位置中心的企业,具有信息优势和控制优势。

同时,网络本身具有通畅的信息和知识的流通渠道,高网络位置企业的管理者基于其信息和控制优势就可以突破知识转移的惯例束缚,缩短知识转移的距离,进而获得联结组织多元化的知识,丰富现有的知识结构。

其次,网络位置中心度越高越有利于链接组织的管理者突破现有知识体系的束缚,增强知识结构的多元化。为了实现获取资源、提升绩效或创造价值等联结动机,网络位置对组织惯例的适应程度具有重要影响。网络位置中心度或结构洞优势的联结组织占有信息优势和控制优势,具有更好的可见度。高网络位置的联结组织能获得较多的市场信息,越有利于组织的管理者获得更多的可选择的行为惯例,突破原有刚性惯例的束缚,推进组织惯例的变革。通过组织变革获得更多的知识,丰富管理者的知识结构,形成新的可重复使用的组织惯例。

最后,富有结构洞优势的网络位置有利于企业形成"前瞻性"的管理者认知。富有结构洞的组织个体,在组织中形成多元的非重复的网络关系。该网络有助于企业获得多元化的信息,更好地把握市场环境的变化,预测环境事件可能带来的机会与威胁,形成"前瞻性"认知,丰富管理者的知识结构。

基于以上三方面的分析,提出如下假设:

H3a:网络位置中心度与管理者知识结构的多样性正相关。

2. 关系强度与认知结构

首先,根据格兰诺维特的弱联结理论,弱联结的联结成员间异质性比较强,组织间的交流与互动可以带来更加多样化的信息和获取更多的冗余资源。所获取资源都是新颖的,有利于企业提高知识创造能力。而强联结则意味着联结双方间关系更加紧密,互动频率较高,有更多的机会交流和沟通,互惠程度更深,容易形成锁定效应。锁定效应进一步增强联结双方的信任,促进隐性和复杂知识的传递,形成新的思想和规划。其次,创新在于异质性的知识、技能、能力等的获取。为了生存,组织需要资源,组织无法掌握全部资源,组织需要与其所依赖的环境的因素进行互动,所依赖的环境因素包括其他组织。组织间互动程度越大,获得对方异质性知识的可能性就越大,进而丰富现有的知识结构。基于此,提出如下假设:

H3b:网络关系强度与管理者知识结构多样性正相关。

（二）网络嵌入与信息架构

信息的瞬时性与动态性要求企业的管理者要作出即时反应与决策。基于信息的决策，组织表现出认知性偏差和能力差异。基于此，网络嵌入与信息架构之间的关系可作如下分析。

1.网络位置与信息 AESI 能力

（1）网络位置与信息关注能力

信息的瞬时性与动态性要求企业的管理者作出即时的反应与决策。基于管理者自身知识体系的差异性，管理者对环境的判断会表现出认知性差异和能力差异。网络位置中心度越高越有利于管理者的信息关注与获取。基于前文的分析可知，在高度不确定的市场环境下，对于非结构化的组织问题，管理者必须对环境进行及时的洞察并结合个人的认知才能作出正确的决策。高网络位置的企业具有信息优势和控制优势，可以获得丰富的信息资源。利用网络位置优势可以较早地从所获得信息中发现可能的创新机会与威胁。另外，对于富有结构洞优势的企业，其可以利用企业非重复的网络关系获得更多异质性或者关键性的信息，从而获取企业最迫切需要的信息资源。

（2）网络位置与信息解释能力

网络位置中心度越高越有助于管理者对信息作出恰当的解释。基于前文的分析可知，信息解释是网络组织个体的管理者对其所获得信息赋予一定的经济意义的过程。管理者对环境的诠释产生组织对环境的反应，处于金字塔顶尖的行为主体，能较早地感知环境的变化，确定环境的特征，为组织行为决策提供有意义的信息（杨林，2010）。另外，当组织遇到突发事件时，处于网络位置核心的联结组织能较早地关注到事件的信号，确定战略决策的关键性因素。

（3）网络位置与信息传递、共享能力

网络位置中心度越高越有助于管理者将其信息进行传递和共享。首先，处于核心位置的联结组织，基于其有利的网络位置可以与其他企业进行频繁的交流与互动，建立起高度的信任，突破组织内信息传递的障碍，为信息传递提供情感的支持。其次，网络位置中心度高的企业，在合作网络中具有更高的吸引力和向心力，有助于增强联结组织间的信任程度，推动信息的共享。再次,处于网络位置中心的企业相对于边缘位置的企业来说,能更好地获得其他联结企业的能力和行动信息,降低信息不对称的程度,通过信息共享获得规模经济。处于网络位置中心的企业拥有多元的网络关系,能为企业间的信息传递提供客观的支持。

(4)网络位置与信息内化能力

网络位置中心度越高越有助于管理者将其信息进行内化与整合。信息的内化与整合反映了组织将关注、解释和共享的信息与组织内部知识融合的过程(钱锡红等,2010)。一方面,具有高网络位置中心度的企业,通过信息的关注、解释与共享过程,缩短了组织间沟通与交流的认知差距,形成新的组织认知;另一方面,富有结构洞网络位置的企业,避免了冗余关系带来信息内化与整合的障碍。

基于以上四方面的分析,提出如下假设:

H3c:网络位置中心度与信息 AESI 能力正相关。即:

H3c-1:网络位置中心度与管理者信息关注能力正相关。

H3c-2:网络位置中心度与管理者信息解释能力正相关。

H3c-3:网络位置中心度与管理者信息共享能力正相关。

H3c-4:网络位置中心度与管理者信息内化能力正相关。

2. 关系强度与信息 AESI 能力

更为高频的接触及专用资源投入的增加,使组织间逐渐形成了强联结关系,从而增加了信息获取的渠道。同时,组织间频繁的交互可以时常转换局部搜索时的警觉度与注意力,也能够为组织带来更加多元化的信息,这是因为,在进行信息搜索和关注时,如果管理者将注意力集中于某一路径或渠道,可能会产生认知偏差,形成不全面的认知,这样会影响组织信息的获取。而且,在强互动下,组织间的联结网络容易形成小闭合网络,在该网络中,组织间存在强的直接联系,避免了信息传递中由于层级关系的存在而导致的信息失真。组织间一对一的直接联系还可以减少沟通和互动过程中可能的机会主义行为。此外,组织间互动与沟通的次数越多,相互之间传递关键性信息的可能性就会越大,进一步增强了组织间的聚合程度,提升了信息共享的程度。关键性信息的传递更容易深化组织现有知识体系的深度和广度,进一步提升管理者关注、获取信息的能力。

在组织联结网络中,组织间嵌合程度越高,组织成员越愿意将现有的经济关系和社会关系与对方企业分享,从而也拓展了企业获取信息的渠道,有助于管理者关注到更多的市场信息。组织间嵌合程度越高,彼此信任程度也越高。基于信任关系,组织更加倾向于作出对对方有利的承诺和行为,为信息共享提供非正式化的情感保障。而且,基于信任的合作时间越久,组织间沟通与交流就会更加顺畅,更易于突破信息传递的无形阻碍。组织间有着组织成员共同遵守的行为准则和强的情感契约,这有助于降低联结组织间信息的协调成本和交易成本,形成高度的聚合性,共同采取一致的行动。

联结企业相互嵌入程度越深,双方信任度越高,联结关系越持久,组织越倾向于将自己所搜集、解释的信息分享,越容易将联结方的内部信息内化为本企业的战略。另外,强互动下形成的"锁定效应"使得组织间信息交流变得更加容易,高频率的互动加速了信息的传递与共享,推动了异质性资源的"互补性禀赋"的实现,实现了信息的内化。由以上的分析提出如下假设:

H3d:关系强度与信息 AESI 能力正相关。

(1)关系强度与信息关注能力

一方面,高频的接触时间、组织间互惠性的提高、合作范围的扩展以及专用资源投入的增加,形成了强的组织联结关系,组织间联结关系越强,通过相互的沟通交流可以获得更多的信息获取渠道;另一方面,强的组织联结关系,通过相互的交互可以时常转换局部搜索时的警觉度与注意力,警觉度与注意力的转换可以为组织带来更加多元化的信息。同时,在进行信息搜索和关注时,如将注意力集中于某一路径或渠道,可能会产生认知偏差,形成不全面的认知,这样会影响组织信息的获取。基于此,提出如下假设:

H3d-1:组织间的关系强度与管理者的信息关注能力正相关。

(2)关系强度与信息解释能力

一方面,关系强度越强,组织间互动程度和嵌合程度越深,组织间通过相互沟通与交流可以对关注到的市场信息给予更加准确的经济含义;另一方面,组织间关系越强,联结各方通过互动和交流将关注到的分散的市场信息进行整合,对整合的信息赋予一定的经济意义,形成对外界环境更加清晰的认知。

同时,也可以对联结伙伴的合作取向有更加清晰的认知,作出更加准确的判断。另外,当环境中出现突发事件时,强关系下的组织联结通过对突发事件给予更加及时、准确的判断,挖掘潜在的机会或规避可能的风险(Teece,2007)。基于此,提出如下假设:

H3d-2:组织间的关系强度与管理者的信息解释能力正相关。

(3)关系强度与信息传递、共享能力

一方面,强关系在网络组织中容易形成小范围的闭合关系网络。在该闭合网络中,组织间存在较强的直接关系,各联结组织所获得信息在该闭合网络中更容易传递和分享,形成高内聚的信息融合和行动协调性。另一方面,强关系中通常包含着强的链接形态(Granovetter,1973),有着组织成员共同遵守的行为准则和强的情感契约,这有助于降低联结组织间信息的协调成本和交易成本,也有助于组织间形成高度的聚合性,共同采取一致的行动。基于此,提出如下假设:

H3d-3:组织间的关系强度与管理者的信息共享能力正相关。

(4)关系强度与信息内化能力

企业间的网络关系形成信息流动与沟通的渠道,网络中的关系强度是信息流动的动力。一方面,在强关系的作用下,可以实现联结组织个体隐性信息流动与传递,隐性信息的共享更容易深化组织知识的广度和深度,扩展组织的知识体系;另一方面,强关系下,管理者之间的认知距离缩短,所获得共享信息更容易内化为本组织的知识。基于此,提出如下假设:

H3d-4:组织间的关系强度与管理者的信息内化能力正相关。

三、管理者认知与创新绩效

(一) 知识结构与创新绩效

基于文献梳理和理论分析,通过知识结构的集中性和复杂性两个维度对其进行测度。知识结构的集中性反映了个体管理者认知的知识结构是围绕某几个核心概念构建的。知识结构的集中性会形成刚性的管理者认知,成为企业成长与演化的障碍,增加网络组织适应环境的难度,但会强化组织可重复使用的行为惯例。因此,在动态的市场环境下,管理者会依据该集中的知识结构作出具体的行为决策,不断增强已有的核心能力刚性,不利于组织获得新的技能,对于联结组织而言,组织个体如果都停留在原有的组织管理上,不利于组织间创新绩效的实现。知识结构的复杂性反映了管理者的知识结构是由多个概念构建的,复杂的知识结构可以促使战略决策者更加迅速地对快速变化的环境事件作出感应,也可以感应更多的环境刺激。组织联结关系形成后,各主体管理者的知识结构越多样,其合作后,就会形成更多可选择的行为惯例,规避可能的决策偏见与认知刚性对环境适应性的阻碍,有利于管理者形成创造性思维,提升组织的创新绩效。基于此,提出如下假设:

H4:管理者的知识结构多样性程度越高,网络组织的创新绩效就越大。

(二) 信息 AESI 能力与创新绩效

从资源配置与资源利用的角度来看,两个及以上的组织合作是为了共同控制双方或对方一些独特的或互补的资源,通过自身资源和其他组织有用资源之间战略性的联结来创造价值。然而,异质性资源并不能直接转化为企业创新绩效,需要企业高的 AESI 能力,而 AESI 能力呈层级递进的关系,信息处理能力越高,企业作出创新性战略决策的可能性越大,就越有助于其获得较高的创新绩效。基于此,提出如下假设:

H5:管理者的信息 AESI 能力与创新绩效呈递进式正向关系。

1. 信息关注能力与创新绩效

首先,在动态的市场环境下,管理者越能较早地洞察到事件信息,就越能较早地把握企业可能的机会或潜在的风险,及时地形成选择性认知,形成创新绩效或规避可能的损失。同时,管理者有效的信息关注是企业作出及时的战略决策的前提与保障。其次,信息关注通过对市场的洞察,可以发现企业的产品或服务可能存在的与环境的不适应,从而调整现有的资源配置方式,是有效的新产品创意设计的保障。最后,信息关注可以使企业更好地了解消费者的需求,尤其是目前消费者的个性化、定制化需求,消费者需求的信息与知识对产品或服务的改进、新功能的探索都具有重要意义。将消费者的需求与现有的知识进行匹配,将其融入产品的开发中,是企业创新绩效实现的又一保障。有体系的信息关注与搜索,可以为企业提供及时的战略决策所需要的信息,更清楚地认识企业所处的内外部环境,对自身资源和能力有一个更清晰的认识。

及时的战略决策可以更新企业目前的运营活动,改变资源配置的方式。柔性的信息搜索,可以为企业带来多样化的信息,为资源整合或重构奠定基础。基于此,提出如下假设:

H5a:管理者的信息关注能力与创新绩效正相关。

2. 信息解释能力与创新绩效

通过对信息的解释,将分散的环境特征信息进行整合,增强企业对环境的认知,提升其对新市场、新技术的认识。对环境进行判断,发掘企业潜在的机会和可能的威胁,决定着企业战略的走向以及资源配置的方式。首先,信息解释的过程可以促进企业学习能力的提升,对自身的知识结构和知识体系有一个更加全面的了解,找到现有知识体系的不足,推动企业向联结企业或外部其他企业学习,以尽快抓住市场机会,获得竞争的先发优势。其次,当管理者通过对关注到的环境事件进行准确定位和解释,意识到企业生存过程中产生的风险和不确定性时,管理者会塑造性地整合重复使用的行为惯例,确定应对潜在风险的战略决策,规避资源整合过程中可能造成的损失。如蒂斯(2007)研究认为,如果企业无法对市场中潜在的威胁进行准确的判断,并形成清晰的认知,就会形成企业知识整合的障碍。再次,组织变革的先决条件是管理者要先意识到企业需要改变,该意识来源于管理者对信息的判断与解释,对信息的解释可以提高管理者对环境的认识,调整现在不适应的知识体系和知识结构,对当前可重复使用的行为惯例进行调整(Zollo and Winter,2002),进而重新配置现有的资源和能力。最后,对于同一环境事件,各联结企业的管理者囿于组织知识结构和惯例的约束,管理者会作出不同的环境解释,多元化的信息解释可以丰富联结企业知识的广度和深度,对组织联结形成更加清晰的认识,形成更加有效的合作战略。基于此,提出如下假设:

H5b:管理者的信息解释能力与创新绩效正相关。

3. 信息共享能力与创新绩效

经过前文的分析可知,信息共享包括信息共享的程度与信息共享的质量,信息是网络组织中的关键性要素,信息共享可以通过多路径提高企业的创新绩效(杨艳玲等,2015)。首先,组织间的信息共享可以进一步增强组织间的信任程度,有效规避可能的信息失真。对于纵向的供应链网络来说,可以有效地规避由于信息扭曲的无限放大所带来的"牛鞭效应"。对于具有金字塔层级关系的网络组织而言,也可以有效规避信息不对称带来的"信息放大性损失",而减低企业之间的协调与沟通成本,提升组织间信息协调的边际收益。其次,网络组织成员间愿意与其他组成成员进行信息共享时,就表征其具有深入合作的意愿,通过整合双方的力量,将赋予一定经济意义的信息与企业知识相融合,共同开发或探索新的产品或新的市场(钱丽萍,2010)。再次,组织间的信息共享,还可以进一步发掘新的合作渠道,拓展合作的广度与深度,增加组织间的专用性资产投资,提升创新绩效。最后,组织个体伙伴间相互信任是建立长期、有效的网络关系的基础。网络联结得越持久,各方履行承诺的可能性就越大,信息共享并获得创新性资源的可能性就越大。另外,由于网络关系的开放性,容易吸收新的成员加入。网络成员越多,异质性资源与技能、合作网络中充斥的信息就会越多,就越需要组织有较高的信息共享能力,同时,信息的透明度是组织间相互信任的基础,任何信息的隐瞒都可能给网络组织带来机会主义。基于此,提出如下假设:

H5c:管理者的信息共享能力与创新绩效正相关。

4. 信息内化与创新绩效

信息关注、信息解释、信息共享的实现,增强了企业知识的广度和深度,明晰了潜在的合作机会或可能存在的潜在威胁,丰富了组织的知识结构和知识体系,为企业提供了多元化的资源配置方式等。知识体系的丰富与多元化资源配置方式的形成并不必然产生创新,企业还需要获得信息内化能力的支持,才能真正获得创新绩效,体现组织联结的价值。一方面,对于所获得的多样化的信息,需要在管理者的认知框架体系内对其进行理解和整合,将获取的新信息纳入企业的实际运营中,从而对现有组织能力进行扩展或创造新的组织能力。信息的内化过程将关注、解释和共享的信息转化为实际的绩效,信息内化能力越高,越能获得更高的实际绩效(钱锡红等,2010)。另一方面,信息内化过程可以将获得的新信息与企业现有的知识体系进行融合,通过更新和扩展现有的知识储备更好地适应环境。基于此,提出如下假设:

H5d:管理者的信息内化能力与创新绩效正相关。

本书所涉及的主要概念及逻辑关系形成的假设模型如图 5.2 所示。

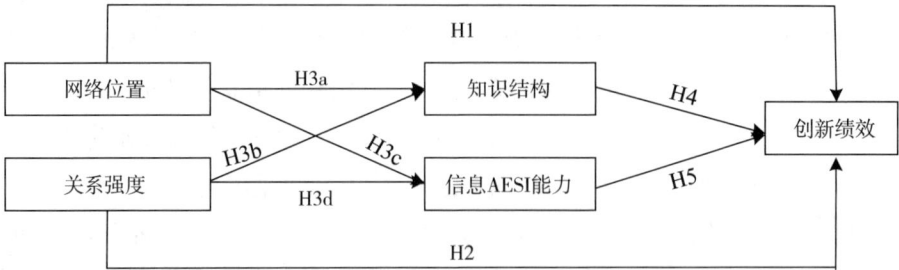

图 5.2　研究假设模型

注明:H3c 假设为主假设,包括 H3c-1、H3c-2、H3c-3 和 H3c-4 四个子假设;H3d 假设为主假设,包括 H3d-1、H3d-2、H3d-3 和 H3d-4 四个子假设;H5 为主假设,包括 H5a、H5b、H5c、H5d 四个子假设。

资料来源:根据研究需要自制。

第三节　变量的操作性定义及度量

一、管理者特征

根据 Hambrick 等(1984)等所提出的高阶理论,组织的行为决策受到管理者可观测到的管理者特征的影响,在管理者特征的约束下形成受限的洞察力和选择性认知,可观测到的管理者特征包括年龄、职业经验、教育程度等,这些特征影响组织的创新绩效(Hambrick and Mason,1984)。

(一) 统计学特征的测度

相对于年长的管理者,年轻的管理者会经历更大的获利能力的增长与获利波动。来自组织内部的高管,由于有限的知识会导致"有限的探索",如在组织变革、创新方面,来组织自外部的高管更有利于组织创新。管理者的教育水平(CEO 或其中心执行者)对创新的接受能力具有积极的影响。基于此,通过年龄、工作变动次数、学历结构、工作年限等统计学特征对管理者特征进行测度,同时选择企业性质作为控制变量,对模型进行测度。企业性质,选择将企业性质划分为国有企业和非国有企业两大类进行测度。

(二) 可观测的经验测度

基于文献和假设分析,选择对管理者的开放度和封闭性可观测到的行为特征进行测度。管理者的开放性和封闭性是两个相对的概念,本书参考达塔(Datta,2003)、连燕玲和贺小刚(2015)关于 CEO 开放性的测度方法计算管理者可观测的经验特征。

1. 开放性的测度

首先,选择管理者的年龄、教育水平和任职年限三个统计学特征;其次,对管理者年龄和任职年限通过乘以负一的方式进行负向转换;再次,对转换后的三个统计特征变量进行标准化处理;最后,将三个标准化处理的统计特征变量进行加总处理。

2. 封闭性测度

封闭性测度方式与开放性测度的步骤相同,只是在进行变量转换时,将管理者的教育程度进行负向处理,然后进行标准化和加总计算处理。

二、网络嵌入

基于文献总数中关于嵌入性理论的分析,网络嵌入分为关系嵌入和结构嵌入,具体内容如下。

(一) 网络结构维度

结构洞理论作为网络嵌入的另一工具性理论,也是推动网络组织变化的重要理论之一。"结构洞"指的是网络中关系稠密地带之间的网络位置,反映网络中个体之间无直接联系的现象(Burt,1992)。结构洞为在网络中有经济行为的企业提供获取信息、知识和资源的机会,增进行为人之间的相互依赖,克服了企业中存在的合作还是"搭便车"的两难选择。在松散型网络中,网络成员拥有更多的结构洞,可以获取更多的异质性信息,并且在社会资源获取上的竞争优势也越明显。具有丰富结构洞位置的企业网络中,若"结点"处于网络中"桥"的位置,具有较高的中介度,该结点可以获得更多的信息流和商业机会,进而获得更多的中介收益。结构洞有利于探索式技术创新。我国也有学者提出了结构洞的悖论,认为中国网络组织是以人伦关系为基础的网络组织,网络封闭性是其主要特征,而结构洞理论认为社会资本根源于两个孤立联结之间的中介机会,而不是网络封闭,产生了网络封闭与结构洞的悖论(罗珉、高强,2011)。

组织联结的本质是各合法组织通过交换关系、一致或互补的目标联结到一起。联结企业资源的特殊性、双方间的信任与共享意愿是价值创造的决定性因素。首先,由于社会资本的获得更倾向于有着互补性资源的双方。因此,异质性资源的互补与共享被认为是组织联结最重要的因素之一。其次,组织间信任与关系资本有助于知识等资源共享路径的搭建。基于信任的前提,合作关系淡化了企业边界,联结各方都可以以多接口接触外界信息,获得经济关系多重嵌入的协同效益,实现各联结主体的理念创新。关系质量的提升可以相互促进,产生大于单个经济行为嵌入加总的经济效益。最后,联结企业间资源的投入可以增强组织间的信任和合作意愿,但由于行为主体社会关系和经济关系的多重嵌入带来了更大的不确定性,机会主义行为增多,对组织间的信任和合作意愿产生弱化作用。

跨组织成员间信息等资源的联系形成一种网络结构,信任是嵌入的网络结构的前提(Granovetter,1985)。对于网络结构的衡量与测度指标,学者们主要依托网络位置中心度(Gulati,1999)和结构洞(Burt,1992)等。网络位置中心度反映了网络成员在网络中所处的位置与网络中心的接近程度,结构洞是一个网络间的"好位置",从此位置中获得更多差异化的信息领域。如果网络结构安排能够使所有的网络成员都能从中获益,各组织就会愿意接受这样的网络结构,而且有意愿进一步扩展合作的广度与深度(韩炜等,2013)。基于此,选择网络位置对网络结构进行测度,即个体在网络中所处的位置,描述了主体获得资源的可接近性(Tsai,2001)。高网络位置表明组织拥有更多的获取资源的机会(任胜钢、舒睿,2014)。因此,选取网络位置中心度和结构洞作为测度变量。

(二)网络关系维度

强弱关系理论作为网络嵌入研究的工具性理论,一直被学者们从多个角度进行研究和探索。强关系是群体、组织内部的纽带,社会经济特征相似的个体间的关系(Granovetter,1973)。结点之间的联结关系越强,获取的资源越丰富。强关系强联结则意味着双方间关系更加紧密,互动频率较高,有更多的机会交流和沟通,容易形成锁定效应。锁定效应进一步增强联结双方的信任,促进隐性和复杂知识的传递。强关系是一种信任、互惠和长期的观点,能抑制行动者的短视行为,达到维系组织间合作、实现共同获利的目的。在面对环境变化和不确定性冲击时,强关系更有利于组织嵌入既定的网络中,以达到规避风险、避免不确定性损失的目的。我国学者也根据中国情境对强弱关系进行了分析和论证,强关系充当没有联系的个人之间的网络桥梁(边燕杰、张文宏,2001),对知识的获取、技术创新能力的提升、渐进性创新等有正向的积极作用。弱关系是在社会经济特征不同的个体之间发生的,成员间异质性比较强,具有不同的知识结构。组织间的交流与互动可以带来更加多样化的信息和更多的冗余资源,所获取的资源都是新颖的,有利于企业提高知识创造能力,并有利于企业实现突破式创新(魏江、郑小勇,2010)。"弱关系"比"强关系"更能充当跨越社会界限去获得信息和其他资源的桥梁(Granovetter,1973,1985,1992),使企业嵌入距离较远的跨组织网络,更有助于形成异质化的、更广阔的跨组织网络。基于前面的分析,选择接触时间、互惠性、合作交流范围和投入资源等反映个体间的互动程度和嵌合程度。

三、管理者认知

基于整合研究框架,管理者认知包括两大组成部分,分别为管理者认知结构和管理者认知过程,管理者认知是管理者认知结构和认知过程的整合。管理者认知结构和认知过程的整合是未来管理学领域研究的一个方向。基于前文的理论分析和概念界定,认知结构用知识结构进行反映,认知过程通过信息架构进行反映。

(一) 惯例观的管理者认知:知识结构

根据关于惯例观的管理者认知的界定可知,管理者在长期的生产经营过程中会逐步形成稳定的、固化的、情境依赖性的信念或者心智模式。该心智模式在组织的发展中是不断重复的,该信念、心智模式或行为模式具有较强的"惯性",形成惯例观的管理者认知。

对于网络组织来说,包含多个个体企业,知识结构的集中和复杂性应赋予新的解释和界定。由于网络组织中各个体之间存在着主体的异质性,基于不同的组织惯例,形成不同的管理者认知结构。因此,基于网络组织的内涵,管理者认知结构是建立在不同主体的基础上的,其管理者知识结构的集中性反映不同主体间管理者的知识结构是否围绕几个"核心概念"构建起来,核心概念包括"组织环境""合作意愿""信任""网络关系""网络结构""联结方式""组织战略""组织绩效"等。这些核心概念具有很强的组织黏性,是随着企业长期的经营发展而不断反馈累积下来的知识。知识结构越集中就越说明组织个体管理者的知识结构面越窄;反之,知识结构越分散,说明组织个体管理者的知识结构面越宽。管理者知识结构的复杂性是指不同主体之间管理者知识结构的一体性与差异性,即这些核心概念之间的一致性和差异性,反映了不同主体间管理者知识结构的融合性与异质性。简单来说,网络组织不同主体之间,管理者知识结构复杂性中的一致性程度越高,越能说明网络组织不同主体之间的融合性越高,反之则说明,主体间管理者在"组织环境""合作意愿""信任""网络关系""网络结构""联结方式""组织战略""组织绩效"等核心概念间的联系程度越疏松,异质性越高,越能说明不同主体管理者间存在多样化的核心概念,给企业提供更多的战略选择,也可以促进企业更好地适应外部环境的动态变化。因此,学者们得出结论,管理者认知结构多样化的程度决定着企业创新的程度,影响企业获取创新的机会。因此,本书通过知识结构的多样性测度静态的管理者认知。

(二) 管理者认知过程:信息架构

全球一体化进程的加快和世界范围内经济动荡的频繁发生,使企业面临更加激烈的竞争环境,我国企业的生命周期也日渐缩短,具有高度的不确定性和不可预见性(井润田,2016)。内外部环境的变化推动企业的管理方式和运营方式的变化,企业管理方式和运营方式的客观需求表明,"先计划再执行"的传统战略模式在面对环境的不确定性和高震荡性时表现出明显的短板,这就需要组织采取非计划的即兴运作(王军等,2016)。因此,在时间压力下,直觉、创造力和现在资源的整合成为很多企业的选择。外部环境的高度不确定性也需要作出即时反应,更加强调环境的适应性,增强随机应变的能力,使组织认知模式从原模式进入新的认知模式。基于此,如果组织成员能够即时获得所需的信息,组织就可以用即兴战略代替事前的计划,并根据环境变化及时调整组织当前的行为。

基于对高阶理论和双元理论的分析,学者研究认为影响企业战略决策的制定因素不再是纯粹的经济因素,信息也是重要的影响因素,信息的处理过程和利用过程影响甚至决定企业战略决策的优化(李金早、许晓明,2008)。信息的处理与利用是由高级管理者完成的,由于有限理性和其他多种因素的制约,高层管理者只能关注或理解全部信息的一部分或一个子集(Hambrick and Mason,1984)。组织必须搜索和关注更加有用的信息,以发现新的优势和挑战,大量的可用性信息可以为组织创造竞争优势(Knippenberg et al,2015)。信息本身不具有提升绩效和竞争的功效,而是依附于行动者将信息转化为组织行动的战略。信息已不再是一个稀缺的资源,对于组织结构来说,信息关注是一个稀缺的资源。在网络情境下,信息形成与传递的速度远远快于管理者信息关注的反应速度,即组织内外部所形成的信息规模远远大于管理者所关注的信息规模,组织不能假设信息都是免费的。相反,组织必须投入大量的财力和时间充分利用可用的信息来开发和实现战略。对于所有的企业来说,信息机会是不受制于技术发展的,但由于人的有限理性,人们对于信息的关注与处理能力是受限的。通过对市场领导者模仿市场追随者的行为研究发现,信息具有竞争性功能,当市场信息共享很高时,市场参与型领导可以从信息共享关系中获得正向的企业绩效。

管理者认知过程是指组织的高层管理者对所面临的内外部环境进行认知的信息加工和处理的过程。基于此,企业的战略决策者通常被认为是"信息加工者",扮演着对信息进行扫描、解释的角色,并最终决定企业对这些信息如何回应。根据前文高阶理论和双元理论的分析,从组织层面来看,管理者认知过程的实现要经过三步:首先,高层管理者受到自身心理学因素和可观测到的经验的约束,只能对企业内外部信息进行有限的关注,而忽视或放弃其他信息,形成有限的选择性认知;其次,高层管理者对关注的信息根据企业的经济发展的需要进行解释,并赋予一定的意义;再次,高层管理者根据被赋予一定意义的信息形成企业认知选择(Hambrick and Mason,1984;Hambrick,2007)。简单地说,认知过程通过"关注(Attention)—解释(Explanation)—共享(Sharing)—内化(Internalization)"实现,信息 AESI 能力反映了管理者的能力认知、配置认知和意愿认知。

因此,动态的组织环境下,知识是企业获取持续竞争优势的主要动力。企业的竞争优势不仅来源于组织自身的存量储备,还需要从外界获得异质性知识,进行知识的整合。一方面网络组织个体掌握着一定的关键性知识;但另一方面,囿于高管能力和组织惯例的约束,其不能掌握所有的知识,所以在遇到突发事件或者环境震荡的冲击时,不得不从外界获取一些新的知识。基于资源基础理论,不同企业之间的资源是具有异质性的,资源之间的异质性使得通过资源转移与共享实现资源互补在理论上成为可能(包凤耐、彭正银,2015)。本书通过信息关注、信息解释、信息共享和信息内化四个维度测度管理者认知的动态形成过程。

四、价值创造:创新绩效

创新绩效是对网络组织价值实现的反映,表现在效率与效果两个方面:①联结双方管理者的联结意愿、管理者信息治理能力影响组织间资源与技能的整合程度,决定了创新的效率;②联结意愿表现为联结双方的互动程度与嵌合程度,而信息的转化能力依托于组织在网络中的位置、组织间的互动程度以及管理者的特征。其中,管理者的特征包括年龄、受教育程度、工作变动次数、任职年龄及可观测到的经验等,这决定了创新的效果。对创新绩效进行研究包括三方面的指标:成本性指标、收益指标和技术性指标,其中技术性指标主要包括资源配置的多样化、组织惯例的更新、组织能力的提升、新产品的数量与研发成功率、新产品的市场占比等。

第四节　研究设计与数据分析

一、研究样本与数据收集

(一) 问卷发放方式

通过问卷调查收集相关的研究数据,保证调查问卷的真实有效是进行数据分析的基础与前提条件。因此,分别从数据真实性、量表有效性和样本分布范围有效性三个维度保障样本的真实有效。

1. 数据真实性保障

（1）调研属性

样本数据从三个方面来保证问卷调查数据的真实有效。第一，调研对象：调研的主要是组织联结、管理者认知与创新绩效之间的关系。基于此，在选用调研对象时，主要是企业的高层管理人员、财务人员和技术人员；第二，调研范围：调研的区域包括北京、天津、浙江、广东、厦门、上海、江苏、福建等省市；第三，调研方式：在进行问卷发放时，综合采用多种方式进行问卷发放。

（2）问卷调研的具体方法

①通过在银行、证券公司、保险公司、事务所等的朋友帮助，让他们利用实地贷款、投资人投资、保险人投保、年终审计等机会借助问卷星平台向公司管理人员、技术人员和财务人员发放问卷，采用此方式共发放问卷403份，收回有效问卷350份，剔除答题时间少于100秒的问卷，连续5题选择同一答案的问卷；另外，采用此途径直接发放纸质问卷160份，收回153份。②利用网络便捷性，通过E-mail共发放问卷35份，收回33份，有效问卷21份。③直接与高新技术企业工作的管理人员和技术人员访谈，发放问卷7份，全部有效并收回。④向厦门大学、天津财经大学、上海财经大学EMBA班学员发放问卷，共发放260份，收回178份，有效问卷77份。

（3）样本收集时间与样本量

样本数据的收集来源于两个时间段，2016年7—12月共收集有效样本数据258份，2017年10月—2018年2月共收集有效样本350份。最终共得到有效问卷608份，有效回收率为70.29%，符合理论研究中对有效问卷基本回收率的要求。

2. 量表的有效性

为了确保量表的有效性，保障测量内容能反映企业的网络组织的真实情况，正式量表发放之前在课题组内进行了多次讨论，在校内EMBA班进行了预调研，并请有关专家和部分管理者对问卷的各题项进行了多次修改，以确保各测量题项能反映理论上所设定的潜变量。同时在正式问卷调研的过程中，参与受访的管理者没有对题项产生歧义。因此，可以认为本问卷具有较好的内容效度,是适合对网络组织的网络位置、关系强度、管理者认知和创新绩效进行分析的。

　　3.样本分布范围的有效性

　　所调研的样本对象的有效性表现在以下几个方面:第一,从管理者年龄上来看,样本对象主要集中在 26 岁到 55 岁之间,调研样本的年龄数据基本符合正态分布;第二,从学历结构上来看,样本主要集中在大学本科和研究生学历上,也基本符合正态分布;第三,从工作变动次数上来看,样本分布比较均衡;第四,从工作年限上来看,样本主要集中在 5—35 年之间,3 年以下和 35 年以上的管理者较少;第五,从工作类别上来看,涵盖 CEO(董事长)、总经理、财务总监、技术总监、研发总监和其他部门总监,分布较为均衡,具有较好的代表性;第六,从企业性质上来看,国有企业和非国有企业占比基本均衡;第七,从调研样本所属行业性质的角度来看,除住宿业和租赁、商务服务业外,均有所涵盖;第八,企业不同规模、成立时间分布也比较均衡。具体的样本分布特征如表 5.1 所示。

表 5.1　调查样本的分布特征表

测量指标	选项描述	样本数	百分比	测量指标	选项描述	样本数	百分比
管理者年龄	25 岁及以下	57	9.42%	学历	大专及以下	79	13.06%
	26—35 岁	159	26.28%		大学本科	328	54.21%
	36—45 岁	181	29.92%		硕士研究生	156	25.79%
	46—55 岁	150	24.79%		博士研究生	42	6.94%
	55 岁以上	58	9.59%	工作年限	3 年以下	75	12.40%
工作变动次数	0	106	17.52%		3—5 年	63	10.41%
	1	131	21.65%		6—10 年	106	17.52%
	2	135	22.31%		11—15 年	110	18.18%
	3	170	28.10%		16—20 年	110	18.18%
	4	50	8.26%		21—35 年	111	18.35%
	5 次及以上	13	2.15%		35 年以上	30	4.96%

续表

测量指标	选项描述	样本数	百分比	测量指标	选项描述	样本数	百分比
企业性质	国有企业	301	49.51%	企业规模（人数）	20 人及以下	101	16.61%
	非国有企业	307	50.49%		21—50 人	103	16.94%
企业成立时间	3 年以下	89	14.64%		51—100 人	59	9.70%
	3—5 年	104	17.11%		101—200 人	58	9.54%
	6—10 年	105	17.27%		201—300 人	90	14.80%
	11—15 年	61	10.03%		301—1000 人	188	30.92%
	15 年以上	249	40.95%		1000 人以上	9	1.48%

资料来源:根据问卷调研数据整理。

4. 样本数据初步质量检验

在对样本数据进行正式分析之前,对所采集的数据进行了正态性检验,根据 Q-Q 图和非参数的 K-S 的性状检验可知,样本数据分布符合正态分布,质量较高。同时对调研的 64 个题项进行因子分析,检验问卷可能存在的总体同源性偏差问题。将题项分为关系强度、网络位置、知识结构、信息关注、信息解释、信息共享、信息内化和创新绩效 8 个因子,解释了总变异量的 93.43%,其中因子 1 解释了 32.65%,未超过 40%。统计检验表明,对于总体问卷来说,没有任何一个单一因子能够解释绝大部分的变异量,本问卷数据的同源性偏差在合理的范围内。

二、量表信度和效度检验

创新绩效、网络位置、关系强度的各题项均采用成熟的量表体系,根据研究需要,作适当的调整,信息 AESI 能力的各题项是根据理论和实践调研进行设计的,通过预调研的问卷测试确定最终的题项。对各变量题项测度,本书参考 Likert 等级量表体系,设定七级打分方法进行测度,分数从 1-7 依次代表被调研者对问卷中所设定问题的题项从完全不同意到完全赞同,1 表示完全不同意,4 代表不确定(中庸态度),7 表示完全赞同。

基于 SPSS 23.0 和 AMOS 23.0 统计软件,采用 Cronbach'α 系数测试各题项的内部一致性,采用建构信度 ρ_c 系数检验各潜变量和模型的内部质量。经检验,各变量的 α 值在 0.829—0.957 之间,均超过了 0.700,其中问卷总 α 值为 0.973,网络位置、关系强度、知识结构、信息关注能力、信息解释能力、信息共享能力、信息内化能力、创新绩效的 α 信度分别为 0.846、0.856、0.870、0.863、0.860、0.829、0.832 和 0.957,同时分别将每一题项剔除,进行内部一致性测度,剔除题项后,α 值没有大幅度地变大或变小,说明所用量表是可靠的;α 值介于 0.829—0.957 之间,均超过了 0.500 的可接受水平。各变量标准因素负荷量、测量误差、信度系数、KMO 和球形检验,以及建构信度均显示适合作因子分析。具体的统计结果如下。

（一）网络位置的同质性、承载系数与信度检验

对于网络位置的测量,借鉴蔡(Tsai,2001)、钱锡红等(2010)、任胜钢和舒睿(2014)等的测量量表,共设置 4 个题项。通过共同性和承载系数检验,剔除共同性小于 0.2 和承载系数在 0.45 以下的题项(吴明隆,2010)。[①] 经检验,各题项的共同性均大于 0.2,因素抽取过程中,设置特征值大于 1、抽取数目为 2,经过最大化方差旋转后的共同因素的特征值为 2.755 和 0.551,可以解释的累积方差贡献度为 38.52%和 82.665%,KMO 和球形检验值在可接受范围内(见表 5.2 和表 5.3)。

表 5.2　网络位置各题项的承载系数与信度检验

潜变量	观测变量	测度指标	标准化承载系数	测量误差	信度系数	KMO 和球形检验	组合信度
网络位置(WZ)	WZ1	决策的主动权	0.765	0.415	0.585	0.803***	0.846
	WZ2	企业的纽带作用	0.887	0.213	0.787		
	WZ3	话语权	0.791	0.374	0.626		
	WZ4	多元化的组织关系	0.870	0.243	0.757		
适配指标			>0.45	<0.50	>0.50	>0.70	>0.70

注:*** 表示 P<0.001。

资料来源:根据 SPSS 因子分析结果整理。

---

① 吴明隆:《问卷统计分析实务:SPSS 操作与应用》,重庆大学出版社 2010 年版,第 188—192 页。

表5.3 网络位置删除项目后的整体统计量

	删除项目后的标度平均值	删除项目后的标度方差	修正后的项与总计相关性	删除项时的α值
WZ1	15.372	15.133	0.603	0.843
WZ2	14.781	14.412	0.770	0.765
WZ3	14.880	14.920	0.740	0.779
WZ4	14.661	16.452	0.630	0.826

资料来源:根据 SPSS 23.0 因子分析结果整理。

(二) 关系强度的共同性、承载系数与信度检验

对于关系强度的测度,参考蔡宁和潘松挺(2008,2010)、格兰诺维特(1973)等关于关系强度的测度指标,对于接触时间、互惠性、合作范围和投入资源,分别设置了3个题项,共12个题项。通过共同性和承载系数统计检验,剔除共同性小于0.2和承载系数在0.45以下的题项,KMO和球形检验值在可接受的范围内。经过检验,合作范围的第1个题项,即 GX7 题项,由于其信度系数低于0.5,故将此题项剔除,该题项剔除后,保留11个题项。对保留的11个题项再次进行共同性和承载系数检验,经检验,各题项的共同性均大于0.2。基于接触时间、互惠性、合作范围和投入资源四个维度,因素抽取过程中设置基于特征值大于1、抽取数目为4,经过最大化方差旋转后的共同因素的特征值为 4.278、1.384、0.983 和 0.811,可以解释的累积方差贡献度为25.629%、44.509%、57.535%和67.775%,KMO 和球形检验值在可接受的范围内。基于此,关系强度各题项的承载系数与信度检验表以及关系强度删除项目后的整体统计量如下(表5.4 和表5.5)。

表5.4 关系强度各题项的承载系数与信度检验

潜变量	观测变量	测度指标	标准化承载系数	测量误差	信度系数	KMO 和球形检验	组合信度
接触时间	JCSJ1	频繁的沟通与交流	0.844	0.288	0.712	0.858***	0.856
	JCSJ2	合作持续了多年	0.961	0.077	0.923		
	JCSJ3	投入大量的时间	0.791	0.374	0.626		

潜变量	观测变量	测度指标	标准化承载系数	测量误差	信度系数	KMO 和球形检验	组合信度
互惠性	HHX1	心怀感激	0.731	0.466	0.534		
	HHX2	互惠互利的原则	0.968	0.063	0.937		
	HHX3	相互信守承诺	0.940	0.116	0.884		
合作范围	HZFW1	生产、技术、市场等全方位的合作	0.734	0.461	0.539	0.858***	0.856
	HZFW2	共享社会关系	0.750	0.437	0.563		
投入资源	TRZY1	人力等无形资源	0.739	0.454	0.546		
	TRZY2	设备等有形资源	0.929	0.137	0.863		
	TRZY3	社会性资源	0.903	0.185	0.815		
适配指标			>0.45	<0.50	>0.50	>0.70	>0.70

注：*** 表示 $P<0.001$，** 表示 $P<0.01$，* 表示 $P<0.05$。

资料来源：根据 SPSS 23.0 因子分析结果整理。

表 5.5　关系强度删除项目后的整体统计量

潜变量	题项	删除项目后的标度平均值	删除项目后的标度方差	修正后的项与总计相关性	删除项时的 α 值
接触时间	GX1	48.757	76.850	0.600	0.780
	GX2	49.283	83.248	0.261	0.812
	GX3	48.515	77.219	0.559	0.784
互惠性	GX4	48.689	75.305	0.644	0.776
	GX5	49.954	88.077	0.054	0.837
	GX6	48.857	77.826	0.492	0.790
合作范围	GX8	49.374	74.995	0.562	0.782
	GX9	49.125	75.714	0.563	0.782
投入资源	GX10	49.010	74.329	0.648	0.774
	GX11	49.242	78.401	0.454	0.794
	GX12	49.640	77.427	0.459	0.793

资料来源：根据 SPSS 23.0 因子分析结果整理。

（三）知识结构的共同性、承载系数与信度检验

对知识结构的测度基于弗里曼（Freeman,1979）、那拉雅南等（2011）关于知识结构的界定,确定测度题项,共设置了7个题项。通过共同性和承载系数统计检验,剔除共同性小于0.2和承载系数在0.45以下的题项。经过检验,题项GL4信度系数低于0.5,故将此题项剔除,保留6个题项,对6个题项再次进行共同性和承载系数检验。经过检验,各题项的共同性均大于0.2,因素抽取过程中设置基于特征值大于1、抽取数目为4,经过最大化方差旋转后的共同因素的特征值为3.950、0.883、0.608和0.483,可以解释累积方差贡献度为24.546%、48.653%、69.731%和84.635%,KMO和球形检验值在可接受的范围内（见表5.6和表5.7）。

表5.6 知识结构各题项的承载系数与信度检验

潜变量	观测变量	测度指标	标准化承载系数	测量误差	信度系数	KMO和球形检验	建构信度
知识结构	ZSJG1	支持多渠道实现战略	0.771	0.406	0.594	0.876***	0.870
	ZSJG2	可以快速找到合作伙伴	0.760	0.422	0.578		
	ZSJG3	现有的知识体系的柔性	0.815	0.336	0.664		
	ZSJG5	保障异质性的联结需求	0.750	0.438	0.563		
	ZSJG6	变化的环境中能快速调整自己的认知惯例	0.774	0.401	0.599		
	ZSJG7	包容多样化、冲突性信息	0.731	0.466	0.534		
适配指标			>0.45	<0.50	>0.50	>0.70	>0.70

注:*** 表示 P<0.001,** 表示 P<0.01,* 表示 P<0.05。
资料来源:根据 SPSS 23.0 因子分析结果整理。

表 5.7　知识结构删除项目后的整体统计量

潜变量	题项	删除项目后的标度平均值	删除项目后的标度方差	修正后的项与总计相关性	删除项时的 α 值
知识结构	ZSJG1	26.127	29.547	0.672	0.842
	ZSJG2	26.461	29.926	0.626	0.851
	ZSJG3	26.442	28.712	0.705	0.836
	ZSJG5	25.885	29.450	0.650	0.846
	ZSJG6	26.059	29.074	0.678	0.841
	ZSJG7	26.099	29.292	0.646	0.847

资料来源:根据 SPSS 23.0 因子分析结果整理。

（四）信息 AESI 能力的共同性、承载系数与信度检验

根据调研数据和概念模型分析,信息转化能力包括信息关注、信息传递、信息共享与信息内化,信息转化能力参考尼彭贝格等(2015)关于信息的界定,基于邓少军(2010)、汉布里克、梅森(1984)等的研究,共设置了 18 个题项。

1. 信息关注能力的共同性、承载系数与信度检验

通过共同性和承载系数统计检验,剔除共同性小于 0.2 和承载系数在 0.45 以下的题项。通过题项逐一删除的检测,IA6 题项删减后 α 值发生了明显的变化,其中总体题项的 α 系数由 0.854 变为 0.764,IA1 题项的 α 系数由 0.857 变为 0.712,IA2 题项的 α 系数由 0.826 变为 0.619,IA3 题项的 α 系数由 0.788 变为 0.635,IA4 题项的 α 系数由 0.793 变为 0.638,IA5 题项的 α 系数由 0.809 变为 0.657,其中 IA1、IA2、IA3、IA4 和 IA5 的 α 信度系数降到了可接受的水平(>0.70)下,故将 IA6 题项剔除,保留 5 个题项。对保留的 5 个题项再次进行共同性和承载系数检验,经过检验,IA1 题项的信度系数低于 0.5,故将该题项剔除。对保留的 4 个题项第三次进行因子分析和信度检验,经过检验各题项的共同性均大于 0.2,因素抽取过程中设置基于特征值大于 1、抽取数目为 2,经过最大化方差旋转后的共同因素的特征值为 2.841 和 0.559,

可以解释累积方差贡献度为 50.729% 和 85.001%，KMO 和球形检验值在可接受的范围内。

2. 信息解释能力的共同性、承载系数与信度检验

对信息解释能力的测度设置了 4 个题项，通过共同性和承载系数统计检验，剔除共同性小于 0.2 和承载系数在 0.45 以下的题项（吴明隆，2010）。①经过检验，各题项的共同性均大于 0.2，因素抽取过程中设置基于特征值大于 1、抽取数目为 2，经过最大化方差旋转后的共同因素的特征值为 2.826 和 0.564，可以解释的累积方差贡献度为 49.726% 和 84.736%，KMO 和球形检验值在可接受范围内。

3. 信息共享能力的共同性、承载系数与信度检验

对信息共享能力的测度设置了 5 个题项，通过共同性和承载系数统计检验，剔除共同性小于 0.2 和承载系数在 0.45 以下的题项（吴明隆，2010），经过检验，各题项的共同性均大于 0.2，因素抽取过程中设置基于特征值大于 1、抽取数目为 3，经过最大化方差旋转后的共同因素的特征值为 2.970、0.792 和 0.473，可以解释的累积方差贡献度为 32.770%、61.070% 和 84.705%，KMO 和球形检验值在可接受的范围内。

4. 信息内化能力的共同性、承载系数与信度检验

对信息共享能力的测度设置了 3 个题项，通过共同性和承载系数统计检验，剔除共同性小于 0.2 和承载系数在 0.45 以下的题项（吴明隆，2010）。经过检验，各题项的共同性均大于 0.2，因素抽取过程中设置基于特征值大于 1、抽取数目为 3。经过最大化方差旋转后的共同因素的特征值为 2.970、0.792 和 0.473，可以解释的累积方差贡献度为 32.770%、61.070% 和 84.705%，KMO 和球形检验值在可接受的范围内。

信息 AESI 能力的同质性、承载系数和信度检验如表 5.8 和 5.9 所示。

---

① 吴明隆：《问卷统计分析实务：SPSS 操作与应用》，重庆大学出版社 2010 年版，第 188—192 页。

表 5.8　信息 AESI 能力各题项的承载系数与信度检验

潜变量	观测变量	测度指标	承载系数	测量误差	信度系数	KMO 和球形检验	组合信度
信息关注	IA2	机会、威胁的洞察力	0.770	0.407	0.593	0.801***	0.863
	IA3	多渠道的信息关注	0.879	0.227	0.773		
	IA4	消费者需求的洞察	0.874	0.236	0.764		
	IA5	产品环境适应力的洞察	0.844	0.288	0.712		
信息解释	IE1	对现有知识体系的解释	0.771	0.406	0.594	0.799***	0.860
	IE2	对环境特征的认定	0.876	0.233	0.767		
	IE3	突发事件的解释	0.871	0.241	0.759		
	IE4	现有知识体系的调整	0.839	0.296	0.704		
信息共享	IS1	信息交流的技术保障	0.749	0.439	0.561	0.807***	0.829
	IS2	关键性资源的共享	0.788	0.379	0.621		
	IS3	突发事件的共享	0.790	0.376	0.624		
	IS4	共同开发新的合作项目	0.725	0.474	0.526		
	IS5	共同探索新的市场或产品	0.799	0.362	0.638		
信息内化	II1	制定有效的企业战略	0.866	0.251	0.749	0.801***	0.832
	II2	信息融入现有知识体系	0.852	0.275	0.725		
	II3	信息与资源的整合	0.878	0.229	0.771		
适配指标			>0.45	<0.50	>0.50	>0.70	>0.70

注:*** 表示 P<0.001,** 表示 P<0.01,* 表示 P<0.05。

资料来源:根据 SPSS 23.0 因子分析结果整理。

表 5.9　信息 AESI 能力删除项目后的整体统计量

潜变量	题项	标度平均值	标度方差	修正后的项与总计相关性	删除项后的 α 值
信息关注	IA2	16.688	13.866	0.617	0.863
	IA4	16.258	14.182	0.748	0.799
	IA5	16.102	15.334	0.701	0.821
	IA3	16.202	14.221	0.767	0.792
信息解释	IE1	16.671	13.908	0.617	0.858
	IE2	16.184	14.259	0.763	0.789
	IE3	16.232	14.304	0.743	0.797
	IE4	16.084	15.421	0.693	0.819
信息共享	IS1	19.194	29.751	0.584	0.800
	IS2	19.294	28.748	0.634	0.787
	IS3	19.508	25.489	0.661	0.777
	IS4	20.347	26.184	0.580	0.805
	IS5	19.117	27.612	0.661	0.778
信息内化	II1	10.033	6.770	0.692	0.767
	II2	10.306	6.707	0.670	0.789
	II3	10.155	6.503	0.713	0.745
适配指标					>0.70

资料来源:根据 SPSS 23.0 因子分析结果整理。

（五）创新绩效的共同性、承载系数与信度检验

对创新绩效的衡量指标较多,有客观性的指标,也有主观性的指标。本书在指标选取的过程中,为了尽可能降低判别的误差,借鉴库珀等(Cooper et al,1988)和蔡宁(2001)的研究成果,从创新效益和创新效率两个角度衡量,共设置了 11 个题项。通过共同性和承载系数统计检验,各题项的共同性均大于 0.2,因素抽取过程中设置的抽取数目为 2,经过最大化方差旋转后的共同因素的特征值为 7.127 和 0.616,第一个因子可以解释量表变量的 39.817%,未旋转的因子分析结果显示,第一个因子的方差贡献率为 33.101%,未超过 40%,剔除承载系数在 0.45 以下的题项,确定了 8 个题项,KMO 和球形检验值在可接受的范围内(见表 5.10)。

表 5.10 创新绩效各题项的承载系数与信度检验

潜变量	观测变量	测度指标	承载系数	测量误差	信度系数	KMO 和球形检验	组合信度
创新绩效	JX1	新产品的研发时间明显缩短	0.849	0.279	0.721	0.933***	0.957
	JX3	新产品的研发成功率	0.890	0.209	0.791		
	JX4	新产品的研发成本下降	0.885	0.217	0.783		
	JX5	资源配置的多样化	0.860	0.260	0.740		
	JX6	组织惯例的更新	0.862	0.256	0.744		
	JX7	组织处理突发事件的能力得到明显改善	0.785	0.384	0.616		
	JX8	开拓了新的市场	0.855	0.269	0.731		
	JX9	总能率先抢占市场	0.851	0.276	0.724		
适配指标			>0.45	>0.50	>0.50	>0.70	>0.70

注:*** 表示 P<0.001,** 表示 P<0.01,* 表示 P<0.05。

资料来源:根据 SPSS 因子分析结果整理。

表 5.11 创新绩效删除项目后的整体统计量

潜变量	题项	标度平均值	标度方差	修正后的项与总计相关性	删除项后的 α 值
创新绩效	JX1	34.410	82.048	0.725	0.945
	JX3	34.753	79.112	0.808	0.940
	JX4	34.528	79.169	0.803	0.940
	JX5	34.786	80.053	0.798	0.941
	JX6	34.711	78.180	0.849	0.937
	JX7	34.597	78.818	0.843	0.938
	JX8	34.576	78.696	0.812	0.940
	JX9	34.393	79.840	0.816	0.940
适配指标					>0.70

资料来源:根据 SPSS 23.0 因子分析结果整理。

（六）控制变量

管理者特征作为控制变量，参考汉布里克、梅森（1984）、赫尔法特、贝特洛夫（2015）的测度量指标进行衡量，通过管理者年龄、受教育程度（用学历表示）、工作年限和工作变动次数测度管理者的统计学特征，通过管理者的开放性和封闭性测度管理者可观测的经验特征。

第五节　假设检验与分析

一、相关性分析

首先对研究所设计的各变量的均值、标准差和 Pearson 相关系数进行了初步的检验，通过统计分析发现，网络位置、关系强度与创新绩效显著正相关，知识结构和信息 AESI 能力与创新绩效显著正相关，这一结果与前文所提出的假设是基本吻合的（见表 5.12）。为了保障研究结论的科学性与合理性，还需进一步进行深入的统计分析和假设检验。

表 5.12　各变量的均值、方差与相关系数

变量	平均值	标准差	WZ	GX	ZSJG	IA	IE	IS	II	JX
WZ	4.975	1.269	1.000							
GX	4.913	0.876	0.681**	1.000						
ZSJG	5.236	1.069	0.751**	0.841**	1.000					
IA	5.438	1.236	0.519**	0.527**	0.604**	1.000				
IE	5.431	1.239	0.516**	0.527**	0.601**	0.496**	1.000			
IS	4.873	1.284	0.683**	0.647**	0.704**	0.576**	0.573**	1.000		
II	5.082	1.239	0.699**	0.664**	0.761**	0.517**	0.515**	0.671**	1.000	
JX	4.942	1.269	0.780**	0.734**	0.770**	0.561**	0.558**	0.690**	0.759**	1.000

注：* 表示 $p<0.05$，** 表示 $p<0.01$，*** 表示 $p<0.001$，WZ:网络位置，GX:关系强度，ZSJG:知识结构，
　IA:信息关注，IE:信息解释，IS:信息共享，II:信息内化，JX:创新绩效。
资料来源:根据 SPSS 23.0 因子分析结果整理。

二、假设回归检验

假设检验采用 SPSS23.0 和 AMOS23.0 作为统计分析工具,构建模型进行参数估计及显著性检验,检验网络位置、关系强度对创新绩效的影响,验证知识结构和信息 AESI 能力的中介作用。基于温忠麟(2005)提出的中介效应检验程序,构建网络嵌入(网络位置和关系强度)、管理者认知(知识结构和信息 AESI 能力)与创新绩效间关系的中介效应检验模型,如图 6.3 所示。

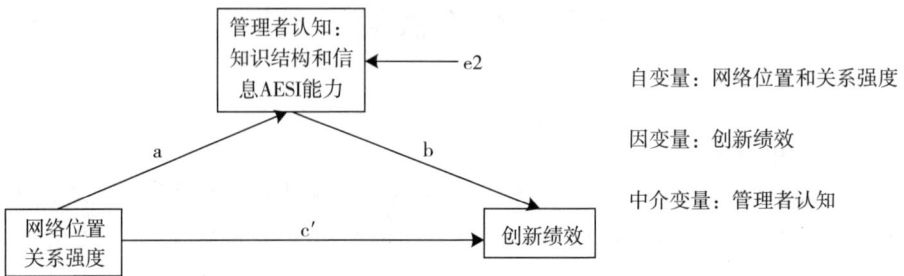

图 5.3 知识结构和信息 AESI 能力中介作用示意图

资料来源:根据研究需要自制。

基于温忠麟(2005)的中介效应检验程序及回归分析的条件,构建如下四个回归方程:方程(一)表示网络位置和关系强度(自变量)对创新绩效(因变量)的直接影响,即自变量对因变量的直接影响;方程(二)表示网络位置和关系强度(自变量)对知识结构、信息 AESI 能力(中介变量)的影响,即自变量对中介变量的影响;方程(三)回归分析网络位置、关系强度(自变量)和知识结构、信息 AESI 能力(中介变量)对创新绩效(因变量)的影响,即自变量、中介变量对因变量的影响。

$$JX = \partial_1 + c_i NE_{it} + \varepsilon_1 \tag{5-1}$$

$$MC_{it} = \partial_2 + a_i NE_{it} + \varepsilon_2 \tag{5-2}$$

$$JX = \partial_3 + c'_i NE_{it} + b_i MC_{it} + \varepsilon_3 \tag{5-3}$$

方程(一)(二)(三)中的 ∂ 表示常数项,c_i、a_i、c'_i、b_i 表示系数矩阵,JX 表示创新绩效,NE 表示网络位置和关系强度,MC 表示管理者认知的知识结构和信息 AEIS 能力,ε 表示误差项。

（一）网络位置和关系强度对创新绩效影响的直接效应（检验系数 c）

1. 不考虑控制变量

网络位置和关系强度对创新绩效的直接影响,统计结果验证了 H1 和 H2 假设(见表 5.13)。当不考虑中介变量时,网络位置和关系强度对创新绩效存在显著的正向关系,影响系数分别为 0.780 和 0.507,网络位置对创新绩效的 χ^2 除以自由度的值为 1.997(<2.0),调整前的拟合优度为 0.609,调整后的拟合优度为 0.608,RMSEA 为 0.040,小于 0.06 的判别标准,DW 值为 1.913,接近于 2。网络关系对创新绩效的 χ^2 除以自由度的值为 1.775(<2.0),调整前后的拟合优度均为 0.539,DW 值为 1.936,接近于 2,RMSEA 值为 0.035,小于 0.06 的判别标准。因此,模型的各项拟合值均在可接受的范围内(吴明隆,2010)[①],表明初始构建的结构方程模型(M1 和 M2)与实际数据的适配程度较好,在不考虑中介变量的情况下,可以接受 H1 和 H2 假设。

表 5.13　网络位置和关系强度对创新绩效的直接影响

逐步回归结果	标准化系数 c	χ^2/df	R^2	$A-R^2$	DW	COA	RMSEA
M1(WZ-->JX)	0.780***	1.997	0.609	0.608	1.913	0.625	0.040
M2(GX-->JX)	0.507***	1.775	0.539	0.539	1.936	0.679	0.035
适配指标	<2.0		越接近于 1 越好	接近于 2	$=\sqrt{1-R^2}$	<0.06

注: * 表示 $p<0.05$, ** 表示 $p<0.01$, *** 表示 $p<0.001$;$A-R^2$:Adjusted R^2,DW:Durbin-Watson,COA: Coefficient of Alienation。

资料来源:根据 SPSS 逐步回归分析结果整理。

因此,基于 M1 和 M2 以及对承载系数的分析结果,网络位置和关系强度对创新绩效影响的直接效应路径系数模型如图 5.4 所示。

2. 加入统计特征的控制变量

考虑管理者年龄、受教育程度、工作变动情况和工作年限控制变量的情况下,网络位置和关系强度对创新绩效的直接影响。网络位置和关系强度的逐

_____

① 吴明隆:《问卷统计分析实务:SPSS 操作与应用》,重庆大学出版社 2010 年版,第 425—435 页。

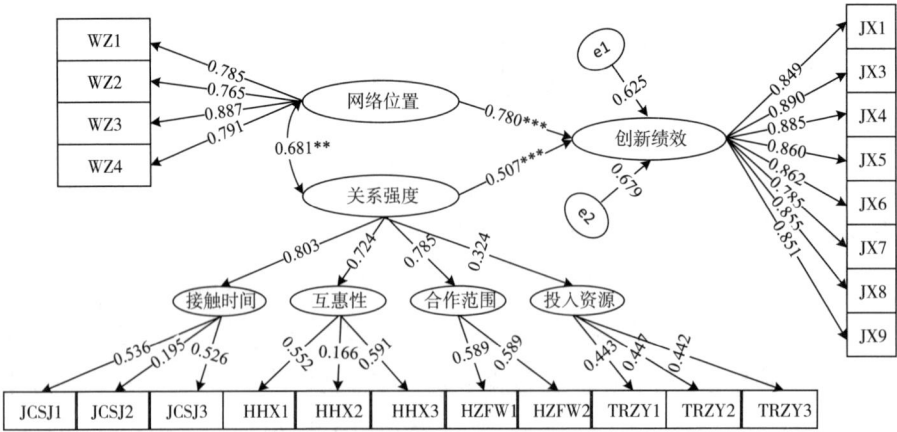

图 5.4　直接效应路径系数图

资料来源:根据因子分析结果和逐步回归分析结果整理。

步回归结果验证了 H1 和 H2 假设(见表5.14),网络位置和关系强度对创新绩效存在显著的正向关系,相比不考虑控制变量的情况,网络位置对创新绩效的影响程度略有提升,影响系数从 0.780 上升到 0.783,而网络关系对创新绩效的影响提升幅度较大,影响系数从 0.507 上升到 0.730,但两者的显著性水平都有所下降。

模型回归结果的各项拟合指标均在可接受的范围内:首先,网络位置对创新绩效影响的拟合优度 R^2 为 0.628,调整后的 $A-R^2$ 为 0.617,DW 检验值为 2.017,接近于 2.0,χ^2 除以自由度的值为 1.948(<2.0),RMSEA 的值为 0.040(<0.06),表明构建的结构方程模型(M3)与实际数据的适配程度较好,可以进行后续中介效应检验。其次,网络关系对创新绩效的影响的拟合优度 R^2 为 0.549,调整后的拟合优度 $A-R^2$ 为 0.536,DW 检验值为 2.076,接近于判断标准 2.0,χ^2 除以自由度的值为 1.855,小于 2.0 的判断标准,RMSEA 的值为 0.038,小于 0.06 的判断标准(吴明隆,2010),表明构建的结构方程模型(M4)与实际数据的适配程度较好,模型回归系数显著,可以进行后续中介效应检验。

表 5.14　考虑控制变量情况网络位置和网络关系对创新绩效的影响

逐步回归结果	自变量/控制变量	标准化系数 c	标准误差	模型拟合优度
M3 (WZ-->JX)	网络位置	0.783**	0.025	$R^2=0.628(A-R^2=0.617)$ DW=2.017 COA=0.619 $\chi^2/df=1.948$ RMSEA=0.040
	edu(本科以下/以上)	-/+*	0.153	
	gznx(11—15 年以下/以上)	+*(-**)	0.109	
	gzbd(3 次以下/以上)	-**(+*)	0.132	
	age(46 岁以下/以上)	+*(+)	0.108	
M4 (GX-->JX)	关系强度	0.730**	0.041	$R^2=0.549(A-R^2=0.536)$ DW=2.076 COA=0.681 $\chi^2/df=1.855$ RMSEA=0.038
	edu(本科以下/以上)	-(+**)	0.153	
	gznx(11—15 年以下/以上)	+*(-*)	0.109	
	gzbd(3 次以下/以上)	+(+*)	0.132	
	age(46 岁以下/以上)	+*(-)	0.108	
适配指标	R^2 与 $A-R^2$ 越趋于 1 越好;DW 越趋于 2 越好;$COA=\sqrt{1-R^2}$;RMSEA<0.06			

注:* 表示 $p<0.05$,** 表示 $p<0.01$,*** 表示 $p<0.001$;$A-R^2$:Adjusted R^2,DW:Durbin-Watson,COA:Coefficient of Alienation;-*(**)表示负相关的显著性影响,+*(**)表示正相关的显著性影响,+表示正相关但显著性水平未通过,-表示负相关但是显著性水平未通过。

资料来源:根据 SPSS 逐步回归分析分析结果整理。

(二) 网络位置和关系强度对管理者认知的影响(检验系数 a)

1. 网络位置和关系强度对知识结构的影响

在不考虑控制变量的情况下,统计结果验证了 H3a 和 H3b 假设(见表 5.15),网络位置对知识结构的影响的标准化回归系数为 0.751,关系强度对知识结构影响标准化回归系数为 0.841,模型回归系数显著。

模型回归结果的各项拟合指标均在可接受的范围内:首先,网络位置对知识结构影响的拟合优度 R^2 为 0.564,与调整后的拟合优度 $A-R^2$ 是一致的,χ^2 除以自由度的值为 1.318,小于 2.0 的判断标准,DW 值为 1.844,接近于 2 的判断标准 RMSEA 的值为 0.023,小于 0.06 的判断标准。其次,关系强度对知识结构影响的拟合优度 R^2 为 0.707,调整后的拟合优度 $A-R^2$ 是 0.706,χ^2 除以自由度的值为 1.651,小于 2.0 的判断标准,DW 值为 2.056,接近于 2 的判断标准,RMSEA 的值为 0.033,小于 0.06 的判断标准,逐步回归的统计分析结果表明初始构建的结构方程模型(M5 和 M6)与实际数据适配程度较好,可接受 H3a 和 H3b 假设,模型回归系数显著,可以进行后续中介效应检验。

表 5.15　网络位置和关系强度对知识结构的影响(M5—M6)

逐步回归结果	标准化系数 a	χ^2/df	R^2	$A-R^2$	DW	COA	RMSEA
M5(WZ-->ZSJG)	0.751***	1.318	0.564	0.564	1.844	0.660	0.023
M6(GX-->ZSJG)	0.841***	1.651	0.707	0.706	2.056	0.542	0.033
适配指标		<2.0	越接近于1越好	接近于2	$=\sqrt{1-R^2}$		<0.06

注:* 表示 $p<0.05$, ** 表示 $p<0.01$, *** 表示 $p<0.001$;$A-R^2$:Adjusted R^2,DW:Durbin-Watson,COA:Coefficient of Alienation。

资料来源:根据 SPSS 23.0 逐步回归分析结果整理。

因此,基于 M5 和 M6 以及前文承载系数的分析结果,网络位置和关系强度对知识结构影响的路径系数模型如图 5.5 所示。

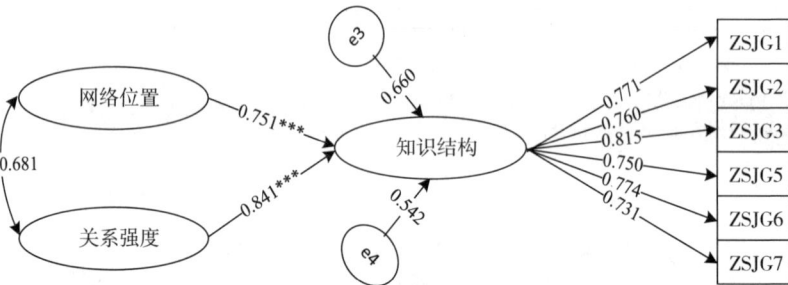

图 5.5　网络位置与关系强度对知识结构影响的路径系数图(M5—M6)

资料来源:根据 SPSS23.0、AMOS 23.0 因子分析结果和逐步回归的分析结果整理。

考虑控制变量的情况下,网络位置和关系强度对知识结构的影响程度下降,网络位置对知识结构的影响系数从 0.751 下降到 0.742,关系强度对知识结构的影响系数从 0.841 下降到 0.829,显著性水平也有所下降,统计结果验证了 H3a 和 H3b 假设(见表 5.16)。

模型回归结果的各项拟合指标均在可接受的范围内:首先,网络位置对知识结构影响的拟合优度 R^2 为 0.588,调整后的拟合优度 $A-R^2$ 是 0.576,χ^2 除以自由度的值为 1.410,小于 2.0 的判断标准,DW 值为 1.999,接近于 2 的判断标准,RMSEA 的值为 0.026,小于 0.06 的判断标准。其次,关系强度对知识结构影响的拟合优度 R^2 为 0.549,调整后的拟合优度 $A-R^2$ 是 0.536,χ^2 除以自由度的值为 1.728,小于 2.0 的判断标准,DW 值为 2.076,接近于 2 的判断标准,RMSEA 的值为 0.035,小于 0.06 的判断标准,表明初始构建的结构方程模型(M7 和 M8)与实际数据的适配程度较好,可以接受 H3a 和 H3b 假设,模型回归系数显著,可以进行后续中介效应检验。

表 5.16　网络位置和关系强度对知识结构的影响(M7—M8)

逐步回归结果	自变量/控制变量	标准化系数 a	标准误差	拟合情况
M7 (WZ-->ZSJG)	网络位置	0.742**	0.025	$R^2=0.588$ ($AR^2=0.576$) DW=1.999 COA=0.642 $\chi^2/df=1.410$ RMSEA=0.026
	edu(本科以下/以上)	$-^*(+^*)$	0.153	
	gznx(11—15 年以下/以上)	$-^*(-)$	0.109	
	gzbd(3 次以下/以上)	$+(+^*)$	0.132	
	age(46 岁以下/以上)	$+^*(+)$	0.108	
M8 (GX-->ZSJG)	关系强度	0.829**	0.041	$R^2=0.549$ ($A-R^2=0.536$) DW=2.076 COA=0.681 $\chi^2/df=1.728$ RMSEA=0.035
	edu(本科以下/以上)	$-(+^*)$	0.153	
	gznx(11—15 年以下/以上)	$-+(-^*)$	0.109	
	gzbd(3 次以下/以上)	$+^*(-)$	0.132	
	age(46 岁以下/以上)	$+(+^*)$	0.108	
适配指标	R^2 与 $AR^2\to1$;DW$\to2$	COA=$\sqrt{1-R^2}$	$\chi^2/df<2.0$	RMSEA<0.06

注:* 表示 p<0.05,** 表示 p<0.01,*** 表示 p<0.001;$A-R^2$:Adjusted R^2,DW:Durbin-Watson,COA:Coefficient of Alienation;edu:学历结构,gznx:工作年限,gzbd:工作变动次数,age:管理者年龄;$-^*$($-^{**}$)表示负相关显著性影响,$+^*$($+^{**}$)表示正相关显著性影响,+表示正相关但显著性水平未通过,-表示负相关但显著性水平未通过。

资料来源:根据 SPSS 逐步回归分析结果整理。

2. 网络位置和关系强度对信息 AESI 能力的影响

不考虑控制变量的情况下,模型 9-12(M9-12)的统计分析结果显示了网络位置对信息 ATSI 能力的影响,回归标准化系数分别为 0.524、0.293、0.453 和 0.461,回归结果显著。各项拟合指标均在可接受的标准内:网络位置对信息关注能力影响回归结果的拟合优度 R^2 为 0.279,调整后的拟合优度 $A-R^2$ 为

$0.269, \chi^2$ 除以自由度的值为 0.840, 小于 2.0 的判断标准, RMSEA 的值为 0.0163, 小于 0.06 的判断标准。网络位置对信息解释能力回归结果的拟合优度 R^2 为 0.248, 调整后的拟合优度 $A-R^2$ 是 0.246, χ^2 除以自由度的值为 0.836, 小于 2.0 的判断标准, RMSEA 的值为 0.0164, 小于 0.06 的判断标准。网络位置对信息共享能力回归结果的拟合优度 R^2 为 0.467, 调整后的拟合优度 $A-R^2$ 是 0.466, χ^2 除以自由度的值为 1.575, 小于 2.0 的判断标准, RMSEA 的值为 0.0308, 小于 0.06 的判断标准。网络位置对信息内化能力回归结果的拟合优度 R^2 为 0.489, 调整后的拟合优度 $A-R^2$ 是 0.488, 除以自由度的值为 1.575, 小于 2.0 的判断标准, RMSEA 的值为 0.0297, 小于 0.06 的判断标准, 验证了 H3c 假设(见表 5.17)。

表 5.17　网络位置和关系强度对信息 AESI 能力的影响

逐步回归结果	标准化系数 b	χ^2/df	R^2	$A-R^2$	DW	COA	RMSEA
M9(WZ-->IA)	0.524***	0.840	0.279	0.269	2.094	0.849	0.0163
M10(WZ-->IE)	0.293***	0.836	0.248	0.246	2.076	0.866	0.0164
M11(WZ-->IS)	0.453***	1.575	0.467	0.466	2.091	0.730	0.0308
M12(WZ-->II)	0.461***	1.534	0.489	0.488	2.006	0.715	0.0297
M13(GX-->IA)	0.325***	0.868	0.325	0.323	2.140	0.822	0.0147
M14(GX-->IE)	0.328***	0.872	0.278	0.277	2.124	0.850	0.0145
M15(GX-->IS)	0.339***	1.412	0.528	0.527	2.078	0.687	0.0261
M16(GX-->II)	0.350***	1.383	0.554	0.553	1.983	0.668	0.0251
适配指标		<2.0	越接近于 1 越好		接近于 2	$=\sqrt{1-R^2}$	<0.06

注: * 表示 $p<0.05$, ** 表示 $p<0.01$, *** 表示 $p<0.0001$; $A-R^2$: Adjusted R^2, DW: Durbin-Watson, COA: Coefficient of Alienation, RMSEA 由于系数接近, 保留了四位小数。

资料来源: 根据 SPSS23.0 逐步回归分析结果整理。

在不考虑控制变量的情况下, 模型 13-16(M13-16)的统计分析结果显示了关系强度对信息 ATSI 能力的影响, 回归标准化系数分别为 0.524、0.293、0.453 和 0.461, 回归结果显著。各项拟合指标均在可接受的标准内: 关系强度对信息关注能力回归结果的拟合优度 R^2 为 0.325, 调整后的拟合优度 $A-R^2$ 为 0.323, χ^2 除以自由度的值为 0.868, 小于 2.0 的判断标准, DW 值为 2.140,

接近于 2 的判别标准,RMSEA 的值为 0.0147,小于 0.06 的判断标准。关系强度对信息解释能力回归结果的拟合优度 R^2 为 0.278,调整后的拟合优度 $A-R^2$ 为 0.277,χ^2 除以自由度的值为 0.872,小于 2.0 的判断标准,DW 值为 2.124,接近于 2 的判断标准,RMSEA 的值为 0.0145,小于 0.06 的判断标准。关系强度对信息共享能力回归结果的拟合优度 R^2 为 0.528,调整后的拟合优度 $A-R^2$ 为 0.527,χ^2 除以自由度的值为 1.412,小于 2.0 的判断标准,DW 值为 2.078,接近于 2 的判断标准,RMSEA 的值为 0.0261,小于 0.06 的判断标准。关系强度对信息内化能力回归结果的拟合优度 R^2 为 0.554,调整后的拟合优度 $A-R^2$ 为 0.553,除以自由度的值为 1.383,小于 2.0 的判断标准,DW 值为 1.983,接近于 2 的判断标准,RMSEA 的值为 0.0251,小于 0.06 的判断标准,验证了 H3c 假设(见表 5.17)。因此,网络位置和关系强度对信息关注、信息解释、信息共享与信息内化具有正向的影响,可以继续进行后续中介效应检验。

基于 M9—M16 以及前文关于承载系数的因子分析结果,网络位置和关系强度对信息 AESI 能力影响的路径系数模型如图 5.6 所示。

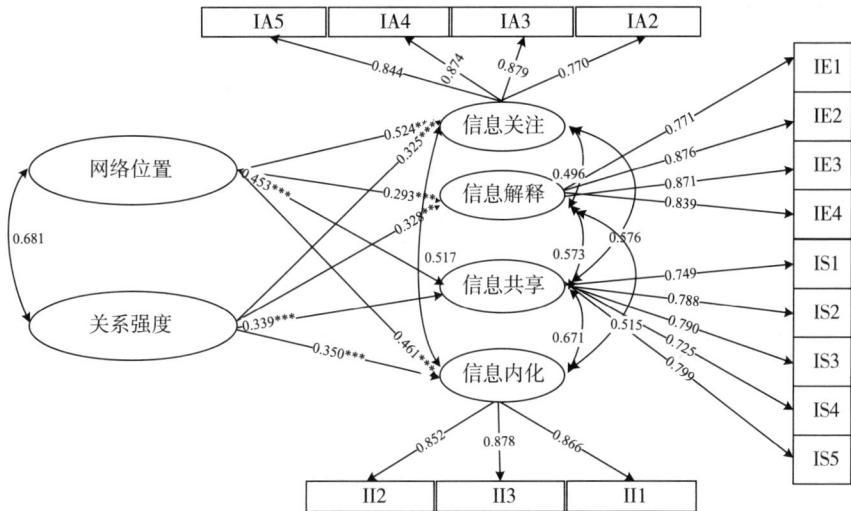

图 5.6　网络位置与关系强度对知识结构影响的路径系数图(M9—M16)

资料来源:根据 SPSS 23.0、AMOS 23.0 因子分析结果和逐步回归分析分析结果整理。

在考虑控制变量的情况下,模型 17—20(M17-20)的统计分析结果显示了网络位置对信息 ATSI 能力的影响,回归的标准化系数分别为 0.517、0.516、0.689 和 0.698,回归结果均为显著的。通过回归系数可以发现,网络位置对信息 AESI 能力呈显著递进性的正向影响,管理者特征对模型的控制作用显著,除了信息关注能力有小幅度的下降外,其他系数都有明显的提升作用。模型回归结果各项拟合指标均在可接受的标准内:网络位置对信息关注能力回归结果的拟合优度 R^2 为 0.306,调整后的拟合优度 $A-R^2$ 为 0.286,χ^2 除以自由度的值为 0.982,小于 2.0 的判断标准,DW 值为 2.133,接近于 2 的判断标准,RMSEA 的值为 0.005,小于 0.06 的判断标准。网络位置对信息解释能力回归结果的拟合优度 R^2 为 0.304,调整后的拟合优度 $A-R^2$ 为 0.284,χ^2 除以自由度的值为 0.980,小于 2.0 的判断标准,DW 值为 2.104,接近于 2 的判断标准,RMSEA 的值为 0.006,小于 0.06 的判断标准。网络位置对信息共享能力回归结果的拟合优度 R^2 为 0.478,调整后的拟合优度 $A-R^2$ 为 0.463,χ^2 除以自由度的值为 1.656,小于 2.0 的判断标准,DW 值为 2.181,接近于 2 的判断标准,RMSEA 的值为 0.033,小于 0.06 的判断标准。网络位置对信息内化能力回归结果的拟合优度 R^2 为 0.501,调整后的拟合优度 $A-R^2$ 为 0.487,除以自由度的值为 1.618,小于 2.0 的判断标准,DW 值为 2.126,接近于 2 的判断标准,RMSEA 的值为 0.032,小于 0.06 的判断标准,验证了 H3c 假设(见表 5.18)。网络位置对信息关注、信息解释、信息共享与信息内化具有正向的影响。

同时,通过回归结果可以发现,管理者学历越高,对信息处理能力的影响越大,而且随着管理者年龄的增长,对信息关注、解释和内化能力是正向的影响,而对信息的共享能力的影响是负向的。工作变动次数在 3 次及以上的管理者对信息 AESI 能力的影响是正向的,工作变动次数 3 次以下的管理者对模型的控制作用是负向的,而且作用是不显著的。管理者工作年限在网络位置对信息 AESI 能力的直接效应模型中的作用不显著。

表 5.18　网络位置对信息 AESI 能力的影响

逐步回归结果	M17 (WZ-->IA)	M18 (WZ-->IE)	M19 (WZ-->IS)	M20 (WZ-->II)	适配性 指标
标准化系数 b	0.517**	0.516***	0.689***	0.698***	—
edu(本科以下/以上)	−(+**)	−(+**)	−(+*)	−(+*)	—
gznx(11−15 年以下/以上)	+*(+)	−(+*)	+*(−)	−*(+)	—
gzbd(3 次以下/以上)	−(+*)	−(+*)	−(+*)	−(+*)	—
age(46 岁以下/以上)	+*(+)	+*(+)	+*(−)	+(+*)	—
χ^2/df	0.982	0.980	1.656	1.618	<2.0
R^2	0.306	0.304	0.478	0.501	越趋于 1 越好
$A-R^2$	0.286	0.284	0.463	0.487	
DW	2.133	2.104	2.181	2.126	接近于 2
COA	0.833	0.834	0.722	0.706	$=\sqrt{1-R^2}$
RMSEA	0.005	0.006	0.033	0.032	<0.06

注:* 表示 p<0.05,** 表示 p<0.01,*** 表示 p<0.001;A−R²:Adjusted R²,DW:Durbin−Watson,COA:
Coefficient of Alienation;−*(−**)表示负相关显著性影响,+*(+**)表示正相关显著性影响,+表
示正相关但显著性水平未通过,−表示负相关但显著性水平未通过;控制变量中的"以上"涵盖分界
点。
资料来源:根据 SPSS 23.0 逐步回归分析结果整理。

　　在考虑控制变量的情况下,模型 21—24(M21-24)的统计分析结果显示
了关系强度对信息 ATSI 能力的影响,标准化回归系数分别为 0.516、0.522、
0.657 和 0.661,回归结果显著。通过回归系数可以发现,关系强度对信息
AESI 能力呈显著递进性的正向影响,管理者特征对模型的控制作用显著,除
了信息关注能力有小幅度的下降外,其他系数都有明显的提升作用。

表 5.19　网络关系对信息 AESI 能力的影响

逐步回归结果	M21 (GX-->IA)	M22 (GX-->IE)	M23 (GX-->IS)	M24 (GX-->II)	适配性 指标
标准化系数 b	0.516***	0.522**	0.657**	0.661**	—
edu(本科以下/以上)	−(+*)	−(+*)	−(+*)	−(+*)	—
gznx(11—15 年以下/以上)	+(−)	−(+*)	−(+)	−(+)	—

逐步回归结果	M21 (GX-->IA)	M22 (GX-->IE)	M23 (GX-->IS)	M24 (GX-->II)	适配性 指标
gzbd(3次以下/以上)	-(+*)	-(+*)	-(-*)	-(-)	—
age(46岁以下/以上)	+*(+)	+*(+)	+*(-*)	+(+*)	—
χ^2/df	1.023	1.085	1.498	1.454	<2.0
R^2	0.305	0.298	0.432	0.451	越趋于 1越好
$A-R^2$	0.285	0.275	0.417	0.435	
DW	2.213	2.193	2.098	2.060	接近于2
COA	0.834	0.838	0.754	0.741	$=\sqrt{1-R^2}$
RMSEA	0.006	0.012	0.029	0.027	<0.06

注：* 表示 $p<0.05$，** 表示 $p<0.01$，*** 表示 $p<0.001$；$A-R^2$：Adjusted R^2，DW：Durbin-Watson，COA：Coefficient of Alienation；-*(-**)表示负相关显著性影响，+*(+**)表示正相关显著性影响，+表示正相关但显著性水平未通过，-表示负相关但显著性水平未通过；控制变量中的"以上"涵盖分界点。

资料来源：根据SPSS 23.0逐步回归分析结果整理。

表5.19显示模型回归结果的各项拟合指标均在可接受的标准内：关系强度对信息关注能力回归结果的拟合优度 R^2 为0.305，调整后的拟合优度 $A-R^2$ 为0.285，χ^2 除以自由度的值为1.023，小于2.0的判断标准，DW值为2.213，接近于2的判断标准，RMSEA的值为0.006，小于0.06的判断标准。关系强度对信息解释能力回归结果的拟合优度 R^2 为0.298，调整后的拟合优度 $A-R^2$ 为0.275，χ^2 除以自由度的值为1.085，小于2.0的判断标准，DW值为2.193，接近于2的判断标准，RMSEA的值为0.012，小于0.06的判断标准。关系强度对信息共享能力回归结果的拟合优度 R^2 为0.432，调整后的拟合优度 $A-R^2$ 为0.417，χ^2 除以自由度的值为1.498，小于2.0的判断标准，DW值为2.098，接近于2的判断标准，RMSEA的值为0.029，小于0.06的判断标准。关系强度对信息内化能力回归结果的拟合优度 R^2 为0.451，调整后的拟合优度 $A-R^2$ 为0.435，除以自由度的值为1.454，小于2.0的判断标准，DW值为2.060，接近于2的判断标准，RMSEA的值为0.027，小于0.06的判断标准，验证了H3d假设。关系强度对信息关注、信息解释、信息共享与信息内化具有正向的影响。

回归结果显示,管理者学历越高,其对信息处理的能力就越强,而且随着管理者年龄的增长,对信息关注、解释和内化能力是正向的影响,而对信息的共享能力的影响是负向的,说明管理者年龄越大,越倾向于保守的思维模式,不愿意信息共享,意愿认知较低。工作变动次数在 3 次及以上的管理者对信息 AESI 能力的影响是正向的,工作变动次数在 3 次以下模型的控制作用是负向的,而且作用是不显著的,这就说明工作变动次数越多的管理者,其对信息的关注能力、解释能力、共享和内化能力就越强。管理者工作年限在关系强度对信息 AESI 能力的直接影响效应的模型中的作用是不稳定的。

（三）管理者认知对创新绩效的影响（检验系数 b）

1. 知识结构对创新绩效的影响

模型 25（M25）和模型 26（M26）分别从不考虑控制变量和考虑控制变量的情况下分析逐步回归结果,统计分析结果显示了知识结构多元化程度越高,创新绩效越高。在不考虑控制变量的情况下,模型标准化回归系数为 0.516,模拟拟合结果均在可接受的范围内:拟合优度 R^2 为 0.593,调整后的拟合优度 $A-R^2$ 为 0.592,χ^2 除以自由度的值为 1.951,小于 2.0 的判断标准,DW 值为 1.976,接近于 2 的判断标准,RMSEA 的值为 0.0396,小于 0.06 的判断标准。在考虑控制变量的情况下,知识结构对创新绩效的提升有所提高,从 0.516 上升到 0.522,回归结果显著,模拟拟合结果均在可接受的范围内:拟合优度 R^2 为 0.605,调整后的拟合优度 $A-R^2$ 为 0.594,χ^2 除以自由度的值为 1.933,小于 2.0 的判断标准,DW 值为 1.999,接近于 2 的判断标准,RMSEA 的值为 0.0392,小于 0.06 的判断标准,验证了 H4 假设（见表 5.20）。同时,通过表 6.20 回归结果可以发现,管理者学历越高,对知识结构的多元化程度影响越大,而且随着管理者年龄的增长,对知识结构的多元化程度是正向的影响;工作变动次数在 3 次及以上的管理者对知识结构多元化程度影响是正向的,工作变动次数在 3 次以下模型的控制作用是负向的,而且作用是不显著的。工作年限在 11 年以上的管理者,其对模型的作用是正向的显著关系,而 11 年以下的管理者是负向的不显著关系。

表 5.20　知识结构对创新绩效的影响

逐步回归结果	M25(ZSJG-->JX)	M26(VC:ZSJG-->JX)	适配性指标
标准化系数 b	0.516***	0.522***	
edu(本科以下/以上)	—	-(+*)	—
gznx(11—15年以下/以上)	—	-(+*)	—
gzbd(3次以下/以上)	—	-(+*)	—
age(46岁以下/以上)	—	+*(+)	—
χ^2/df	1.951	1.933	<2.0
R^2	0.593	0.605	越趋于1越好
$A-R^2$	0.592	0.594	
DW	1.976	1.999	接近于2
COA	0.638	0.628	$=\sqrt{1-R^2}$
RMSEA	0.0396	0.0392	<0.06

注:* 表示 p<0.05, ** 表示 p<0.01, *** 表示 p<0.001;A-R²:Adjusted R²,DW:Durbin-Watson,COA:
　　Coefficient of Alienation;+* 表示正相关显著性影响,+表示正相关但显著性水平未通过,-表示负相
　　关但显著性水平未通过;控制变量中的"以上"涵盖分界点。
资料来源:根据 SPSS 23.0 逐步回归分析结果整理。

　　因此,基于 M25 以及关于承载系数的因子分析结果,网络位置和关系强度对知识结构影响的路径系数模型如图 5.7 所示。

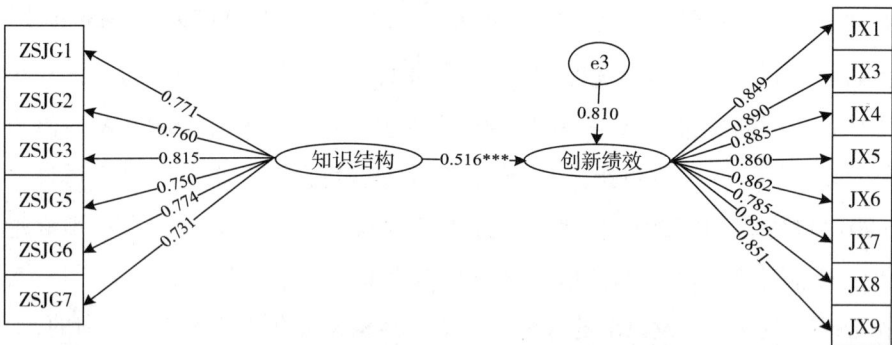

图 5.7　知识结构对创新绩效影响的路径系数图
资料来源:根据 SPSS 23.0、AMOS 23.0 因子分析结果和逐步回归分析结果整理。

2. 信息 AESI 能力对创新绩效的影响

模型 27—模型 30(M27—M30)和模型 31—模型 34(M31—M34)分别从不考虑控制变量和考虑控制变量的情况下分析逐步回归结果,统计分析结果显示了信息 AESI 能力越高,创新绩效越高,标准化回归系数分别为 0.561、0.558、0.690 和 0.759,模型的拟合结果均在可接受的范围内。

在不考虑控制变量的情况下,表 5.21 显示了各模型的回归结果:首先,信息关注对创新绩效影响的拟合结果,x^2 除以自由度的值为 1.034,小于 2.0 的判别标准,拟合优度 R^2 为 0.314,调整后的拟合优度 A-R^2 的值为 0.313,DW 检验的结果为 1.995,接近于 2 的判断标准,RMSEA 的值为 0.007,小于 0.06 的判断标准。其次,信息解释对创新绩效影响的拟合结果,x^2 除以自由度的值为 1.023,小于 2.0 的判断标准,拟合优度 R^2 为 0.311,调整后的拟合优度 A-R^2 的值为 0.310,DW 检验的结果为 1.986,满足接近于 2 的判断标准,RM-SEA 的值为 0.006,小于 0.06 的判断标准。再次,信息共享对创新绩效的拟合结果,x^2 除以自由度的值为 1.565,小于 2.0 的判断标准,拟合优度 R^2 为 0.476,调整后的拟合优度 A-R^2 的值为 0.475,DW 检验的结果为 2.025,满足接近于 2 的判断标准,RMSEA 的值为 0.031,小于 0.06 的判断标准。最后,信息内化对创新绩效影响的拟合结果,x^2 除以自由度的值为 1.895,小于 2.0 的判断标准,拟合优度 R^2 为 0.576,调整后的拟合优度 A-R^2 的值为 0.575,DW 检验的结果为 1.965,满足接近于 2 的判断标准,RMSEA 的值为 0.038,小于 0.06 的判断标准。

表 5.21 信息 AESI 能力对创新绩效的影响

逐步回归结果	M27 (IA --> JX)	M28 (IE --> JX)	M29 (IS --> JX)	M30 (II -->JX)	适配性 指标
标准化系数 b	0.561**	0.558***	0.690**	0.759**	
x^2/df	1.034	1.023	1.565	1.895	<2.0
R^2	0.314	0.311	0.476	0.576	越趋于 1 越好
A-R^2	0.313	0.31	0.475	0.575	
DW	1.995	1.986	2.025	1.965	接近于 2

逐步回归结果	M27 （IA --> JX）	M28 （IE --> JX）	M29 （IS --> JX）	M30 （II -->JX）	适配性 指标
COA	0.828	0.818	0.724	0.651	$= \sqrt{1-R^2}$
RMSEA	0.007	0.006	0.031	0.038	<0.06

注：* 表示 p<0.05，** 表示 p<0.01，*** 表示 p<0.001；A-R^2：Adjusted R^2，DW：Durbin-Watson，COA：
　　Coefficient of Alienation；+* 表示正相关显著性影响，+表示正相关但显著性水平未通过，-表示负相
　　关但显著性水平未通过；控制变量中的"以上"涵盖分界点。
资料来源：根据 SPSS 23.0 逐步回归分析结果整理。

在考虑控制变量的情况下，表5.22 显示了各模型的回归结果：信息 AESI
能力对创新绩效的提升有所提高，回归的标准化路径系数为：0.570、0.568、
0.704、0.772，回归结果均是显著的，拟合结果均在可接受的范围内。在管理
者年龄、工作年限、工作变动情况、学历结构等控制变量的作用下：首先，信息
关注对创新绩效影响的拟合情况显示，χ^2除以自由度的值为1.100，小于2.0
的判断标准，拟合优度 R^2 为0.325，调整后的拟合优度 A-R^2 的值为0.326，
DW 检验的结果为2.005，满足接近于2的判断标准，RMSEA 的值为0.013，小
于0.06的判断标准。其次，信息解释对创新绩效影响的拟合情况显示，χ^2除
以自由度的值为1.023，小于2.0的判断标准，拟合优度 R^2 为0.311，调整后的
拟合优度 A-R^2 的值为0.310，DW 检验的结果为1.986，满足接近于2的判断
标准，RMSEA 的值为0.006，小于0.06的判断标准。再次，信息共享对创新绩
效影响的拟合情况显示，χ^2除以自由度的值为1.565，小于2.0的判断标准，
拟合优度 R^2 为0.476，调整后的拟合优度 A-R^2的值为0.475，DW 检验的结果
为2.025，满足接近于2判断标准，RMSEA 的值为0.031，小于0.06的判断
标准。最后，信息内化对创新绩效影响的拟合情况显示，χ^2除以自由度的值为
1.895，小于2.0的判断标准，拟合优度 R^2 为0.576，调整后的拟合优度 A-R^2
的值为0.575，DW 检验的结果为1.965，满足接近于2的判断标准，RMSEA 的
值为0.038，小于0.06的判断标准。

表 5.22　控制变量作用下信息 AESI 能力对创新绩效的影响

逐步回归结果	M31 （GX-->IA）	M32 （GX-->IE）	M33 （GX-->IS）	M34 （GX-->II）	适配性指标
标准化系数 b	0.570**	0.568**	0.704**	0.772**	—
edu（本科以下/以上）	-（+*）	-（+*）	-（+*）	-（+*）	—
gznx（11-15 年以下/以上）	+（-）	-（+*）	-（+*）	-（+*）	—
gzbd（3 次以下/以上）	-（+*）	-（+*）	-（-*）	-（-*）	—
age（46 岁以下/以上）	+*（+）	+*（+）	+*（-*）	+*（+*）	—
χ^2/df	1.100	1.092	1.678	2.014	<2.0
R^2	0.325	0.323	0.496	0.595	越趋于 1 越好
A-R^2	0.326	0.303	0.482	0.584	
DW	2.005	1.998	2.071	1.996	接近于 2
COA	0.822	0.823	0.71	0.636	=$\sqrt{1-R^2}$
RMSEA	0.013	0.012	0.033	0.041	<0.06

注：* 表示 $p<0.05$，** 表示 $p<0.01$，*** 表示 $p<0.001$；A-R^2：Adjusted R^2，DW：Durbin-Watson，COA：Coefficient of Alienation；-*（-**）表示负相关显著性影响，+*（+**）表示正相关显著性影响，+表示正相关但显著性水平未通过，-表示负相关但显著性水平未通过；控制变量中的"以上"涵盖分界点。

资料来源：根据 SPSS 23.0 逐步回归分析结果整理。

　　因此，基于 M27—M30 的统计回归结果以及关于承载系数的因子分析结果，信息 AESI 能力对创新绩效影响的路径系数图如图 5.8 所示。

　　因此，无论是否考虑控制变量的作用，模型回归结果都显示出信息 AESI 能力对创新绩效的递进作用，验证了 H4 假设（见表 5.21）；同时，通过回归结果可以发现，管理者工作年限在信息关注能力上影响是不显著的，在信息解释、信息共享和内化上呈现出正向的影响，工作变动次数在 3 次及以上的管理者对信息 AESI 能力的影响是正向的，3 次以下模型的控制作用是负向的，管理者学历对模型有明显的控制作用，其学历越高，对模型的控制作用就越大，即管理者学历越高，其掌握的知识越趋向于多元化，对信息的处理能力就越强，管理者年龄对模型也表现出较强的控制作用，而且随着管理者年龄的增长，对信息关注、解释和内化能力是正向影响，而对信息共享能力的影响是负

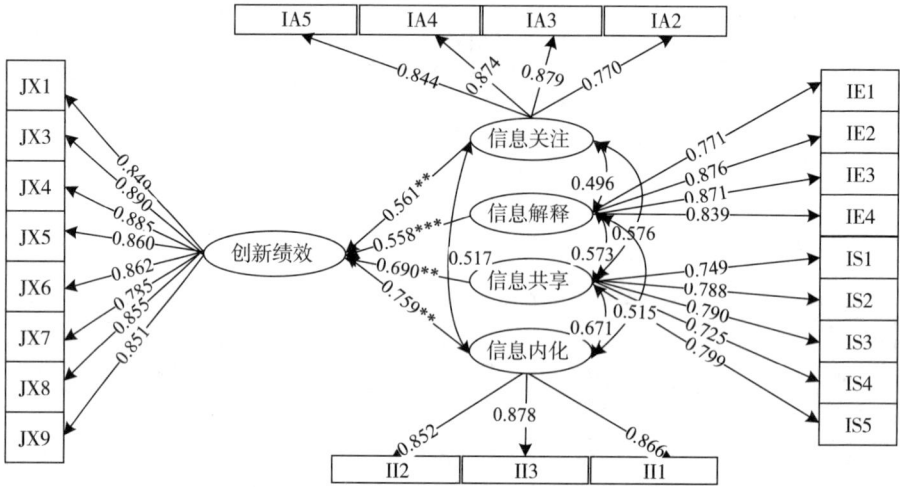

图 5.8　信息 AESI 能力对创新绩效影响的路径系数图

资料来源:根据 SPSS 23.0、AMOS 23.0 因子分析结果和逐步回归分析结果整理。

向的,既随着管理者年龄的增长,其会抑制组织间的信息共享。

（四） 管理者认知作为控制变量检验(检验系数 c′)

基于 M1—M34 回归结果显示,自变量对中介变量的影响、自变量对因变量的影响都是显著的,即系数 a 和 b 都是显著的,可进行进一步的系数 c′检验（温忠麟等,2005）。

1. 知识结构作用下的 c′检验

基于模型 35—38(M35—M38)的逐步回归结果显示,当不考虑控制变量时,将知识结构作为控制变量后,网络位置和关系强度与创新绩效之间的相关性在 $p<0.05$ 的显著性水平上是显著的,但相关系数较直接效应的回归系数 c 有明显的减弱趋势,因此,依据温忠麟等(2005)提出的中介效应的判断标准,可以得出如下结论:在网络关系和网络位置对创新绩效的关系中,知识结构发挥部分中介效应;当考虑控制变量时,将知识结构作为控制变量后,在 $p<0.05$ 的显著性水平上回归系数仍然是显著的,知识结构依然发挥部分中介效应（如表 5.23 和 5.24 所示）。

同时,回归结果显示,管理者工作年限在 11—15 年以上的管理者对模型的控制作用是显著的正向影响。对于 11 年以下的管理者影响是不显著的,工作变动次数在 3 次及以上的管理者对信息 AESI 能力的影响是正向的,3 次以下模型的控制作用是不显著的负向影响。本科及以上的管理者对模型有明显的控制作用,其学历越高模型的控制作用越大。管理者年龄对模型也表现出较强的控制作用,46 岁及以上的管理者对模型表现出明显的正向控制作用,46 岁以下的管理者对模型的控制作用不显著,H4 假设得到验证。

表 5.23　知识结构作用下 C′检验

逐步回归结果	M35(WZ-->ZSJG-->JX)	M36(GX-->ZSJG-->JX)	适配性指标
标准化系数 b	0.463**	0.297**	—
χ^2/df	1.126	1.011	<2.0
R^2	0.686	0.619	越趋于 1 越好
$A-R^2$	0.685	0.618	
DW	2.003	2.013	接近于 2
COA	0.56	0.617	$=\sqrt{1-R^2}$
RMSEA	0.041	0.014	<0.06

注:* 表示 p<0.05,** 表示 p<0.01,*** 表示 p<0.001;A-R²:Adjusted R²,DW:Durbin-Watson,COA: Coefficient of Alienation;-*(-**)表示负相关显著性影响,+*(+**)表示正相关显著性影响,+表示正相关但显著性水平未通过,-表示负相关但显著性水平未通过;控制变量中的"以上"涵盖分界点。

资料来源:根据 SPSS23.0 逐步回归结果分析整理。

表 5.24　控制变量约束和知识结构作用下 C′检验

逐步回归结果	M37(WZ-->ZSJG-->JX)	M38(GX-->ZSJG-->JX)	适配性指标
标准化系数 b	0.463**	0.297**	—
edu (本科以下/以上)	-(+*)	-(+*)	—
gznx(11—15 年以下/以上)	+(-*)	+(+*)	—
gzbd(3 次以下/以上)	-(+*)	-(+*)	—
age(46 岁以下/以上)	-(+*)	+(+*)	—
χ^2/df	1.126	1.011	<2.0

逐步回归结果	M37(WZ-->ZSJG-->JX)	M38(GX-->ZSJG-->JX)	适配性指标
R^2	0.686	0.619	越趋于 1 越好
$A-R^2$	0.685	0.618	
DW	2.003	2.013	接近于 2
COA	0.560	0.617	$=\sqrt{1-R^2}$
RMSEA	0.041	0.014	<0.06

注:* 表示 $p<0.05$,** 表示 $p<0.01$,*** 表示 $p<0.001$;A-R2:Adjusted R2,DW:Durbin-Watson,COA:Coefficient of Alienation;-* 表示负相关显著性影响,+* 表示正相关显著性影响,+表示正相关但显著性水平未通过,-表示负相关但显著性水平未通过;控制变量中的"以上"涵盖分界点。

资料来源:根据 SPSS 23.0 逐步回归分析结果整理。

2. 信息 AESI 能力作用下的 C'检验

基于模型 39—54(M39—M54)的逐步回归结果显示,当不考虑控制变量时,将 AESI 能力作为控制变量后,网络位置和关系强度与创新绩效之间的相关性在 $p<0.05$ 的显著性水平上是显著的,但相关系数较直接效应的回归系数 c 有明显的减弱趋势。因此,依据温忠麟等(2005)提出的中介效应的判断标准,可以得出如下结论:网络组织的网络关系和网络位置在与创新绩效的关系中,信息 AESI 能力发挥部分中介效应;当考虑控制变量时,将信息 AESI 能力作为控制变量后,在 $p<0.05$ 的显著性水平上回归系数仍然是显著的,信息 AESI 能力依然发挥部分中介效应(如表 5.25 所示),H5 假设得到了验证,H5 的四个子假设 H5a、H5b、H5c 和 H5d 也通过了检验,控制变量对模型的作用与信息 AESI 能力对创新绩效的作用是一致的,表 5.25 中没有列示其回归系数。

表 5.25　信息 AESI 能力作用下 C'检验

逐步回归结果	标准化系数 c'	χ^2/df	R^2	$A-R^2$	DW	COA	RMSEA
M39(WZ-->IA-->JX)	0.670**	1.053	0.642	0.641	2.010	0.642	0.038
M40(GX-->IA-->JX)	0.608*	0.951	0.581	0.580	2.014	0.581	0.009
M41(WZ-->IE-->JX)	0.671**	1.052	0.641	0.640	2.009	0.641	0.009

逐步回归结果	标准化系数 c′	χ^2/df	R^2	$A-R^2$	DW	COA	RMSEA
M42(GX-->IE-->JX)	0.610**	0.950	0.580	0.578	2.005	0.58	0.009
M43(WZ-->IS-->JX)	0.580**	1.074	0.655	0.654	1.982	0.655	0.009
M44(GX-->IS-->JX)	0.496**	1.014	0.618	0.617	2.045	0.618	0.011
M45(WZ-->II-->JX)	0.489**	1.144	0.698	0.697	1.950	0.698	0.005
M46(GX-->II-->JX)	0.412*	1.100	0.671	0.670	2.018	0.671	0.015
M47(VC:WZ-->IA-->JX)	0.682**	1.975	0.655	0.644	2.015	0.655	0.013
M48(VC:GX-->IA-->JX)	0.608**	1.772	0.587	0.575	2.029	0.587	0.040
M49(VC:WZ-->IE-->JX)	0.683**	1.974	0.654	0.644	2.013	0.654	0.036
M50(VC:GX-->IE-->JX)	0.233*	1.743	0.586	0.574	2.021	0.586	0.040
M51(VC:WZ-->IS-->JX)	0.584**	1.946	0.672	0.662	1.999	0.672	0.035
M52(VC:GX-->IS-->JX)	0.485**	1.894	0.628	0.617	2.080	0.628	0.038
M53(VC:WZ-->II-->JX)	0.491**	1.992	0.716	0.707	1.967	0.716	0.040
M54(VC:GX-->II-->JX)	0.402**	1.952	0.684	0.672	2.046	0.684	0.040
适配性指标		<2.0	越趋于1越好		接近于2	$=\sqrt{1-R^2}$	<0.06

注：* 表示 p<0.05, ** 表示 p<0.01, *** 表示 p<0.001;A-R^2:Adjusted R^2,DW:Durbin-Watson,COA:
　　Coefficient of Alienation。

资料来源:根据 SPSS 23.0 逐步回归分析结果整理。

　　因此,基于以上 M1—M54 的回归结果显示,验证了提出的所有假设,结果都是显著的,而且模型拟合结果达到了适配性指标的要求。基于模型回归结果和承载系数的分析结果,综合路径系数如图 5.9 所示。

　　因此,基于回归结果,网络位置和关系强度可以通过管理者认知对创新绩

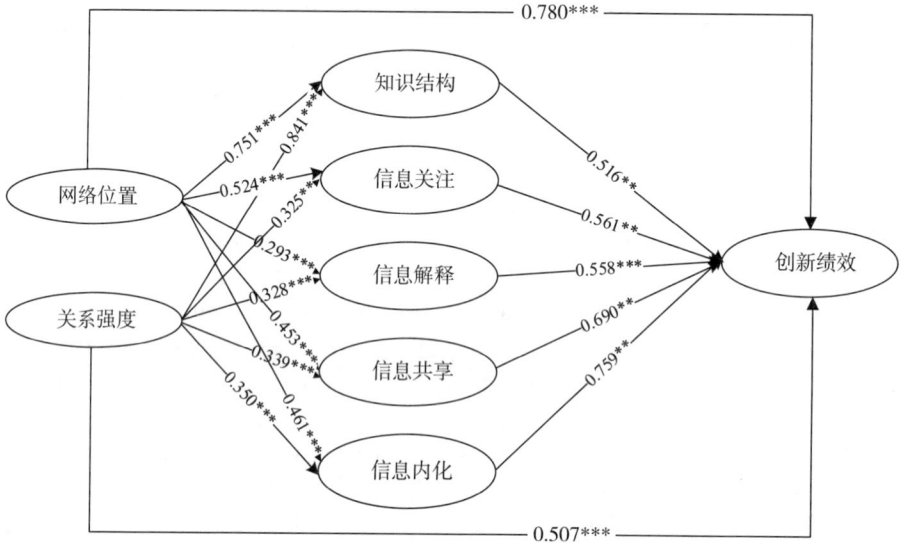

图 5.9 网络嵌入、管理者认知与创新绩效综合回归结果

资料来源:根据 SPSS 23.0 因子分析结果和逐步回归分析结果整理。

效产生正向的积极影响,基于以上各模型的回归结果,网络位置和关系强度对创新绩效的间接影响效应如表 5.26 所示。中介效应的计算结果可以发现,知识结构的中介作用是最强的,信息 AESI 能力在关系强度与创新绩效间呈现出逐层递进的中介作用关系,验证了理论模型假设,信息 AESI 能力在网络位置与创新绩效间的中介作用不是完全的正向递进作用,但也仅是信息解释的作用出现了小幅度递减。

表 5.26 网络位置和关系强度对创新绩效的间接影响效应

	WZ-->MC-->JX	GX-->MC-->JX
ZSJG	0.751 * 0.516 = 0.3875	0.841 * 0.516 = 0.4340
IA	0.524 * 0.561 = 0.2940	0.325 * 0.561 = 0.1823
IE	0.293 * 0.558 = 0.1635	0.328 * 0.558 = 0.1830
IS	0.328 * 0.690 = 0.2263	0.339 * 0.690 = 0.2339
II	0.461 * 0.759 = 0.3499	0.350 * 0.759 = 0.2657

资料来源:根据关系假设的回归结果计算分析整理。

（五）引入管理者的行为特征变量

考虑管理者的开放性和封闭性的情况下,分别检验网络位置和关系强度在管理者认知作用下对创新绩效的影响。

1. 开放性作用下的网络位置对创新绩效的影响

表 5.27 模型回归结果显示,当以管理者的开放性程度作为控制变量时,网络位置对创新绩效的直接影响系数没有发生变化,均是 0.780,管理者的开放性程度对模型具有正向的控制作用,影响系数为 0.002,x^2 除以自由度的值为 0.9539,x^2/df 符合小于 2.0 的判断标准,拟合优度 R^2 为 0.5787,调整后的拟合优度 $A-R^2$ 为 0.5783,DW 值为 1.885,DW 满足接近于 2.0 的判断标准,RMSEA 值为 0.0296,RMSEA 小于 0.06 的判断标准。

表 5.27　管理者开放性作用下网络位置对创新绩效的影响

逐步回归结果	c/a$_i$b$_i$c'$_i$标准化系数	OP 标准化系数	x^2/df	R^2	$A-R^2$	DW	COA	RMSEA
WZ-->JX(c)	0.780***	0.002	0.9539	0.5787	0.5783	1.885	0.6481	0.0296
WZ - - > ZSJG (a$_1$)	0.751***	-0.034*	0.6604	0.5650	0.5640	0.847	0.6603	0.0333
WZ-->IA(a$_2$)	0.518***	-0.021*	0.4204	0.2690	0.2670	2.095	0.8561	0.0362
WZ-->IE(a$_3$)	0.516***	-0.021	0.4187	0.2670	0.2650	2.079	0.8573	0.0362
WZ-->IS(a$_4$)	0.683***	-0.030	0.7918	0.4680	0.4660	2.097	0.7308	0.0318
WZ-->II(a$_5$)	0.699***	0.039	0.9791	0.4900	0.4880	2.010	0.5120	0.0320
ZSJG - - > JX (b$_1$)	0.771***	0.028	0.5210	0.5940	0.5920	1.894	0.7155	0.0320
IA-->JX(b$_2$)	0.576***	0.011	0.5156	0.3140	0.3120	2.002	0.6387	0.0293
IE-->JX(b$_3$)	0.558***	0.011	0.7860	0.3110	0.3090	1.996	0.8295	0.0350
IS-->JX(b$_4$)	0.690***	0.022	0.9510	0.4760	0.4740	2.014	0.8313	0.0351
II-->JX(b$_5$)	0.760***	0.028	0.7550	0.5770	0.5750	1.834	0.7253	0.0318
WZ - - > ZSJG -->JX(c'$_1$)	0.462***	0.018	0.7063	0.6870	0.6850	1.913	0.6519	0.0297
WZ-->IA-->JX(c'$_2$)	0.670***	0.008	0.7056	0.6420	0.6400	1.899	0.5612	0.0322

续表

逐步回归结果	$c/a_ib_ic'_i$ 标准化系数	OP 标准化系数	χ^2/df	R^2	$A-R^2$	DW	COA	RMSEA
WZ-->IE--> JX(c'_3)	0.671***	0.008	0.7202	036420	0.6400	1.895	0.6000	0.0328
WZ-->IS--> JX(c'_4)	0.579***	0.012	0.7673	0.6550	0.6530	1.920	0.6000	0.0328
WZ-->II--> JX(c'_5)	0.488***	-0.013	1.0715	0.6980	0.6970	1.858	0.5891	0.0327
适配性指标			<2.0	越接近于 1 越好	接近 2	$=\sqrt{1-R^2}$		<0.06

注:* 表示 p<0.05,** 表示 p<0.01,*** 表示 p<0.001;A-R²:Adjusted R²,DW:Durbin-Watson,COA:
　　Coefficient of Alienation。

资料来源:根据 SPSS23.0 逐步回归结果整理。

　　当考虑管理者认知的中介作用时,表 5.27 的回归结果显示,管理者的开放性程度对网络位置与知识结构之间的关系具有负向的显著控制作用,回归系数为-0.034,管理者的开放性程度对网络位置与信息关注、信息解释和信息共享能力之间的关系具有负向的控制作用,影响系数分别为-0.021、-0.021 和-0.030,管理者的开放性程度对网络位置与信息内化能力之间的关系具有正向的控制作用,影响系数为 0.039,开放性的管理者对管理者认知与创新绩效之间的关系具有正向的控制作用,影响系数分别为 0.028、0.011、0.011、0.022 和 0.028,开放性的管理者对知识结构、信息关注、信息解释和信息共享的中介作用具有正向的控制作用,影响系数分别为 0.018、0.008、0.008 和 0.012,开放性的管理者对信息内化的中介作用具有负向的控制作用,影响系数为-0.013。因此,网络位置对创新绩效的间接效应均有明显的提升,说明管理者的开放性程度越高,其对网络位置与对创新绩效模型的正向控制作用越大,考虑管理者的开放性程度时,也验证了所提出的假设,各模型的拟合指标均在可接受的范围内(如表 5.27 和 5.28 所示)。

　　基于表 5.27 的回归结果和表 5.26 的计算结果,以管理者认知作为中介变量,基于管理者开放性的控制作用下,网络位置对创新绩效影响的间接效应如表 5.28 所示。

表 5.28　管理者开放性作用下网络位置对创新绩效的间接效应

	开放性作用下的间接效应	无控制变量的间接效应
ZSJG	0.751 * 0.771 = 0.5790	0.751 * 0.516 = 0.3875
IA	0.518 * 0.576 = 0.2984	0.524 * 0.561 = 0.2940
IE	0.516 * 0.558 = 0.2879	0.293 * 0.558 = 0.1635
IS	0.683 * 0.690 = 0.4713	0.328 * 0.690 = 0.2263
II	0.699 * 0.760 = 0.5312	0.461 * 0.759 = 0.3499

资料来源:根据表 5.27 的回归结果和表 5.26 的计算分析结果整理。

2. 封闭性作用下的网络位置对创新绩效的影响

表 5.29 模型回归结果显示,当考虑管理者的封闭性程度时,网络位置对创新绩效的直接影响系数发生了明显的下降,影响系数从原来的 0.780 下降为现在的 0.078,管理者的封闭性对模型的影响系数为 -0.006,模型的各项拟合指标均在可接受的范围内:x^2 除以自由度的值为 0.9522,x^2/df 符合小于 2.0 的判断标准,拟合优度 R^2 为 0.579,调整后的拟合优度 $A-R^2$ 为 0.577,DW 值为 1.891,DW 满足接近于 2.0 的判断标准,RMSEA 值为 0.0089,RMSEA 符合小于 0.06 的判断标准。

当考虑管理者认知的中介作用时,引入管理者的封闭性作为控制变量,管理者的封闭性对网络位置对创新绩效的间接效应模型具有负向控制作用。网络位置对创新绩效的间接效应有所下降,封闭性的管理者对网络位置与知识结构、信息关注、信息解释、信息共享和信息内化之间关系的影响系数分别为 -0.015、-0.010、-0.011、-0.016 和 -0.027。对知识结构、信息关注、信息解释、信息共享和信息内化与创新绩效之间关系的影响系数分别为 -0.022、-0.007、-0.014、-0.015 和 -0.017。对知识结构、信息关注、信息解释、信息共享和信息内化的中介作用的影响系数分别为 -0.018、-0.008、-0.005、-0.012 和 0.013。考虑管理者的封闭性程度时,回归结果也验证了所提出的假设,各模型的拟合程度均在可接受的范围内(如表5.29 和 5.30 所示)。

表 5.29　管理者封闭性作用下网络位置对创新绩效的影响

逐步回归结果	c/$a_i$$b_i$$c'_i$ 标准化系数	CL 标准化系数	χ^2/df	R^2	A-R^2	DW	COA	RMSEA
WZ-->JX（c）	0.078***	-0.006	0.9522	0.579	0.577	1.891	0.6503	0.0089
WZ--->ZSJG（a_1）	0.065***	-0.015	0.3188	0.558	0.557	1.882	0.6656	0.0335
WZ-->IA（a_2）	0.051***	-0.010	0.4000	0.256	0.254	2.102	0.8637	0.0314
WZ-->IE（a_3）	0.051***	-0.011*	0.3993	0.255	0.252	2.087	0.8649	0.0315
WZ-->IS（a_4）	0.070**	-0.016*	0.7698	0.457	0.455	2.068	0.7382	0.0195
WZ-->II（a_5）	0.069**	-0.027*	0.7371	0.470	0.468	2.006	0.7294	0.0281
ZSJG--->JX（b_1）	0.089**	-0.022*	0.9570	0.582	0.580	1.869	0.6465	0.0084
IA-->JX（b_2）	0.057**	-0.007*	0.5172	0.314	0.312	2.002	0.8295	0.0282
IE-->JX（b_3）	0.054**	-0.014*	0.4945	0.301	0.298	2.000	0.8573	0.0289
IS-->JX（b_4）	0.055***	-0.015	0.4891	0.297	0.295	1.994	0.8396	0.0290
II-->JX（b_5）	0.071**	-0.017*	0.7396	0.449	0.448	1.990	0.7430	0.0207
WZ--->ZSJG-->JX（c'_1）	0.046***	-0.018	0.7533	0.687	0.685	1.913	0.5612	0.0201
WZ-->IA-->JX（c'_2）	0.037***	-0.008	0.7043	0.642	0.640	1.899	0.6000	0.0221
WZ-->IE-->JX（c'_3）	0.067*	-0.005*	0.7037	0.642	0.640	1.895	0.6000	0.0221
WZ-->IS-->JX（c'_4）	0.058***	-0.012	0.7183	0.655	0.653	1.920	0.5891	0.0215
WZ-->II-->JX（c'_5）	0.049***	0.013	0.7657	0.698	0.697	1.858	0.5505	0.0196
适配性指标			<2.0	越接近于 1 越好		接近 2	=$\sqrt{1-R^2}$	<0.06

注：* 表示 p<0.05，** 表示 p<0.01，*** 表示 p<0.001；A-R^2：Adjusted R^2，DW：Durbin-Watson，COA：Coefficient of Alienation。

资料来源：根据 SPSS23.0 逐步回归结果整理。

　　基于表 5.29 的回归结果和表 5.26 的计算结果，以管理者认知为中介变量，基于管理者封闭性的控制作用下，网络位置对创新绩效的间接效应如表 5.30 所示。

表5.30　管理者封闭性作用下网络位置对创新绩效的间接效应

	开放性作用下的间接效应	无控制变量的间接效应
ZSJG	0.065 * 0.089 = 0.0580	0.751 * 0.516 = 0.3875
IA	0.051 * 0.057 = 0.0029	0.524 * 0.561 = 0.2940
IE	0.051 * 0.054 = 0.0028	0.293 * 0.558 = 0.1635
IS	0.070 * 0.055 = 0.0039	0.328 * 0.690 = 0.2263
II	0.069 * 0.071 = 0.0049	0.461 * 0.759 = 0.3499

资料来源:根据表5.29的回归结果和表5.26的计算分析结果整理。

3. 开放性作用下的关系强度对创新绩效的影响

表5.31的模型回归结果显示,在关系强度对创新绩效的直接作用中,考虑开放性的作用时,网络位置对创新绩效的影响有所上升,由原来的0.507上升为0.734,是正向的显著性影响,验证了H2假设,管理者的封闭性对模型的影响系数为0.003,模型的各项拟合指标均在可接受的范围内:χ^2除以自由度的值为1.1926,χ^2/df小于2.0的判断标准,拟合优度R^2为0.539,调整后的拟合优度$A-R^2$为0.538,DW值为1.936,DW满足接近于2.0的判断标准,RMSEA值为0.0178,RMSEA小于0.06的判断标准。

当考虑管理者认知的中介作用时,引入管理者的开放性作为控制变量,其间接效应发生了明显的变化,各变量的中介作用均有所提升,说明管理者的开放性程度越高,关系强度对创新绩效的正向影响程度越高,验证了H2假设。开放性的管理者对关系强度与知识结构、信息关注、信息解释、信息共享和信息内化之间关系的影响系数分别为-0.034、-0.021、-0.013、-0.031和0.038,对知识结构、信息关注、信息解释、信息共享和信息内化与创新绩效之间关系的影响系数分别为0.028、0.011、0.007、0.022和-0.028。对知识结构、信息关注、信息解释、信息共享和信息内化的中介作用的影响系数分别为0.020、0.005、0.008、0.014和-0.016。管理者认知具有不完全的中介作用。

表 5.31　管理者开放性作用下关系强度对创新绩效的影响

逐步回归结果	$c/a_i/b_i/c'_i$ 标准化系数	OP 标准化系数	χ^2/df	R^2	$A-R^2$	DW	COA	RMSEA
GX-->JX(c)	0.734***	0.003	1.1926	0.539	0.538	1.936	0.6797	0.0178
GX-->ZSJG(a_1)	0.840***	-0.034	0.8267	0.708	0.707	2.061	0.5413	0.0492
GX-->IA(a_2)	0.527***	-0.021	0.4347	0.279	0.276	2.140	0.8509	0.0305
GX-->IE(a_3)	0.746***	-0.013	0.4893	0.279	0.276	2.123	0.8509	0.0406
GX-->IS(a_4)	0.647**	-0.031	0.7076	0.420	0.418	2.021	0.7629	0.0219
GX-->II(a_5)	0.664**	0.038	0.6937	0.442	0.440	2.016	0.7483	0.0406
ZSJG-->JX(b_1)	0.771**	0.028	0.9769	0.594	0.592	1.894	0.6387	0.0062
IA-->JX(b_2)	0.561**	0.011	0.5172	0.314	0.312	2.002	0.8295	0.0282
IE-->JX(b_3)	0.558*	0.007*	0.5119	0.311	0.309	1.996	0.8312	0.0284
IS-->JX(b_4)	0.691***	0.022	0.7832	0.476	0.474	2.014	0.7253	0.0189
II-->JX(b_5)	0.760***	-0.028	0.9487	0.577	0.575	1.834	0.6519	0.0092
GX-->ZSJG-->JX(c'_1)	0.295***	0.020	0.6792	0.619	0.617	1.883	0.6189	0.0230
GX-->IA-->JX(c'_2)	0.608*	0.005*	0.6373	0.581	0.579	1.904	0.6488	0.0244
GX-->IE-->JX(c'_3)	0.610***	0.008	0.6358	0.580	0.578	1.902	0.6496	0.0245
GX-->IS-->JX(c'_4)	0.495**	0.014	0.6785	0.619	0.617	1.973	0.6189	0.0230
GX-->II-->JX(c'_5)	0.412***	-0.016	0.7363	0.671	0.670	1.868	0.5745	0.0208
适配性指标			<2.0	越接近于1越好	接近2	$=\sqrt{1-R^2}$	<0.06	

注：* 表示 p<0.05，** 表示 p<0.01，*** 表示 p<0.001；$A-R^2$：Adjusted R^2，DW：Durbin-Watson，COA：Coefficient of Alienation。

资料来源：根据 SPSS23.0 逐步回归结果整理。

　　因此，基于表 5.31 和表 5.32 的回归结果显示，将管理者的开放性程度作为控制变量时，模型回归系数显著，各模型的拟合程度均在可接受的范围内，回归结果验证了假设 H2，即在合作网络内，网络关系强度对创新绩效具有正向的影响。

基于表5.31的回归结果和表5.26的计算结果,以管理者认知为中介变量,基于管理者开放性的控制作用,网络位置对创新绩效的间接作用如表5.32所示。

表5.32　管理者开放性作用下关系强度对创新绩效的间接效应

	开放性作用下的间接效应	无控制变量的间接效应
ZSJG	$0.840 * 0.771 = 0.6476$	$0.751 * 0.516 = 0.3875$
IA	$0.527 * 0.561 = 0.2956$	$0.524 * 0.561 = 0.2940$
IE	$0.746 * 0.558 = 0.4163$	$0.293 * 0.558 = 0.1635$
IS	$0.647 * 0.691 = 0.4471$	$0.328 * 0.690 = 0.2263$
II	$0.664 * 0.760 = 0.5046$	$0.350 * 0.759 = 0.2657$

资料来源:根据表5.31的回归结果和表5.26的计算分析结果整理。

4. 封闭性作用下的关系强度对创新绩效的影响

表5.33模型回归结果显示,考虑管理者封闭性对模型的作用时,关系强度对创新绩效直接影响程度明显下降,模型的回归系数从原来的0.507下降到0.106,管理者封闭性对模型控制作用的影响系数为-0.005,模型的各项拟合指标均在可接受的范围内:χ^2除以自由度的值为0.8493,χ^2/df符合小于2.0的判断标准,拟合优度R^2为0.516,调整后的拟合优度$A-R^2$为0.515,DW值为1.932,DW满足接近于2.0的判断标准,RMSEA值为0.0157,RMSEA符合小于0.06的判断标准。

当考虑管理者认知的中介作用时,引入管理者的封闭性作为控制变量,其间接效应发生了明显的变化,各变量的中介作用均有所下降,说明管理者的封闭性程度越高,对关系强度和创新绩效影响的反向作用越大,验证了假设H2。封闭性的管理者对关系强度与知识结构、信息关注、信息解释、信息共享和信息内化之间关系的影响系数分别为0.015、0.011、0.011、0.017和-0.026,对知识结构、信息关注、信息解释、信息共享和信息内化与创新绩效之间关系的影响系数分别为-0.022、-0.011、-0.014、-0.015和-0.026,对知识结构、信息关注、信息解释、信息共享和信息内化的中介作用的影响系数分别为-0.020、

-0.008、-0.008、-0.014 和-0.016。管理者封闭性作用下,管理者认知中介作用回归结果的拟合指标均在可接受的范围内,管理者认知的知识结构和信息 AESI 能力具有不完全的中介作用。

因此,基于表 5.33 和表 5.34 的回归结果显示,将管理者的封闭性程度作为控制变量时,回归系数显著,各模型的拟合程度均在可接受的范围内,回归结果验证了假设 H2,即在合作网络内,网络关系强度对创新绩效具有正向影响,模型的拟合程度均在可接受的范围内(如表 5.33 和表 5.34所示)。

表 5.33　管理者封闭性作用下关系强度对创新绩效的影响

逐步回归结果	$c/a_i b_i c'_i$ 标准化系数	CL 标准化系数	χ^2/df	R^2	$A-R^2$	DW	COA	RMSEA
GX-->JX(c)	0.106***	-0.005	0.8493	0.516	0.515	1.932	0.6964	0.0157
GX-->ZSJG(a_1)	0.101**	0.015*	0.7718	0.661	0.660	2.060	0.5831	0.0194
GX-->IA(a_2)	0.070**	0.011*	0.3762	0.241	0.239	2.121	0.8724	0.0321
GX-->IE(a_3)	0.071**	0.011*	0.3786	0.242	0.238	2.106	0.8723	0.0320
GX-->IS(a_4)	0.093**	0.017*	0.1646	0.394	0.392	2.015	0.7797	0.0235
GX-->II(a_5)	0.094**	-0.026*	0.6686	0.426	0.424	2.023	0.7589	0.0234
ZSJG-->JX(b_1)	0.089**	-0.022	0.9570	0.582	0.580	1.869	0.6481	0.0084
IA-->JX(b_2)	0.561***	-0.011	0.5172	0.314	0.312	2.002	0.8295	0.0282
IE-->JX(b_3)	0.548***	-0.014*	0.4945	0.301	0.298	2.000	0.8379	0.0289
IS-->JX(b_4)	0.546***	-0.015	0.4891	0.297	0.295	1.994	0.8396	0.0290
II-->JX(b_5)	0.671***	-0.026*	0.7395	0.449	0.448	1.990	0.7430	0.0210
GX-->ZSJG-->JX(c'_1)	0.295***	-0.020	0.6792	0.619	0.617	1.883	0.6189	0.0230
GX-->IA-->JX(c'_2)	0.608***	-0.008	0.6373	0.581	0.579	1.904	0.6488	0.0244
GX-->IE-->JX(c'_3)	0.610**	-0.008	0.6358	0.580	0.578	1.902	0.6496	0.0245

续表

逐步回归结果	c/a$_i$b$_i$c′$_i$ 标准化系数	CL 标准化系数	χ^2/df	R^2	A-R^2	DW	COA	RMSEA
GX-->IS--> JX(c′$_4$)	0.495***	-0.014*	0.6785	0.619	0.617	1.973	0.6189	0.0210
GX-->II--> JX(c′$_5$)	0.412***	-0.016	0.7363	0.671	0.670	1.868	0.5745	0.0208
适配性指标			<2.0	越接近于1越好	接近2	=$\sqrt{1-R^2}$	<0.06

注:* 表示 p<0.05,** 表示 p<0.01,*** 表示 p<0.001;A-R^2:Adjusted R^2,DW:Durbin-Watson,COA: Coefficient of Alienation;CL:封闭性。

资料来源:根据 SPSS23.0 逐步回归结果整理。

基于表5.33的回归结果和表5.26的计算结果,在管理者认知的中介作用下,基于管理者封闭性的控制作用,网络位置对创新绩效的间接作用如表5.34所示。

表5.34　管理者封闭性作用下关系强度对创新绩效的间接效应

	封闭性作用下的间接效应	无控制变量的间接效应
ZSJG	0.101 * 0.089 = 0.0090	0.751 * 0.516 = 0.3875
IA	0.070 * 0.561 = 0.0393	0.524 * 0.561 = 0.2940
IE	0.071 * 0.548 = 0.0389	0.293 * 0.558 = 0.1635
IS	0.093 * 0.546 = 0.0508	0.328 * 0.690 = 0.2263
II	0.094 * 0.671 = 0.0631	0.350 * 0.759 = 0.2657

资料来源:根据表5.33的回归结果和表5.26的计算分析结果整理。

第六节　稳健性检验

为了保障结构方程模型的有效性,对研究模型从两个方面进行了稳健性检验。稳健性检验参考了刘学元等(2016)和蔡宁等(2013)的检验方法,通过数据分组和变量替换的方法对模型重新进行了检验。

一、数据分组检验

根据刘学元等(2016)的研究,将所有的调研数据按照性别和企业性质分别进行分组检验,运用 STATA 14.0 软件,验证网络位置、关系强度、管理者认知、创新绩效之间的关系。将样本数据分为男性管理者(N=308)和女性管理者(N=300)。另外,按照企业性质分为国有企业(N=301)和非国有企业(N=307)。先检验网络位置和关系强度对创新绩效的直接影响,然后检验管理者认知对创新绩效的影响,最后将网络位置、关系强度、管理者认知和创新绩效一起放入回归模型,比较三个模型中回归系数的显著性以及大小,进而判断是否存在中介效应。各模型的回归结果验证了网络位置和关系强度与创新绩效、网络位置和关系强度与管理者认知、管理者认知与创新绩效之间关系的假设,表明本书的实证研究结论是稳健的(见表5.35—5.37)。

(一) 控制变量:管理者的性别

管理者认知在网络位置和创新绩效间的作用关系,在性别作为控制变量时,无论是男性管理者还是女性管理者,知识结构的中介作用是最强的,对于信息 AESI 能力的中介作用,虽然信息解释的作用相对于信息关注略有下降,但基本呈现出显著递进的作用关系,验证了 H5 假设,认为网络位置和关系强度可以通过管理者认知对创新绩效产生正向影响;管理者认知在关系强度和创新绩效间的作用关系,无论是男性管理者还是女性管理者,知识结构的中介作用都是最强的,信息 AESI 能力的中介作用也是显著的,总体的递进关系也得到了验证;另外,从统计分析结果可以看出,男性和女性管理者对模型表现出明显不同的控制作用(见表5.35—5.37)。

表 5.35　管理者性别控制下网络位置、管理者认知与创新绩效的关系

路径	控制变量（性别：男）					控制变量（性别：女）				
	系数 c	系数 a	系数 b	系数 c′	A-R²	系数 c	系数 a	系数 b	系数 c′	A-R²
WZ-->JX	0.766**	—	—	—	0.632	0.780**	—	—	—	0.582
WZ-->ZSJG-->JX	—	0.599**	0.924**	0.213**	0.711	—	0.679**	0.902**	0.168*	0.656
WZ-->IA-->JX	—	0.501**	0.611**	0.460**	0.655	—	0.514**	0.543**	0.501*	0.626
WZ-->IE-->JX	—	0.501**	0.605**	0.463**	0.654	—	0.513**	0.540**	0.503*	0.626
WZ-->IS-->JX	—	0.662**	0.677**	0.318**	0.674	—	0.732**	0.685**	0.279*	0.630
WZ-->II-->JX	—	0.632**	0.815**	0.251**	0.749	—	0.754	0.736**	0.522**	0.643

注：* 表示 p<0.05，** 表示 p<0.01，*** 表示 p<0.001。
资料来源：根据 STATA 14.0 回归分析结果整理。

表 5.36　管理者性别控制下关系强度、管理者认知与创新绩效的关系

路径	控制变量（性别：男）					控制变量（性别：女）				
	系数 c	系数 a	系数 b	系数 c′	A-R²	系数 c	系数 a	系数 b	系数 c′	A-R²
GX-->JX	1.055**	—	—	—	0.534	1.076**	—	—	—	0.544
GX-->ZSJG-->JX	—	1.011**	0.924**	0.121**	0.628	—	1.045**	0.902**	0.133*	0.608
GX-->IA-->JX	—	0.698**	0.611**	0.629**	0.583	—	0.802**	0.543**	0.641**	0.577
GX-->IE-->JX	—	0.700**	0.605**	0.632*	0.580	—	0.804**	0.540**	0.642**	0.574
GX-->IS-->JX	—	1.009**	0.677**	0.372*	0.597	—	0.882**	0.685**	0.472**	0.638
GX-->II-->JX	—	0.477**	0.815**	0.666*	0.697	—	0.460**	0.736**	0.737*	0.642

注：* 表示 p<0.05，** 表示 p<0.01，*** 表示 p<0.001。
资料来源：根据 STATA 14.0 回归分析结果整理。

表 5.37 管理者性别控制下管理者认知的间接效应

	WZ-->MC-->JX（男）	WZ-->MC-->JX（女）	GX-->MC-->JX（男）	GX-->MC-->JX（女）
ZSJG	0.599 * 0.924 = 0.553	0.679 * 0.902 = 0.612	1.011 * 0.924 = 0.934	1.045 * 0.902 = 0.943
IA	0.501 * 0.611 = 0.306	0.514 * 0.543 = 0.279	0.698 * 0.611 = 0.426	0.802 * 0.543 = 0.435
IE	0.501 * 0.605 = 0.303	0.513 * 0.540 = 0.277	0.700 * 0.605 = 0.424	0.804 * 0.540 = 0.434
IS	0.662 * 0.677 = 0.448	0.732 * 0.685 = 0.501	1.009 * 0.677 = 0.683	0.882 * 0.685 = 0.604
II	0.632 * 0.815 = 0.515	0.754 * 0.736 = 0.555	0.477 * 0.815 = 0.389	0.460 * 0.736 = 0.339

注: * 表示 $p<0.05$, ** 表示 $p<0.01$, *** 表示 $p<0.001$。
资料来源:根据管理者性别作为控制变量的回归结果计算整理。

（二）控制变量:企业性质

企业性质作为网络位置与创新绩效间关系的控制变量时,知识结构在国有企业中的中介作用是最强的。而信息内化在非国有企业的中介作用是最强的。对于信息 AEIS 能力的中介作用而言,信息解释能力在网络位置、关系强度与创新绩效的作用关系中略有下降,但总体上呈现出递进的正向作用关系,验证了前面的假设。企业性质作为关系强度与创新绩效关系的控制变量时,信息内化能力的中介作用是最强的,解释能力表现出略有的下降,但总体上呈现递进的正向中介作用关系。

同时,分析结果还显示,国企和非国企的中介效应表现出明显的差异性,如国有企业中信息内化对网络位置与创新绩效间关系的中介效应明显低于非国有企业（$0.660 * 0.798 = 0.527 < 0.707 * 0.757 = 0.535$）,而国有企业中信息内化对网络关系与创新绩效间关系的中介作用明显高于非国有企业（$0.960 * 0.798 = 0.766 > 0.915 * 0.757 = 0.693$）,国有企业中知识结构的中介作用无论是在网络位置与创新绩效关系中,还是在关系强度与创新绩效的关系中,均高于非国有企业（网络位置与创新绩效的关系:$0.665 * 0.979 = 0.651 > 0.610 * 0.849 = 0.518$;网络关系与创新绩效的关系:$0.502 * 0.728 = 0.365 > 0.434 * 0.649 = 0.282$）（见表 5.38—5.40）。

表 5.38　企业性质控制下网络位置、管理者认知与创新绩效的关系

路径	控制变量（企业性质：国企）					控制变量（企业性质：非国企）				
	系数 c	系数 a	系数 b	系数 c'	A－R²	系数 c	系数 a	系数 b	系数 c'	A－R²
WZ-->JX	0.801**	—	—	—	0.616	0.766**	—	—	—	0.602
WZ--> ZSJG-->JX	—	0.665**	0.979**	0.150*	0.715	—	0.610**	0.849**	0.518**	0.612
WZ-->IA-->JX	—	0.459**	0.523**	0.561**	0.654	—	0.549**	0.639**	0.351**	0.628
WZ-->IE-->JX	—	0.459**	0.518**	0.563*	0.653	—	0.547**	0.636**	0.348*	0.631
WZ--> IS-->JX	—	0.714**	0.757**	0.261*	0.677	—	0.675**	0.613**	0.414**	0.633
WZ--> II-->JX	—	0.660**	0.798**	0.274*	0.717	—	0.707**	0.757**	0.535**	0.677

注：* 表示 $p<0.05$，** 表示 $p<0.01$，*** 表示 $p<0.001$。
资料来源：根据 STATA 14.0 回归分析结果整理。

表 5.39　企业性质控制下关系强度、管理者认知与创新绩效的关系

路径	控制变量（企业性质：国企）					控制变量（企业性质：非国企）				
	系数 c	系数 a	系数 b	系数 c'	A－R²	系数 c	系数 a	系数 b	系数 c'	A－R²
GX-->JX	1.140**	—	—	—	0.714	0.984**	—	—	—	0.452
GX--> ZSJG-->JX	—	0.502**	0.728**	0.775**	0.686	—	0.434**	0.649**	0.432*	0.548
GX-->IA-->JX	—	0.675**	0.523**	0.787**	0.656	—	0.814**	0.639**	0.194*	0.510
GX-->IE-->JX	—	0.678**	0.518**	0.789**	0.654	—	0.814**	0.636**	0.196**	0.509
GX--> IS-->JX	—	0.941**	0.757**	0.428**	0.701	—	0.958**	0.613**	0.127**	0.533
GX--> II-->JX	—	0.960**	0.798**	0.374*	0.714	—	0.915**	0.757**	0.021*	0.629

注：* 表示 $p<0.05$，** 表示 $p<0.01$，*** 表示 $p<0.001$。
资料来源：根据 STATA 14.0 回归分析结果整理。

表 5.40   企业性质控制下管理者认知的中介效应

	WZ-->MC-->JX （国企）	WZ-->MC-->JX （非国企）	GX-->MC-->JX （国企）	GX-->MC-->JX （非国企）
ZSJG	0.665 * 0.979 = 0.651	0.610 * 0.849 = 0.518	0.502 * 0.728 = 0.365	0.434 * 0.649 = 0.282
IA	0.459 * 0.523 = 0.240	0.549 * 0.639 = 0.351	0.675 * 0.523 = 0.353	0.814 * 0.639 = 0.520
IE	0.459 * 0.518 = 0.238	0.547 * 0.636 = 0.348	0.678 * 0.518 = 0.351	0.814 * 0.636 = 0.518
IS	0.714 * 0.757 = 0.540	0.675 * 0.613 = 0.414	0.941 * 0.757 = 0.712	0.958 * 0.613 = 0.587
II	0.660 * 0.798 = 0.527	0.707 * 0.757 = 0.535	0.960 * 0.798 = 0.766	0.915 * 0.757 = 0.693

资料来源：根据企业性质作为控制变量的回归结果计算整理。

因此，基于以上分析可知，无论是否对样本进行分组检测，研究结论都是稳健的，都可以支持所提出的 5 组假设。

二、变量替换法检验

笔者对网络组织的价值创造选择创新绩效进行反映，对创新绩效进行测度时既包括财务指标也包含战略性指标（刘学元等，2016）。将财务性指标单独分离出来重新进行分析，即用创新财务指标替代创新绩效重新进行分析网络位置、关系强度与管理者认知、创新财务绩效之间的关系，选用的指标包括新产品的研发成功率、新产品的研发成本和新产品销售回报率（ROS）（蔡宁、闫春，2013），回归结果验证了关系假设，其中信息内化在网络位置与创新财务绩效间关系的中介作用最大，知识结构在关系强度与创新财务绩效间关系的中介作用最大，信息 AESI 能力在网络位置、网络关系与财务绩效之间的关系呈现出递进的正向影响（见表 5.41—5.43）。

表 5.41   网络位置、管理者认知与创新财务绩效间的关系

	系数 c	系数 a	系数 b	系数 c'	A-R^2	R^2
WZ-->CWJX	0.414**	—	—	—	0.595	0.598
WZ--> ZSJG-->CWJX	—	0.435**	0.466**	0.211*	0.676	0.679
WZ-->IA-->CWJX	—	0.307**	0.438*	0.280**	0.641	0.644
WZ-->IE-->CWJX	—	0.306*	0.434**	0.281*	0.640	0.646
WZ--> IS-->CWJX	—	0.492**	0.517*	0.160**	0.641	0.645
WZ--> II-->CWJX	—	0.483**	0.594**	0.127*	0.669	0.672

注：* 表示 $p<0.05$，** 表示 $p<0.01$，*** 表示 $p<0.001$。
资料来源：根据 STATA 14.0 回归分析结果整理。

表 5.42　网络关系、管理者认知与创新财务绩效间的关系

	系数 c	系数 a	系数 b	系数 c′	A-R^2	R^2
GX-->CWJX	0.360*	—	—		0.513	0.517
GX--> ZSJG-->CWJX	—	0.516**	0.466**	0.120**	0.608	0.612
GX-->IA-->CWJX	—	0.242**	0.438*	0.254*	0.573	0.577
GX-->IE-->CWJX	—	0.343*	0.434**	0.211*	0.572	0.576
GX--> IS-->CWJX	—	0.460**	0.317**	0.214*	0.595	0.590
GX--> II-->CWJX	—	0.346**	0.494*	0.189**	0.631	0.635

注:* 表示 $p<0.05$,** 表示 $p<0.01$,*** 表示 $p<0.00$。
资料来源:根据 STATA 14.0 回归分析结果整理。

回归结果显示,当因变量为创新财务绩效时,虽然模型中网络位置与创新财务绩效、关系强度与创新财务绩效的相关性相对于结构方程模型的系数有显著的降低,但依然支持 5 组理论假设。同时,从表 5.43 的中介间接效应系数也验证了管理者认知的中介作用。因此,无论是财务绩效与战略绩效的综合,还是单纯的财务绩效,实证检验结果都是支持理论假设的,研究结论是具有稳健性的。

表 5.43　管理者认知在网络位置和关系强度与创新财务绩效间的中介效应

	WZ-->MC-->CWJX	GX-->MC-->CWJX
ZSJG	0.435 * 0.466 = 0.159	0.516 * 0.466 = 0.240
IA	0.307 * 0.438 = 0.134	0.242 * 0.438 = 0.106
IE	0.306 * 0.434 = 0.133	0.343 * 0.434 = 0.149
IS	0.492 * 0.517 = 0.254	0.460 * 0.317 = 0.146
II	0.483 * 0.494 = 0.287	0.346 * 0.494 = 0.171

注:* 表示 $p<0.05$,** 表示 $p<0.01$,*** 表示 $p<0.001$。
资料来源:根据 STATA 14.0 回归分析结果整理。

结　　语

笔者从管理者认知的视角,运用文献分析和博弈分析的方法研究了网络组织演化的驱动因素、演化要素、演化阶段与演化的认知模式。基于管理者的知识结构和信息 AESI 能力的驱动因素,剖析了网络组织结点能力、网络关系和网络结构的演化要素;探讨了网络组织演化的两条内在逻辑,即结点能力的演化和价值创造逻辑的演化;进而提出了网络组织演化的四种基本认知模式。在此基础上,运用实证分析的方法验证了组织间的网络嵌入、管理者认知与作为价值创造逻辑结果的创新绩效之间的关系。

一、主要结论及启示

（一）主要结论

1.战略情境和管理者认知是网络组织演化的驱动因素

从组织外部战略情境来看,首先,组织的竞争范式从初期技术革新与管理方式的转换变到规模协作与合作创新的集成,再到知识整合与创新,知识成为网络组织成长与发展的关键动力。其次,更多的个性化、定制化需求,推动组织运营方式、配送服务等的转变,同时,很多企业将消费者纳入企业的商业模式,参与企业的生产与策略制定,因此,消费者需求与身份的改变成为网络组织演化的动力。最后,技术变革推动组织的运营模式、经营模式和管理模式的改变,为组织提供了多元化的选择,同时也给组织带来了更大的不确定性,规避或缓解环境、技术不确定性的冲击也成为网络组织演化的动力。

从组织内部管理者认知的角度来看,首先,组织可重复使用的行为惯例与累积的组织能力决定了其在合作网络中的身份和地位,管理者通过不断地学习、试错、局部搜索等方式深化或改变现有的行为惯例，形成新的知识体系，推动组织能力的动态演化。其次，随着信息技术和组织间关系的发展，信息的经济属性经历了工具—资源—要素的演变过程；管理者对资源的获取转换为对信息的搜索与探寻过程，由于网络结构的复杂性和任务的复杂性，囿于管理者的有限理性，其对市场的关注力与洞察力是有限的，无法获得全部的市场新消息，会产生环境与认知的偏差；为了缩短认知差距，组织需要与其他企业联结，联结关系的强弱影响组织信息传递与共享的质量，因此，为了更好地作出行为决策，组织间共享认知的形成成为组织间关系演化的驱动力。最后，由于结点的网络位置和嵌入性网络资源的差异性形成不同的信息利益、控制利益和网络利益，为了消除组织间管理者认知偏差形成的利益损失，组织需要不断地进行局部搜索以淘汰不利的网络关系，创建或重组新的网络关系，以获取更大的网络利益。

2. 结点能力、网络关系和网络结构构成网络组织演化的基本要素

笔者从微观构成要素的视角明晰了网络组织演化的基本要素。结点能力的累积与演化表现为从零阶刚性能力到一阶适应能力再到高阶整合或重构能力的演进；组织间网络关系演化表现为从关系初始化的资源获取到关系扩展期的资源配置再到关系优化期的资源整合与重组；网络结构的演化包括链接形态、结构形态和交互结果，组织间的链接形态从法律契约到法律契约与关系契约并存的演进，结点间的结构形态从联结方主导到消费者主导再到第三方主导模式的演进，结点间交互的结果表现为正向协同和反向协同。

3. 网络组织的演化三阶段：自稳定、自适应和自整合

组织间的关系质量、联结动机、信息利益和控制利益需求影响网络结构的稳定以及收益的均衡。稳定的网络结构和收益的均衡是推动网络组织在不同关系强度和关系质量下持续的追求，也是网络组织在不同阶段实现稳定的持续"动量"。基于网络组织演化的三要素和演化"动量"两个维度，将网络组织的演化划分为自稳定阶段、自适应阶段和自整合阶段三个阶段。

（1）自稳定阶段

本阶段属于网络组织演化的微涨落阶段，表现为组织惯例的自稳定过

程。在本阶段,基于任务属性的约束,通过能力的保持实现网络组织的微涨落回归,组织的发展依赖于联结前累积的、可重复使用的行为惯例,利用零阶能力(刚性能力)形成资源的利用式发展,组织间形成偶发式的组织联结。

(2)自适应阶段

本阶段属于网络组织演化的混合涨落阶段,表现为结点企业相互适应于核心企业的自适应过程。在本阶段,核心企业的链接基本饱和,组织间能力与技能相互适应于核心企业的过程,通过能力的相互适应实现组织间的阶段性平衡,本阶段网络结点利用适应性能力(一阶能力)会形成多路径的资源配置方式,组织间形成逐渐稳定的社会关系与经济关系域,该关系域是片段式的。

(3)自整合阶段

本阶段属于网络组织演化的高级阶段,是网络组织的巨涨落阶段,表现为能力与关系的自整合过程。在本阶段,组织通过资源的整合与信息的共享、内化搜索并确定更加具有吸引力的联结组织、挖掘联结组织的共有特性与组织间的异质性,依托能力的整合与重构缓解并解决组织间的冲突,组织间冲突的不断解决使得网络组织超临界的不确定性逐步降低,组织间关系形成三种整合状态:纵向整合、横向整合与混合整合。

根据对网络组织演化的驱动因素及网络组织演化各阶段的分析,网络组织的演化过程及阶段性特征如表6.1所示。

表6.1 网络组织的演化过程及阶段性特征

演化过程及特征	自稳定阶段	自适应阶段	自整合阶段
认知驱动	惯例搜寻 信息洞察	惯例应用 信息共享	惯例培育 信息内化
演化动量	刚性能力维持发展 资源利用式发展	能力适应性发展 多路径的资源配置	能力的整合与培育式发展 资源的纵向、横向与混合整合
演化特征	组织惯例的微涨落	惯例适应的混合涨落	新惯例培育的巨涨落

演化过程及特征	自稳定阶段	自适应阶段	自整合阶段
演化过程	任务属性约束 行为惯例推动组织发展 惯例的自稳定	核心企业链接基本饱和 能力与技能相互适应于核心企业 惯例的自适应	确定共有特性与异质性 解决组织间的冲突 超临界的不确定性逐步降低
演化结果	偶发式的点式合作	片段式的关系域	关系整合

资料来源:根据研究需要,作者整理。

4. 网络组织的演化逻辑:结点能力与价值创造逻辑的演化

根据网络组织的演化过程及阶段性特征的分析,网络组织的演化逻辑表现为两条主线:结点能力的演化和价值创造逻辑的演化。

(1)结点能力的演化逻辑

结点组织能力的演化表现为从依托组织惯例的零阶能力到组织间相互适应的一阶能力再到价值创造与培育的高阶能力。网络组织形成初期,组织间嵌合程度和互动程度较低,组织间的合作仅为点式的偶发式联结,联结后的组织能力表现为各结点企业可重复使用的行为能力的加总,即零阶能力的加总;随着互动程度和嵌合程度的增强,组织间的联结关系发展为片段式的关系域,关系域内的组织能力表现为组织间相互适应于核心企业,即相互适应的一阶能力;随着合作程度不断加深,组织间资源实现整合,结点企业共同培育和创造新的组织惯例,形成组织的高阶能力。

(2)价值创造逻辑的选择

网络组织价值创造逻辑的选择表现为从交汇点式的单方价值攫取到关系域式的单方价值攫取与互惠价值创造并存再到关系整合式的互惠价值创造。在组织联结初期,组织间信任程度较低,基于点式的关系联结获取私有租金,形成单方的价值攫取;随着合作关系的深入,信任度增强,基于片段式的关系域获取私有租金和共有租金,形成单方价值攫取与互惠价值共创并存;在关系的深化期,形成强关系联结,基于关系整合获取网络租金,形成互惠价值创造。

信息改变了网络关系和网络结构的价值创造能力,成为网络组织认知和决策的独立要素,根据双主体和多主体竞合收益的数理分析结果,管理者选择合作的模式是最优的,通过单方价值攫取、单方价值攫取与互惠价值创造和互惠价值创造均衡收益的博弈分析,互惠价值共创的均衡收益是最高的,印证了网络组织的演化逻辑。

5. 网络组织演化的四类基本认知模式

结点能力和组织间关系的演化推动网络组织作出不同的认知模式选择,结点能力的演化具有惯例观和前瞻观的属性,而关系的演化具有适应性和重塑性的属性,基于此将网络组织演化的认知模式划分为四类模式:模式 I:适应性—惯例观认知模式,模式 II:适应性—前瞻观认知模式,模式 III:塑造性—惯例观认知模式,模式 IV:塑造性—前瞻观认知模式。模式 I 强调在组织联结关系中依托现有的知识结构组织间相互适应实现价值创造的过程,模式 II 强调在组织联结关系中不断探索新的知识体系以相互适应实现价值创造的过程,模式 III 强调在组织联结关系中依托现有的知识结构不断探索新联结关系的过程,模式 IV 强调在不断探索新的知识体系的过程中重构网络关系的过程。

6. 实证分析结果

利用调研所获得的 608 份问卷样本数据,用 AMOS 23.0、SPSS 23.0 和 STATA 14.0 统计软件,实证分析验证了网络位置、网络关系强度与管理者认知、创新绩效之间的关系,检验了管理者认知在组织合作网络与创新绩效之间的作用关系。通过对实证分析结果的整理发现:首先,验证了网络嵌入对创新绩效的直接作用关系,在不考虑控制变量和中介变量的情况下,网络位置对创新绩效有明显的正向直接影响,网络组织的网络位置中心度越高,企业获得创新绩效的可能性越大,组织越能保持持久的竞争优势,合作组织间联系越紧密、信任度越高,组织获得创新绩效的可能性越大;其次,验证了管理者认知的可观测的经验特征的中介作用,可观测的经验特征包括管理者的知识结构和信息 AESI 能力,其在网络嵌入对创新绩效的作用关系中起到不完全中介作用,其中管理者累积的知识结构在此关系中的中介作用是最强的,信息 AESI 能力在网络嵌入与创新绩效间呈现出递进的不完全中介作用,但信息解释能力在网络位置与创新绩效间的作用关系中有小幅度的下降,但总体趋势是递进的;最后,管理者的年龄、工作变动情况、学历结构及工作年限在网络嵌入、管理者认知与创新绩效间的作用模型中具有明显的控制作用。

（二）主要启示

1.管理启示

在国家倡导"大众创业、万众创新"的大背景下,研究结论对企业发展与相关政府部门的监管具有一定的启示作用。

首先,对于企业发展来说,企业要重视创新的重要作用,而在超竞争的市场环境下,企业依靠自身的力量很难保证创新绩效的实现,通过多企业间合作而形成的合作网络对创新绩效的实现更加有效。企业合作网络的形成受制于企业管理者累积的知识和经验,以及对环境的判断。企业的高层管理者影响甚至决定与谁合作、合作方式和合作的范围,企业掌握的专用性资源、累积的经验与能力影响着组织个体在合作网络中的话语权。专用性资源、累积的经验与能力形成网络组织中结点的组织能力。创新绩效的实现一方面依托于合作形成的合作绩效,另一方面依托于结点的组织能力。因此,在合作网络中,管理者既要通过信息等资源的传递与共享获取合作效益,同时又要合理利用、配置和整合异质性的组织能力,以获取创新绩效。

其次,在网络组织中,企业凭借自身的技术、物质资源、声誉、网络中的纽带作用等优势,获得较高的网络位置中心度,构建透明化的合作流程,程序化地进行正式和非正式的沟通与交流,增强各联结方的合作关系,促进网络内信息等资源的有效传递与共享,实现技术、能力等有效整合。资源的有效整合是网络组织获取合作绩效的保障,而资源有效整合依赖于管理者对合作关系的认知,以及对合作网络中自身和合作者组织能力的判断。透明化的合作流程、有效的关系整合受制于管理者的合作意愿与管理者对合作方的信任程度。管理者的合作意愿越高、对对方信任度越高,组织间的嵌合程度与互动程度就会越高,资源整合越容易实现。因此,在网络组织中,管理者对合作网络的判断与识别能力影响合作绩效的实现,管理者的识别与判断能力依托于自身的知识结构以及管理者的内在特征。管理者在合作网络中,要不断地相互适应,调整自己现有的知识结构,重视意愿认知、配置认知和能力认知在合作网络中的作用。

最后,从国家、政府的角度来看,各级政府应为企业提供更好的合作平台、合作机制,创造企业合作环境,鼓励并支持企业进行合作创新,如可以通过科技园、创新基地、孵化器等多种基础设施的建设,为企业提供创新合作的支持。

2. 实践启示

环境的瞬时性与不确定性,有效的市场信息的获取与把握显得越来越重要,研究结论验证了信息 AESI 能力在网络组织中对创新绩效的作用。

首先,企业为了提升创新绩效,不能只是关注自身知识的吸收能力和资源的整合能力,因为很多情况下信息尚未转化为知识就可能失去了价值。因此,更应该将信息的重要性提高到企业的战略高度,在企业内部建立信息管理系统,负责信息的搜集与处理,提升信息关注的能力。

其次,组织间信息的传递与共享是企业间资源融合的前提与保障。深度的信息融合增强联结各方之间的信任关系,组织间互动程度与嵌合程度的增强是协作创新的保障。

最后,信息的内化能力是企业获得持久竞争力的保障。这就要求联结各方要创建良好的内部学习环境,培养并提升员工尤其是管理者信息转化为知识的能力,提升其提出新思想、开发新产品和新技术的创新能力。这一点如分析得出的结论,对于企业管理者年龄偏高、学历偏低的高新技术企业尤为突出。

二、研究局限及展望

(一) 研究局限

虽然运用文献分析、博弈分析和实证分析的方法,论证了网络嵌入、管理者认知与网络组织价值创造逻辑的关系,得出了几点创新性的结论,但在研究方法、研究内容等方面还存在一定的局限。

1. 网络组织价值创造逻辑演化动因分析的局限

虽然分析了网络组织中组织间关系强度和网络位置如何诱发并提升管理者认知的作用进而影响组织的价值创造能力,但关于网络组织价值创造逻辑的动因挖掘还存在一定的局限。组织联结关系形成后,结点能力、二元关系、网络位置会影响组织的行为模式选择,外部的环境不确定性和内部的网络能力对联结创新绩效也会造成影响。因而,还需要多视角、全方位地考察网络组织演化过程中的价值创造力,构建多元化的网络组织价值创造逻辑演化的动力模型。

2. 知识架构在网络组织演化中的驱动作用未体现

笔者认为信息经济属性的演变、管理者的知识结构与信息层级递进的互动作用推动了网络组织结点能力、网络关系和网络结构的演化,但没有深入剖析管理者认知与网络组织协同演化的逻辑。在后续的研究中可尝试分析管理者认知与网络组织的协同演化的关系。另外,仅分析了管理者认知的信息架构和知识结构,没有考虑知识架构在网络组织演化中的作用,没有从知识结构、信息架构和知识架构的综合视角分析网络组织价值创造的动因。

3. 研究方法的局限

运用文献分析、博弈分析和实证分析的研究方法,论证了网络组织演化的价值创造逻辑,但没有确定网络组织演化的"动量"的分界点,在以后的研究中,可尝试运用仿真分析的方法,确定网络组织演化阶段的临界点。另外,研究的实证分析,仅是运用问卷调研的数据进行剖析,缺乏具体的案例解释与论证。

(二) 研究展望

基于研究结论和研究不足的分析,在后续的研究中可以从以下几个方面进行深入的研究和完善。

1. 探求管理者认知、网络组织演化与行为模式的协同演化问题

基于分析可知,管理者的认知模式反映了组织战略选择与自身演化的过程,"向后看"的经验逻辑与"向前看"的结果逻辑形成组织战略选择与演化重要驱动力。管理者认知与网络组织演化之间的关系体现了管理者认知在基于惯例的理性选择与基于认知的适应学习之间的博弈过程,也体现了网络组织利益追求的一致性与个体异质性、适应性的博弈过程。组织的行为模式从个体的单打独斗到平台竞争,从被组织到自组织,越来越多的企业选择互惠共赢的组织战略,行为模式的改变是为了适应"信息瞬时优势"的组织情境。因此,网络组织、管理者认知与组织的行为模式三者之间呈现出协同演化的趋势,这将是后续研究的一个重要内容。

2. 分析论证知识架构在网络组织架构中的作用

虽然通过理论和实证分析论证了知识结构和信息架构在网络组织价值创

造逻辑中的作用,但管理者认知不仅包括知识结构和信息架构,还包括知识架构。在今后的研究中,将引入知识架构维度,探析管理者统计学特征和可观测的行为特征、网络嵌入、管理者认知和创新绩效之间的关系,以及信息转化知识的过程对组织间合作的影响,进而探析三个维度(知识结构、信息架构和知识架构)的管理者认知对网络组织价值创造逻辑的作用,明晰知识转移、知识吸收等作用的机理。

3. 深入剖析管理者内在特征和认知特征对价值创造的影响

笔者剖析了管理者的统计学特征、可观测的经验特征以及认知特征,在实证检验中验证了管理者内在特征和认知属性作为控制变量对网络嵌入、管理者认知和网络组织价值创造之间关系的影响。在后续研究中,将以管理特征为解释变量、网络关系强度和网络位置为中介变量或者调节变量、价值创造为被解释变量,探析不同属性的管理者之间联结会形成什么的样的联结关系,会作出什么样的价值选择。

4. 丰富研究方法

在后续研究中,首先,将尝试采用仿真的研究方法剖析网络组织演化阶段的临界点,明晰网络组织演化"动量"间的数理关系;其次,将尝试采用案例分析的方法,运用企业的纵向数据,剖析管理者认知在网络组织演化中的作用以及网络组织演化的路径与逻辑;最后,将尝试采用文本挖掘的方法,分析管理者的知识结构体系、管理理念、行为模式等文本资料,剖析这些关键性概念之间的关系,探析管理者认知在网络组织发展与演化中的作用。

参 考 文 献

一、中文

[1][美]弗鲁博顿、芮切特:《新制度经济学:一个交易费用分析范式》,姜建强等译,格致出版社 2012 年版。

[2][美]奥利弗·E.威廉姆森:《资本主义经济制度》,段毅才、王伟译,商务印书馆 2002 年版。

[3]彭正银:《网络治理:理论与模式研究》,经济科学出版社 2003 年版。

[4]沈运红:《中小企业网络组织生态运行演化机制研究》,经济科学出版社 2013 年版。

[5]孙国强:《网络组织理论与治理研究》,经济科学出版社 2016 年版。

[6]边燕杰、张文宏:《经济体制、社会网络与职业流动》,《中国社会科学》2001 年第 2 期。

[7]包凤耐、彭正银:《网络能力视角下企业关系资本对知识转移的影响研究》,《南开管理评论》2015 年第 3 期。

[8]陈建勋、郑雪强、王涛:《"对事不对人"抑或"对人不对事"——高管团队冲突对组织探索式学习行为的影响》,《南开管理评论》2016 年第 5 期。

[9]蔡宁、闫春:《开放式创新绩效的测度:理论模型与实证检验》,《科学学研究》2013 年第 3 期。

[10]蔡宁、潘松挺:《网络关系强度与企业技术创新模式的耦合性及其协同演化——以海正药业技术创新网络为例》,《中国工业经济》2008 年第 4 期。

[11]曹国华、杨俊杰、林川:《CEO 声誉与投资短视行为》,《管理工程学报》2017 年第 4 期。

[12]曹丽莉:《多元供应链的构建融合推进产业集群创新升级》,《软科学》2009年第1期。

[13]曾萍、宋铁波、蓝海林:《环境不确定性、企业战略反应与动态能力的构建》,《中国软科学》2011年第12期。

[14]曾宪聚、吴建祖:《组织环境、管理者认知和战略决策》,《管理学家(学术版)》2009年第2期。

[15]陈学光、徐金发:《网络组织及其惯例的形成——基于演化论的视角》,《中国工业经济》2006年第4期。

[16]戴国良:《供应链信息共享与竞争战略》,《物流工程与管理》2017年第8期。

[17]邓少军、芮明杰:《高层管理者认知与企业双元能力构建——基于浙江金信公司战略转型的案例研究》,《中国工业经济》2013年第11期。

[18]邓少军、芮明杰:《组织能力演化微观认知机制研究前沿探析》,《外国经济与管理》2009年第11期。

[19]董保宝、葛宝山、王侃:《资源整合过程、动态能力与竞争优势:机理与路径》,《管理世界》2011年第3期。

[20]董临萍、宋渊洋:《高管团队注意力与企业国际化绩效:权力与管理自由度的调节作用》,《管理评论》2017年第8期。

[21]董俊武、黄江圳、陈震红:《动态能力演化的知识模型与一个中国企业的案例分析》,《管理世界》2004年第4期。

[22]付永刚、谷静茹:《国企管理者认知风格、组织学习与组织惯例更新的关系研究》,《科技与管理》2017年第1期。

[23]高闯、关鑫:《社会资本、网络连带与上市公司终极控制权——基于社会资本理论的分析框架》,《中国工业经济》2008年第9期。

[24]韩敬稳、彭正银:《基于关系传递的企业网络嵌入的动态过程研究——考虑"互惠性偏好"的序贯博弈分析》,《预测》2015年第5期。

[25]韩炜、杨俊、包凤耐:《初始资源、社会资本与创业行动效率——基于资源匹配视角的研究》,《南开管理评论》2013年第3期。

[26]赫连志巍、邢建军:《产业集群创新网络的自组织演化机制研究》,

《科技管理研究》2017 年第 3 期。

[27]胡保亮、方刚:《网络位置、知识搜索与创新绩效的关系研究——基于全球制造网络与本地集群网络集成的观点》,《科研管理》2013 年第 11 期。

[28]胡远华、徐逸卿:《高层管理者认知风格、环境不确定性对企业创新导向和市场导向的影响》,《研究经营与管理》2016 年第 1 期。

[29]黄培伦、尚航标、王三木等:《企业能力:静态能力与动态能力理论界定及关系辨析》,《科学学与科学技术管理》2008 年第 7 期。

[30]黄泰岩、牛飞亮:《西方企业网络理论述评》,《经济学动态》1999 年第 4 期。

[31]贾根良:《网络组织:超越市场与企业两分法》,《经济社会体制比较》1998 年第 4 期。

[32]姜翰、金占明:《企业间关系强度对关系价值机制影响的实证研究——基于企业间相互依赖性视角》,《管理世界》2008 年第 12 期。

[33]焦豪:《双元型组织竞争优势的构建路径:基于动态能力理论的实证研究》,《管理世界》2011 年第 11 期。

[34]全利平、蒋晓阳:《协同创新网络组织实现创新协同的路径选择》,《科技进步与对策》2011 年第 9 期。

[35]井润田:《中国本土化情境下的组织变革研究》,天津财经大学学术论坛,2016 年 10 月 11 日。

[36]李彬、王凤彬、秦宇:《动态能力如何影响组织操作常规？——一项双案例比较研究》,《管理世界》2013 年第 8 期。

[37]李光明:《关系营销与营销关系及应用》,《科技进步与对策》2005 年第 8 期。

[38]李海舰、田跃新、李文杰:《互联网思维与传统企业再造》,《中国工业经济》2014 年第 10 期。

[39]李海舰、魏恒:《新型产业组织分析范式构建研究——从 SCP 到 DIM》,《中国工业经济》2007 年第 7 期。

[40]李金早、许晓明:《高阶管理理论及其完善与拓展》,《外国经济与管理》2008 年第 10 期。

[41]李维安：《信息与组织革命的产儿——网络组织》，《南开管理评论》2000年第3期。

[42]李晓翔、胡梦：《供应链信息共享效用：基于企业层级、信息类型的视角》，《中央财经大学学报》2017年第2期。

[43]李永周、姚婳、桂彬：《网络组织的知识流动结构与国家高新区集聚创新机理》，《中国软科学》2009年第5期。

[44]连燕玲、贺小刚：《CEO开放性特征、战略惯性和组织绩效——基于中国上市公司的实证分析》，《管理科学学报》2015年第1期。

[45]林润辉、李维安：《网络组织——更具环境适应能力的新型组织模式》，《南开管理评论》2000年第3期。

[46]刘绍娓、万大艳：《高管薪酬与公司绩效：国有与非国有上市公司的实证比较研究》，《中国软科学》2013年第2期。

[47]刘学元、丁雯婧、赵先德：《企业创新网络中关系强度、吸收能力与创新绩效的关系研究式》，《南开管理评论》2016年第1期。

[48]卢福财、胡平波、黄晓红：《交易成本、交易收益与网络组织效率》，《财贸经济》2005年第9期。

[49]罗珉、高强：《中国网络组织：网络封闭和结构洞的悖论》，《中国工业经济》2011年第11期。

[50]罗珉、李亮宇：《互联网时代的商业模式创新：价值创造视角》，《中国工业经济》2015年第1期。

[51]罗珉、徐宏玲：《组织间关系：价值界面与关系租金的获取》，《中国工业经济》2007年第1期。

[52]罗珉、王雎：《组织间创新性合作：基于知识边界的研究》，《中国工业经济》2006年第9期。

[53]罗仲伟：《"粉碎层级金字塔"——谈网络组织的特性》，《经济管理》2000年第5期。

[54]罗仲伟：《网络组织的特性及其经济学分析（上）》，《外国经济与管理》2000年第6期。

[55]马骏、席酉民、曾宪聚：《战略的选择：管理认知与经验搜索》，《科学

学与科学技术管理》2007 年第 11 期。

[56]潘松挺、蔡宁:《企业创新网络中关系强度的测量研究》,《中国软科学》2010 年第 5 期。

[57]彭正银、黄晓芬:《网络组织认知模式与战略的博弈选择——基于信息要素的视角》,《华东经济管理》2017 年第 11 期。

[58]彭正银、黄晓芬、隋杰:《跨组织联结网络、信息治理能力与创新绩效》,《南开管理评论》2019 年第 4 期。

[59]彭正银:《网络治理理论探析》,《中国软科学》2002 年第 3 期。

[60]钱丽萍:《战略信息共享与渠道绩效的关系》,《研究情报杂志》2010 年第 4 期。

[61]钱锡红、徐万里、李孔岳:《企业家三维关系网络与企业成长研究——基于珠三角私营企业的实证》,《中国工业经济》2009 年第 1 期。

[62]钱锡红、徐万里、杨永福:《企业网络位置、间接联系与创新绩效》,《中国工业经济》2010 年第 2 期。

[63]钱锡红、杨永福、徐万里:《企业网络位置、吸收能力与创新绩效——一个交互效应模型》,《管理世界》2010 年第 5 期。

[64]全利平、蒋晓阳:《协同创新网络组织实现创新协同的路径选择》,《科技进步与对策》2011 年第 9 期。

[65]任胜钢、舒睿:《创业者网络能力与创业机会:网络位置和网络跨度的作用机制》,《南开管理评论》2014 年第 1 期。

[66]单子丹、高长元:《网络组织视角下的高技术虚拟企业演化机理研究》,《未来与发展》2008 年第 6 期。

[67]尚航标、黄培伦:《管理认知与动态环境下企业竞争优势:万和集团案例研究》,《南开管理评论》2010 年第 3 期。

[68]沈运红、王恒山:《中小企业网络组织生态运行演化机制初探》,《科学学研究》2006 年第 S1 期。

[69]宋晶、陈菊红、孙永磊:《双元战略导向对合作创新绩效的影响研究——网络嵌入性的调节作用》,《科学学与科学技术管理》2014 年第 6 期。

[70]孙国强:《网络组织的内涵、特征与构成要素》,《南开管理评论》2001

年第 4 期。

[71]孙国强:《网络组织的形成动因、条件与方式》,《商业研究》2001 年第 10 期。

[72]孙国强:《关系、互动与协同:网络组织的治理逻辑》,《中国工业经济》2003 年第 11 期。

[73]孙国强、兰丕武:《企业网络组织模式比较》,《山西财经大学学报》1999 年第 5 期。

[74]孙国强、李维安:《网络组织治理边界的界定及其功能分析》,《现代管理科学》2003 年第 3 期。

[75]孙国强、邱玉霞:《网络组织的风险及其治理:风险悖论的视角》,《经济问题》2016 年第 1 期。

[76]孙晋众、陈世权:《网络组织的形成与演化机制》,《山西高等学校社会科学学报》2004 年第 11 期。

[77]孙晋众、陈世权:《网络组织拓扑聚类分析》,《太原理工大学学报》2007 年第 1 期。

[78]孙勇:《组织演化和经济长波的方法论问题》,《南开经济研究》1993 年第 2 期。

[79]汤长安、张亮:《认知距离与知识转移绩效的关系研究》,《求索》2012 年第 11 期。

[80]万元、李永周:《基于关系嵌入的创新网络知识共享及协调机制研究》,《科技管理研究》2014 年第 20 期。

[81]王德建:《企业网络动态演进机制研究》,《山东大学学报(哲学社会科学版)》2009 年第 6 期。

[82]王福胜、王摄琰:《CEO 网络嵌入性与企业价值》,《南开管理评论》2012 年第 1 期。

[83]王国红、周建林、秦兰:《创业团队认知研究现状探析与未来展望》,《外国经济与管理》2017 年第 4 期。

[84]王军、曹光明、江若尘:《组织即兴的形成机制研究:基于社会网络和组织学习理论》,《外国经济与管理》2016 年第 2 期。

［85］王涛、罗仲伟:《社会网络演化与内创企业嵌入——基于动态边界二元距离的视角》,《中国工业经济》2011 年第 12 期。

［86］王涛、赵亦清、熊云影:《基于组织学习的企业能力演化研究》,《科技进步与对策》2010 年第 15 期。

［87］王向民:《网络社会的信息传播与决策机制》,《社会科学》2012 年第 12 期。

［88］王永伟、马洁、吴湘繁等:《变革型领导行为、组织学习倾向与组织惯例更新的关系研究》,《管理世界》2012 年第 9 期。

［89］王永伟、马洁:《基于组织惯例、行业惯例视角的企业技术创新选择研究》,《南开管理评论》2011 年第 3 期。

［90］韦福祥:《企业间网络组织及创新机制的形成新探》,《现代财经——天津财经学院学报》2001 年第 1 期。

［91］魏江:《企业核心能力的内涵与本质》,《管理工程学报》1999 年第 1 期。

［92］魏江、郑小勇:《关系嵌入强度对企业技术创新绩效的影响机制研究——基于组织学习能力的中介性调节效应分析》,《浙江大学学报(人文社会科学版)》2010 年第 6 期。

［93］吴福象、蒋天颖、孙伟:《网络位置、知识转移对集群企业竞争优势的影响——一项基于对温州乐清低压电器产业集群的实证研究》,《科研管理》2013 年第 12 期。

［94］吴先华、郭际、胡汉辉:《技术联盟企业的认知距离、吸收能力与创新绩效的关系研究》,《科学学与科学技术管理》2008 年第 3 期。

［95］武亚军:《"战略框架式思考"、"悖论整合"与企业竞争优势——任正非的认知模式分析及管理启示》,《管理世界》2013 年第 4 期。

［96］肖冬平、顾新:《基于自组织理论的知识网络结构演化研究》,《科技进步与对策》2009 年第 19 期。

［97］邢蕊、周建林、王国红:《创业团队知识异质性与创业绩效关系的实证研究——基于认知复杂性和知识基础的调节作用》,《预测》2017 年第 1 期。

［98］杨桂菊:《基于社会资本理论的网络组织演化机制新阐释》,《软科

学》2007 年第 4 期。

[99]杨惠馨、冯文娜:《中间性组织的组织形态及其相互关系研究》,《财经问题研究》2005 年第 9 期。

[100]杨林:《创业型企业高管团队垂直对差异与创业战略导向:产业环境和企业所有制的调节效应》,《南开管理评论》2014 年第 1 期。

[101]杨林、俞安平:《企业家认知对企业战略变革前瞻性的影响:知识创造过程的中介效应》,《南开管理评论》2016 年第 1 期。

[102]杨鑫瑶:《CEO 声誉与公司业绩及其个人货币收益之间关系研究——基于媒体曝光度的视角》,《湖北大学学报(哲学社会科学版)》2016 年第 6 期。

[103]杨迤、贾良定、陈永霞:《认知学派:战略管理理论发展前沿》,《南大商学评论》2007 年第 4 期。

[104]姚艳虹、李扬帆:《企业创新战略与知识结构的匹配性研究》,《科学学与科学技术管理》2014 年第 10 期。

[105]姚振华、孙海法:《高管团队组成特征与行为整合关系研究》,《南开管理评论》2010 年第 1 期。

[106]闫二旺:《网络组织的机制、演化与形态研究》,《管理工程学报》2006 年第 4 期。

[107]余东华、芮明杰:《基于模块化网络组织的价值流动与创新》,《中国工业经济》2008 年第 12 期。

[108]詹坤、邵云飞、唐小我:《联盟组合网络特征对创新能力影响的实证研究》,《科学学研究》2017 年第 12 期。

[109]张丹宁、唐晓华:《产业网络组织及其分类研究》,《中国工业经济》2008 年第 2 期。

[110]张钢:《基于技术转移的企业能力演化过程研究》,《科学学研究》2001 年第 3 期。

[111]章健、赵晨阳:《动态网络组织探析》,《财经研究》2001 年第 6 期。

[112]张靓、何龙飞:《SACI—4S~2:企业间网络组织演化模型——核心企业组织的产品合作创新驱动力视角》,《北京理工大学学报(社会科学版)》

2011 年第 4 期。

[113]张琳、施建军:《网络组织演化中的企业创新合作博弈分析》,《南京社会科学》2011 年第 2 期。

[114]张五常:《交易费用的范式》,《社会科学战线》1999 年第 1 期。

[115]赵辉、田志龙:《伙伴关系、结构嵌入与绩效:对公益性 CSR 项目实施的多案例研究》,《管理世界》2014 年第 6 期。

[116]郑方、彭正银:《基于关系传递的结构嵌入演化与技术创新优势——一个探索性案例研究》,《科学学与科学技术管理》2017 年第 1 期。

二、英文

[1] Bourdieu, P., Nice, R., *Distinction: A Social Critique of the Judgment of Taste*, Harvard University Press, 2005, pp.374-375.

[2] Goldman, S.L., Nagel, R.N., Preiss, K., *Agile Competitors and Virtual Organizations: Strategies for Enriching the Customer*, Germany: Van Nostrand Reinhold, 1995, pp.88-110.

[3] Hakansson, H., Snehota, I., *Developing Relationships in Business Networks*, USA: Routledge, 1995, pp.42-46.

[4] Achrol, R.S., "Changes in the Theory of Interorganizational Relations in Marketing: Toward a Network Paradigm", *Journal of the Academy of Marketing Science*, 1996, 25(1), pp.56-71.

[5] Adler, P.S., Kwon, S.W., "Social Capital: Prospects for a New Concept", *Academy of Management Review*, 2002, 27(1), pp.17-40.

[6] Adner, R., Helfat, C.E., "Corporate Effects and Dynamic Managerial Capabilities", *Strategic Management Journal*, 2003, 24(10), pp.1011-1025.

[7] Amit, R., Schoemaker, P.J.H., "Strategic Assets and Organizational Rent", *Strategic Management Journal*, 1993, 14(1), pp.33-46.

[8] Anderson, R.C., "Some Reflections on the Acquisition of Knowledge", *Educational Researcher*, 1984, 13(9), pp.5-10.

[9] Anderson, P.W., Tushman, M.L., "Technological Discontinuities and Or-

ganizational Environments", *Administrative Science Quarterly*, 1986, 31(3), p.439.

[10] Anderson, J.C., Narus, J.A., "A Model of Distributor Firm and Manufacturer Firm Working Partnerships", *Journal of Marketing*, 1990, 54(1), pp.42-58.

[11] Ashforth, B.E., Mael, F.A., "Social Identity Theory and Organization", *Academy of Management Review*, 1989, 14(1), pp.20-39.

[12] Augier, M., Teece, D.J., "Capabilities and Multinational Enterprise: Penrosean Insights and Omissions", *Management International Review*, 2007, 47(2), pp.175-192.

[13] Barney, J.B., "Firm Resources and Sustained Competitive Advantage", *Journal of Management*, 1991, 17(1), pp.99-120.

[14] Barney, J.B., "Looking Inside for Competitive Advantage", *Academy of Management Executive*, 1995, 9(4), pp.49-61.

[15] Barr, P.S., Stimpert, J.L., Huff, A.S., "Cognitive Change, Strategic Action, and Organizational Renewal", *Strategic Management Journal*, 1992, 13(S1), pp.15-36.

[16] Barreto, I., "Dynamic Capabilities: A Review of Past Research and an Agenda for the Future", *Journal of Management*, 2010, 36(1), pp.256-280.

[17] Bartunek, J.M., "Changing Interpretive Schemes and Organizational Restructuring: The Example of a Religious Order", *Administrative Science Quarterly*, 1984, 29(3), pp.355-372.

[18] Bettis, R.A., Hitt, M.A., "The new Competitive Landscape", *Strategic Management Journal*, 1995, 16(S1), pp.7-19.

[19] Bromiley, P., Rau, D., "Social, Behavioral, and Cognitive Influences on Upper Echelons During Strategy Process A Literature Review", *Journal of Management*, 2016, 42(1), pp.174-202.

[20] [Child, J., "Organizational Structure, Environment and Performance: The Role of Strategic Choice", *Sociology*, 1972, 6(1), pp.1-22.

[21] Coase, R.H., "The Nature of the Firm", *Economical*, 1937, 4(16), pp.386-405.

[22] Cohen, M.D., Burkhart, R., Dosi, G., et al., "Routines and Other Recurring Action Patterns of Organizations: Contemporary Research Issues", *Journal of Immunological Methods*, 1995, 418(3), pp.9-18.

[23] Coleman, J.S., "Social Capital in the Creation of Human Capital", *American Journal of Sociology*, 1988, 94(1), pp.17-41.

[24] Collis, D.J., "Research Note: How Valuable Are Organizational Capabilities?", *Strategic Management Journal*, 1994, 15(S1), pp.143-152.

[25] Burt, R.S., "Structural Holes: The Social Structure of Competition", *American Journal of Sociology*, 1992, 99(4), pp.7060-7066.

[26] Coleman, J., "Foundations of Social Theory", *Journal of Abnormal Psychology & Social Psychology*, 1990, 16(1), pp.263.

[27] Cooper, A.C., Woo, C.Y., Dunkelberg, W.C., "Entrepreneurs' Perceived Chances for Success", *Journal of Business Venturing*, 1988, 3(2), pp.97-108.

[28] Daft, R.L., Weick, K.E., "Toward a Model of Organizations as Interpretation Systems", *Academy of Management Review*, 1984, 9(2), pp.284-295.

[29] Dahlman, C.J., "The Problem of Externality", *The Journal of Law and Economics*, 1979, 22(1), pp.141-162.

[30] Datta, D. K., Rajagopalan, N., Zhang, A. Y., "New CEO Openness to Change and Strategic Persistence: The Moderating Role of Industry Characteristics", *British Journal of Management*, 2003, 14(2), pp.101-114.

[31] Dearborn, D.C., Simon, H.A., "Selective Perception: A Note on the Departmental Identifications of Executives", *Sociometry*, 1958, 21(2), pp.140-144.

[32] Dougherty, D., "Interpretive Barriers to Successful Product Innovation in Large Firms", *Organization Science*, 1992, 3(2), pp.179-202.

[33] Dutta, S., Narasimhan, O., Rajiv, S., "Conceptualizing and Measuring Capabilities: Methodology and Empirical Application", *Strategic Management Journal*, 2005, 26(3), pp.277-285.

[34] Eden, C., Ackermann, F., Cropper, S., "The Analysis of Cause Maps", *Journal of Management Studies*, 1992, 29(3), pp.309-324.

[35]Ericsson, K. A., Lehmann, A. C., "Expert and Exceptional Performance: Evidence of Maximal Adaptation to Task Constraints", *Annual Review of Psychology*, 1996, 47(1), pp.273-305.

[36]Farjoun, M., "Strategy Making, Novelty and Analogical Reasoning-Commentary on Gavetti, Levinthal, and Rivkin (2005)", *Strategic Management Journal*, 2008, 29(9), pp.1001-1016.

[37]Gavetti, G., "Cognition and Hierarchy: Rethinking the Microfoundations of Capabilities' Development", *Organization Science*, 2005, 16(6), pp.599-617.

[38] Gavetti, G., Levinthal, D. A., Rivkin, J. W., "Response to Farjoun's Strategy Making, Novelty, and Analogical Reasoning: Commentary on Gavetti, Levinthal, and Rivkin(2005)", *Strategic Management Journal*, 2008, 29(9), pp. 1017-1021.

[39]Gavetti, G., Levinthal, D.A., "Rivkin J W.Strategy Making in Novel and Complex Worlds: The Power of Analogy", *Strategic Management Journal*, 2005, 26 (8), pp.691-712.

[40] Gavetti, G., Levinthal, D., "Looking Forward and Looking Backward: Cognitive and Experiential Search", *Administrative Science Quarterly*, 2000, 45(1), pp.113-137.

[41] Gavetti, G., Rivkin, J. W., "On the Origin of Strategy: Action and Cognition over Time", *Organization Science*, 2007, 18(3), pp.420-439.

[42] Gibson, C. B., "From Knowledge Accumulation to Accommodation: Cycles of Collective Cognition in Work Groups", *Journal of Organizational Behavior*, 2001, 22(2), pp.121-134.

[43]Gibson, C.B., Birkinshaw, J., "The Antecedents, Consequences, and Mediating Role of Organizational Ambidexterity", *Academy of Management Journal*, 2004, 47(2), pp.209-226.

[44]Granovetter, M., "Economic Action and Social Structure: A Theory of Embeddedness", *American Journal of Sociology*, 1985, 91(3), pp.481-510.

[45] Granovetter, M., "Economic Institutions as Social Constructions: A

Framework for Analysis", *Acta Sociologica*, 1992, 35(1), pp.3−11.

[46] Granovetter, M., "The Strength of Weak Ties", American Journal of Sociology, 1973, 78(6), pp.1360−1380.

[47] Grant, R. M., "Toward a Knowledge − Based Theory of the Firm", *Strategic Management Journal*, 1996, 17(S2), pp.109−122.

[48] Grant, R. M., "The Resource−Based Theory of Competitive Advantage: Implications for Strategy Formulation", *California Management Review*, 1999, 33 (3), pp.3−23.

[49] Gulati, R., Garino, J., "Get the Right Mix of Bricks & Clicks", *Harvard Business Review*, 2000, 78(3), p.107.

[50] Gulati, R., Sytch, M., "Dependence Asymmetry and Joint Dependence in Interorganizational Relationships: Effects of Embeddedness on a Manufacturer's Performance in Procurement Relationships", *Administrative Science Quarterly*, 2007, 52(1), pp.32−69.

[51] Gulati, R., "Alliances and Networks", *Strategic Management Journal*, 1998, 19(4), pp.293−317.

[52] Gulati, R., "Does Familiarity Breed Trust? The Implication of Repeated Ties for Contractual Choice in Alliances", *Academy of Management Journal*, 1995, 38(1), pp.85−112.

[53] Gulati, R., "Network Location and Learning: The Influence of Network Resources and Firm Capabilities on Alliance Formation", *Strategic Management Journal*, 1999, 20(5), pp.397−420.

[54] Gulati, R., Gargiulo, M., "Where do Interorganizational Networks Come from?", *American Journal of Sociology*, 1999, 104(5), pp.1398−1438.

[55] Hambrick, D.C., Mason, P.A., "Upper Echelons: The Organization as a Reflection of Its Top Managers", *Academy of Management Review*, 1984, 9(2), pp.193−206.

[56] Hansen, M.T., "Knowledge Networks: Explaining Effective Knowledge Sharing in Multiunit Companies", *Organization Science*, 2002, 13(3), pp.232−248.

[57]Helfat,C.E.,Peteraf,M.A.,"The Dynamic Resource-Based View: Capability Lifecycles",*Strategic Management Journal*,2003,24(10),pp.997-1010.

[58]Helfat,C.E.,Peteraf,M.A.,"Managerial Cognitive Capabilities and the Microfoundations of Dynamic Capabilities",*Strategic Management Journal*,2015, 36(6),pp.831-850.

[59] Helmich, D. L., Brown, W. B., "Successor Type and Organizational Change in the Corporate Enterprise",*Administrative Science Quarterly*,1972,17 (3),pp.371-381.

[60]Henderson,R.M.,Clark,K.B.,"Architectural Innovation: The Reconfiguration of Existing Product Technologies and the Failure of Established Firms",*Administrative Science Quarterly*,1990,35(1),pp.9-30.

[61]Henderson,A.D.,Miller,D.,Hambrick,D.C.,"How Quickly Do CEOs Become Obsolete? Industry Dynamism,CEO Tenure,and Company Performance", *Strategic Management Journal*,2006,27(5),pp.447-460.

[62]Jarillo,J.C.,"On Strategic Networks",*Strategic Management Journal*, 1988,9(1),pp.31-41.

[63] Hite, J.M., Hesterly, W.S., "The Evolution of Firm Networks: From Emergence to Early Growth of the Firm",*Strategic Management Journal*,2001,22 (3),pp.275-286.

[64] Hodgkinson, G. P., Bown, N. J., Maule, A. J., et al., "Breaking the Frame: An Analysis of Strategic Cognition and Decision making under Uncertainty",*Strategic Management Journal*,1999,20(10),pp.977-985.

[65] Huff, A.S., "1999 Presidential Address: Changes in Organizational Knowledge Production",*Academy of Management Review*, 2000, 25 (2), pp. 288-293.

[66]Huff,A.S.,"Industry Influences on Strategy Reformulation",*Strategic Management Journal*,1982,3(2),pp.119-131.

[67]Johanson,J.,Mattsson,L.,"Interorganizational Relations in Industrial Systems:A Network Approach Compared with the Transaction-Cost Approach",*In-*

ternational Studies of Management and Organization,1987,17(1),pp.34−48.

[68]Jones,C.,Hesterly,W.S.,Borgatti,S.P.,"A General Theory of Network Governance:Exchange Conditions and Social Mechanisms",*Academy of Management Review*,1997,22(4),pp.911−945.

[69]Karaevli,A.,Zajac,E.J.,"When Do Outsider CEOs Generate Strategic Change? The Enabling Role of Corporate Stability",*Journal of Management Studies*,2013,50(7),pp.1267−1294.

[70]Kim,W.C.,Mauborgne,R.,"Value Innovation:The Strategic Logic of High Growth",*Harvard Business Review*,1997,75(1),p.102.

[71]Klepper,S.,Simons,K.,L.,"Dominance by Birthright:Entry of Prior Radio Producers and Competitive Ramifications in the U.S.Television Receiver Industry",*Strategic Management Journal*,2000(21),pp.997−1016.

[72]Klepper,S.,"Firm Survival and the Evolution of Oligopoly",*The RAND Journal of Economics*,2002,33(1),pp.37−61.

[73]Knippenberg,D.V.,Dahlander,L.,Haas,M.,et al.,"Information,Attention,and Decision Making",*Academy of Management Journal*,2015,58(3),pp.649−657.

[74]Koka,B.R.,Madhavan,R.,Prescott,J.E.,"The Evolution of Interfirm Networks:Environmental Effects on Patterns of Network Change",*Academy of Management Review*,2006,31(3),pp.721−737.

[75]Koza,M.P.,Lewin,A.Y.,"The Coevolution of Network Alliances:A Longitudinal Analysis of an International Professional Service Network",*Organization Science*,1999,10(5),pp.638−653.

[76]Larsson,R.,"The Handshake between Invisible and Visible Hands:Toward a Tripolar Institutional Framework",*International Studies of Management & Organization*,1993,23(1),pp.87−106.

[77]Leonardbarton,D.,"And Core Rigidities:Core Capabilities Paradox in Managing New Product Development",*Strategic Management Journal*,1992,13(1),pp.111−125.

[78] Lewin, A. Y., Volberda, H. W., "Prolegomena on Coevolution: A Framework for Research on Strategy and New Organizational Forms", *Organization Science*, 1999, 10(5), pp.519-534.

[79] Lewin, K., "The Research Center for Group Dynamics at Massachusetts Institute of Technology", *Sociometry*, 1945, 8(2), pp.126-136.

[80] Lui, S.S., Ngo, H.Y., Hon, A.H.Y., "Coercive Strategy in Interfirm Cooperation: Mediating Roles of Interpersonal and Interorganizational Trust", *Journal of Business Research*, 2006, 59(4), pp.466-474.

[81] Madhavan, R., Koka, B.R., Prescott, J.E., "Networks in Transition: How Industry Events (RE) Shape Interfirm Relationships", *Strategic Management Journal*, 1998, 19(5), pp.439-459.

[82] Magrath, R.G., "The End of Competitive Advantage: How to Keep Your Strategy Moving as Fast as Your Business", *Research Technology Management*, 2013 (5), pp.64-65.

[83] March, J.G., Simon, H.A., "Organizations", *American Journal of Sociology*, 1959, 65(2), pp.105-132.

[84] Miles, R.E., Snow, C.C., "Causes of Failure in Network Organizations", *California Management Review*, 1992, 34(4), pp.53-72.

[85] Miles, R. E., Snow, C. C., "Organizations: New Concepts for New Forms", *California Management Review*, 1986, 28(3), pp.62-73.

[86] Mitchell, R. K., Smith, B., Seawright, K. W., Morse, E. A., "Cross-cultural Cognitions and the Venture Creation Decision", *Academy of Management Journal*, 2000, 43(5), pp.974-993.

[87] Moldoveanu, M.C., Baum, J.A.C., Rowley, T.J., "Information Regimes, Information Regimes, Information Strategies and the Evolution of Interfirm Network Topologies", *Research in Multi-Level Issues*, 2003(2), pp.221-264.

[88] Moingeon, B., Ramanantsoa, B., Metais, E., et al., "Another Look at Strategy-Structure Relationships: The Resource-Based View", *European Management Journal*, 1998, 16(3), pp.297-305.

［89］Moore, J. R., Penrose, E. T., "The Theory of the Growth of the Firm", *Southern Economic Journal*, 1960, 27(2), pp.151.

［90］Narayanan, V.K., Zane, L.J., "Kemmerer B.The Cognitive Perspective in Strategy: An Integrative Review", *Journal of Management*, 2011, 37(1), pp. 305-351.

［91］Nelson, R. R., Winter, S. G., "An Evolutionary Theory of Economic Change", *Administrative Science Quarterly*, 1982, 32(2), pp.661-666.

［92］Nelson, R. R., Winter, S. G., "Evolutionary Theorizing in Economics", *Journal of Economic Perspectives*, 2002, 16(2), pp.23-46.

［93］Park, S.H., "Managing an Interorganizational Network: A Framework of the Institutional Mechanism for Network Control", *Organization Studies*, 1996, 17(5), pp.795-824.

［94］Peng, M.W., Luo, Y., "Managerial Ties and Firm Performance in a Transition Economy: The Nature of a Micro-Macro Link", *Academy of Management Journal*, 2000, 43(3), pp.486-501.

［95］Peteraf, M. A., "The Cornerstones of Competitive Advantage: A Resource-Based View", *Strategic Management Journal*, 1993, 14(3), pp. 179-191.

［96］Polanyi, K., *The Great Transformation: Economic and Political Origins of Our Time*, New York: Farrar & Rinehart, 1944, pp.1-44.

［97］Powell, W.W., "Neither Market nor Hierarchy: Network Forms of Organization", *Research in Organizational Behavior*, 1990(12), pp.295-336.

［98］Prahalad, C.K., Bettis, R.A., "The Dominant Logic a New Linkage between Diversity and Performance", *Strategic Management Journal*, 1986, 7(6), pp. 485-501.

［99］Rajagopalan, N., Rasheed, A. M. A., Datta, D. K., "Strategic Decision Processes: Critical Review and Future Directions", *Journal of Management*, 2016, 19(2), pp.349-384.

［100］Richardson, G.B., "The Organization of Industry", *Economic Journal*,

1972(82),pp.883-896.

[101]Sailer,L.D.,"Structural Equivalence:Meaning and Definition,Computation and Application",*Social Networks*,1978,1(1),pp.73-90.

[102]Selznick,P.,"Leadership in Administration",*International Review of Public Administration*,1957,8(2),pp.1-11.

[103]Stevens,J.M.,Beyer,J.M.,"Trice H M.Assessing Personal,Role,and Organizational Predictors of Managerial Commitment",*Academy of Management Journal*,1978,21(3),pp.380-396.

[104] Stuart, R. W., Abetti, P. A., "Impact of Entrepreneurial and Management Experience on Early Performance",*Journal of Business Venturing*,1990,5(3),pp.151-162.

[105]Tallman,S.,Jenkins,M.,Henry,N.,et al.,"Knowledge,Clusters,and Competitive Advantage",*Academy of Management Review*, 2004, 29 (2), pp.258-271.

[106]Tsai,W.,"Knowledge Transfer in Intraorganizational Networks:Effects of Network Position and Absorptive Capacity on Business Unit Innovation and Performance",*Academy of Management Journal*,2001,44(5),pp.996-1004.

[107]Taylor,R.N.,"Age and Experience as Determinants of Managerial Information Processing and Decision-Making Performance",*Academy of Management Journal*,1975,18(1),pp.74-81.

[108]Teece,D.J.,Pisano,G.P.,Shuen,A.,"Dynamic Capabilities and Strategies and Strategic Management",*Strategic Management Journal*,1997,18(7),pp.509-533.

[109]Teece,D.J.,Pisano,G.P.,"The Dynamic Capabilities of Firms:An Introduction",*Industrial and Corporate Change*,1994,3(3),pp.537-556.

[110] Thorelli, H. B., " Networks: Between Markets and Hierarchies ", Strategic Management Journal,1986,7(1),pp.37-51.

[111] Uzzi, B., "Embeddedness in the Making of Financial Capital: How Social Relations and Networks Benefit Firms Seeking Financing",*American Socio-*

logical Review,1999,64(4),pp.481-505.

[112]Uzzi,B.,"Social Structure and Competition in Interfirm Networks:The Paradox of Embeddedness",*Administrative Science Quarterly*, 1997, 42(1), pp. 35-67.

[113] Uzzi, B., "The Sources and Consequences of Embeddedness for the Economic Performance of Organizations:The Network Effect",*American Sociological Review*,1996,61(4),pp.674-698.

[114] Van Alstyne,M.,"The State of Network Organization:A Survey in Three Frameworks", *Journal of Organizational Computing and Electronic Commerce*,1997,7(2-3),pp.83-151.

[115]Verona,G.,Ravasi,D.,"Unbundling Dynamic Capabilities:An Exploratory Study of Continuous Product Innovation",*Industrial & Corporate Change*, 2003,12(3),pp.577-606.

[116]Walsh,J.P.,"Managerial and Organizational Cognition:Notes from a Trip Down Memory Lane",*Organization Science*,1995,6(3),pp.280-321.

[117]Wernerfelt,B.A.,"Resource-Based View of the Firm",*Strategic Management Journal*,1984,5(2),pp.171-180.

[118] Wernerfelt, B., Karnani, A., "Competitive Strategy Under Uncertainty",*Strategic Management Journal*,2010,8(2),pp.187-194.

[119]Williamson,O.E.,"Comparative Economic Organization:The Analysis of Discrete Structural Alternatives",*Administrative Science Quarterly*,1991,36(2), pp.269-296.

[120] Williamson, O.E., "Markets and Hierarchies:Analysis and Antitrust Implications:A Study in the Economics of Internal Organization", *Social Science Electronic Publishing*,1975,86(343),pp.619.

[121]Williamson,O.E.,"The organization of Work a Comparative Institutional Assessment",*Journal of Economic Behavior & Organization*,1980,1(1),pp.5-38.

[122]Williamson, O.E., "Transaction-Cost Economics:The Governance of Contractual Relations", *The Journal of Law and Economics*, 1979, 22(2), pp.

233-261.

[123] Winter, S. G., "Understanding Dynamic Capabilities", *Strategic Management Journal*, 2003, 24(10), pp.991-995.

[124] Zhang, Y., Rajagopalan, N., "Once an Outsider, Always an Outsider? CEO Origin, Strategic Change, and Firm Performance", *Strategic Management Journal*, 2010, 31(3), pp.334-346.

[125] Zollo, M., Winter, S.G., "Deliberate Learning and the Evolution of Dynamic Capabilities", *Organization Science*, 2002, 13(3), pp.339-351.

附　录
调查问卷

尊敬的先生/女士:

您好! 非常感谢您在百忙之中抽出时间填写问卷,协助我们进行关于"管理者认知、网络组织演化与创新绩效的研究"。本调查旨在了解企业的基本情况,探讨企业信息的关注能力、获取能力、传递与共享能力、内化能力对网络组织演化的推动作用,明晰信息、网络关系与网络结构的动态匹配机制,为企业战略有效性的管理提供理论指导。您的答案没有对与错,只要是您的真实想法,对我们就有莫大的帮助,若您认为问卷某个问题不能完全表达您的意见或想法时,可以在问卷空白处留下您的宝贵意见和建议,您的回答对我们的理论研究非常重要。我郑重向您保证:本问卷采用匿名的方式进行调查,内容不涉及贵企业的商业机密问题,在使用调研数据的过程中,我们将严格恪守学术研究的道德规范,不以任何形式向任何人泄露有关企业的信息。如果您对分析结果感兴趣,欢迎和我联系(xiaofenh75700@ 126.com)。

一、您个人的基本情况(请在相应的选项后打"√")

1. 性别:

A.男　　　　　　　B.女

2. 您的年龄:

A.25 岁及以下　　　　　　B.26—35 岁(含 35 岁)

C.36—45 岁(含 45 岁)　　　D.46—55 岁(含 55 岁)

E.55 岁以上

3. 您目前的学历:

A.大专及以下 　　　　　　　B.大学本科

C.硕士研究生 　　　　　　　D.博士研究生

4.您的工作类别：

A.CEO 　　　　B.总经理 　　　　C.财务总监 　　　　D.技术总监

E.研发总监 　　F.其他部门主管

5.您的工作年限：

A.3 年以下 　　B.3—5 年 　　　C.6—10 年 　　　D.11—15 年

E.16—20 年 　　F.21—35 年 　　G.36 年及以上

6.您作为高层管理者,曾在几家公司任职?（不包括现在的公司）

A.0 家 　　　　B.1 家 　　　　C.2 家 　　　　　D.3 家

E.4 　　　　　　F.5 家及以上

二、您所在企业的基本信息（请填写或在相应的选项后面打"√"）

1.企业员工总人数：

A.20 人及以下 B.20—50 人 　　C.51—100 人 　　D.101—200 人

E.201—300 人 F.301—1000 人 　G.1001 人及以上

2.企业成立于____年。

3.企业的所有制性质：

A.国有控股企业 　B.国有独资

C.私营独资 　　　D.私营控股 　　　E.外商独资 　　　F.外商控股

G.集体控股 　　　H.家族企业

4.企业所属的行业性质：

A.农、林、牧、渔业 　　　　　　B.工业企业

C.建筑业企业 　　　　　　　　　D.批发业

E.零售业 　　　　　　　　　　　F.仓储业

G.邮政业 　　　　　　　　　　　H.住宿业

I.信息传输业 　　　　　　　　　J.软件和信息技术服务业

K.房地产开发经营类企业 　　　　L.物业管理类企业

M.租赁和商务服务业 　　　　　　N.其他

5. 企业有几类性质不同的产品或服务：

A.0　　　　　　B.1 类　　　　　　C.2 类　　　　　　D.3 类

D.4 类　　　　　E.5 类　　　　　　F.6 类及以上

三、您所在企业发展情况（请根据近 3 年的情况作答，在相应的数字下打"√"）

1＝完全不符合，2＝基本不符合，3＝稍微不符合，4＝不确定，5＝有点符合，6＝基本符合，7＝完全符合

IA1	您安排了专人负责市场信息的搜集	1	2	3	4	5	6	7
IA2	您能及时有效地洞察潜在的市场机会或威胁							
IA3	您能快速地把握消费者需求的变化							
IA4	您会主动从报纸、杂志、商业出版物等多渠道获取企业所需要的市场信息							
IA5	在与其他公司合作的过程中，您能利用合作关系快速把握组织情境的变化							
IA6	您能对公司新产品投入市场后给予及时有效的关注							
IE1	您能对公司现有的知识体系进行准确的判断和定位							
IE2	您大多数情况下能对环境作出准确的判断与认定							
IE3	你能对市场中的突发事件作出准确的解释							
IE4	您能对现有的知识体系快速地调整							
IS1	您认为在进行合作时能快速排除信息交流的技术保障							
IS2	您愿意将公司的关键性资源与合作企业共享							
IS3	您愿意将获得的关键性事件信息与合作企业共享							
IS4	您愿意与合作企业共同开发新的合作项目							

IS5	您愿意与合作企业共同探索新的市场或产品								
II1	您有较强的信息提炼能力,能快速制定企业战略								
II2	您能快速将获得的新信息融入现有组织知识体系,形成新的知识体系								
II3	您能快速将所获得和分享的信息与现有的资源融合								
ZSJG1	您认为现有的知识体系能支持多元化的战略选择								
ZSJG2	您认为依托以往的组织经验和方法可以快速找到适合的合作伙伴								
ZSJG3	您认为组织现有的知识体系有较大的柔性,可以快速适应市场需求的变化								
ZSJG4	您认为组织现有的知识体系与联结企业可以快速融合								
ZSJG5	您认为组织现有的知识体系可以保障异质性的联结需求								
ZSJG6	您认为组织在变化的环境中能快速调整现有的组织惯例								
ZSJG7	您认为组织现有的知识体系可以包容多样化、冲突性信息								
JX1	贵公司通过组织间合作新产品的研发时间明显缩短								
JX2	贵公司通过组织间合作新产品的市场销售量明显提升								
JX3	贵公司通过组织间合作新产品的研发成功率明显提升								
JX4	贵公司通过组织间合作新产品的研发成本下降								
JX5	贵公司通过组织间合作资源配置方式更加多样化								
JX6	贵公司通过组织间合作可重复使用的惯例得到了更新								
JX7	贵公司通过组织间合作处理突发事件的能力得到明显改善								
JX8	贵公司通过组织间合作开拓了新的市场								

JX9	贵公司通过组织间合作对环境变化所作出的反应总是快于竞争对手						
JX10	贵公司通过组织间合作新产品在市场上的知名度快速提升						
JX11	贵公司通过组织间合作经营业绩得到了明显的提升						
JX12	贵公司通过组织间合作新产品销售回报率（ROS）明显提升						
WZ1	贵公司在合作网络中具有一定的决策的主动权						
WZ2	贵公司在合作网络中起着联结纽带的作用						
WZ3	贵公司在合作网络中具有一定的话语权						
WZ4	贵公司在合作网络中拥有着多元化的组织关系						
JCSJ1	贵公司与合作伙伴有频繁的沟通						
JCSJ2	贵公司能够与合作伙伴有长期的合作时间						
JCSJ3	贵公司能够在合作过程中投入大量的时间						
HHX1	贵公司能够与合作伙伴对合作项目都心怀感激						
HHX2	贵公司能够在合作中保持互惠互利的原则						
HHX3	贵公司能够与合作方相互信守承诺						
HZFW1	贵公司能够与合作方在生产、技术、市场等多层次合作						
HZFW2	贵公司能够与合作伙伴共享已有的社会关系						
HZFW3	贵公司能够与合作伙伴从上到下进行多层级合作						
TRZY1	贵公司能够在合作过程中投入大量的人力等无形资源						
TRZY2	贵公司能够在合作过程中投入大量的设备等有形资源						
TRZY3	贵公司能够在合作过程中投入大量的社会性关系资源						

后　记

近年来,关于企业网络组织的研究日渐丰富且不断深入,在对网络组织特征、运行机制、绩效等研究的基础上,逐渐转向网络组织关系嵌入、结构嵌入、流动性潜入的研究,再转到网络组织的协同与治理等方面的研究,并对跨组织联结的网络嵌入问题进行探讨。但这些研究主要是从客观的视角探讨企业的网络嵌入行为对企业商业模式的选择、绩效等可能产生的影响,少有从主观的管理者认知视角对网络组织的行为选择、变异、价值创造等的分析。

笔者以管理者认知作为网络组织演化的动力之源和研究的切入点,剖析管理者静态认知和动态认知视角下网络组织演化的驱动因素、认知模式和行为选择,并结合中国企业网络组织演化的实践进行研究。研究表明:管理者认知中的外部战略情境、行为管理、信息架构和高层取向对网络组织的结点能力、网络关系和网络结构三个要素的演化有不同的影响;基于管理者认知的网络组织演化呈现出"自稳定—自适应—自整合"的整体演化路径;结点能力与结点间关系形成的价值创造逻辑的选择影响网络组织演化的具体认知模式。

笔者突破以往从静态视角探讨网络组织演化的状态属性及其影响效应的研究,从静态的知识结构和动态的信息架构两个维度探析管理者认知对结点能力、网络关系和网络结构演化的驱动作用。以演化阶段为导向,形成"认知驱动力—网络行为—认知模式"的分析脉络,深入挖掘管理者认知对个体组织能力演化、组织间关系和网络结构演化的影响,提炼网络组织演化过程中的科学规律与实践效应。在研究思路上,针对企业网络组织演化问题从理论上提出了一些新的观点,在方法上将理论演绎、问卷调研方法等质性方法和实证方法相结合,从管理者认知的属性源头剖析,不断演进、逐层挖掘、充实论证,同时针对中国企业网络组织发展不稳定的现实状况,对推进中国企业网络组织的行为选择、明确网络组织演化过程中的认知模式选择、增强网络应变能力和竞争能力、提高企业网络组织的整体运行效率和稳定发展具有实践指导意义。

感谢贵州财经大学对本书出版的资助。同时,感谢天津财经大学彭正银教授对本书研究的建设性建议;感谢众多被调研企业和企业负责人、员工的大力支持;感谢贵州财经大学王保谦老师对书稿的校对。本书的出版得益于人民出版社编辑的努力与支持。

希望能对企业网络组织研究的推进与实践的运作尽到绵薄之力! 作者仍将继续努力,在企业网络组织及其相关研究领域探真求理! 由于水平有限,本书难免存在欠缺与不足,恳请各位同人批评指正,并在此致谢!

黄晓芬

2020 年 8 月

责任编辑:刘海静
封面设计:徐　晖
责任校对:张红霞

图书在版编目(CIP)数据

管理者认知视角下网络组织演化研究/黄晓芬 著. —北京:人民出版社,2021.6
ISBN 978－7－01－023367－3

Ⅰ.①管… Ⅱ.①黄… Ⅲ.①组织管理学-研究 Ⅳ.①C936

中国版本图书馆 CIP 数据核字(2021)第 078557 号

管理者认知视角下网络组织演化研究

GUANLIZHE RENZHI SHIJIAO XIA WANGLUO ZUZHI YANHUA YANJIU

黄晓芬 著

人民出版社 出版发行
(100706 北京市东城区隆福寺街 99 号)

中煤(北京)印务有限公司印刷 新华书店经销

2021 年 6 月第 1 版 2021 年 6 月北京第 1 次印刷
开本:710 毫米×1000 毫米 1/16 印张:15
字数:230 千字

ISBN 978－7－01－023367－3 定价:68.00 元

邮购地址 100706 北京市东城区隆福寺街 99 号
人民东方图书销售中心 电话 (010)65250042 65289539